Harald Loos
Anatoli Berditschewski

ПРОЕКТЫ

Ein Russischlehrwerk
für Beruf und Alltag

Hueber Verlag

7. 6. 5. | Die letzten Ziffern
2011 10 09 08 07 | bezeichnen Zahl und Jahr des Druckes.
Alle Drucke dieser Auflage können, da unverändert,
nebeneinander benutzt werden.
1. Auflage

Verlagsredaktion: Lektorat Projekte, Gaby Bauer-Negenborn M.A., Starnberg
Umschlaggestaltung: Atelier Kontraste, München
Umschlagfoto: Jürgens Ost- und Europa-Photo, Berlin
Zeichnungen: Irmgard Paule, München
Handschriften: Jelena Ratner, Wien
Satz: Satz+Layout Fruth GmbH, München
Druck und Bindung: Ludwig Auer GmbH, Donauwörth
Printed in Germany
ISBN 978-3-19-004467-2

Vorwort

Wir freuen uns, dass Sie sich entschlossen haben, Russisch zu lernen. Und ganz besonders freuen wir uns, dass Sie das Lehrwerk **Проекты – Projekty** gewählt haben. Sie werden sich sicher fragen, welche »Projekte« Sie erwarten.

Nun, wir bieten Ihnen ein Lehrwerk an, das Sie zielstrebig zur Bewältigung der wichtigsten Alltagssituationen führt, das Sie aber auch auf den Umgang mit russischen Geschäftspartnern in den verschiedensten beruflichen Situationen vorbereitet.

Проекты begleitet Sie durch:

1. Situationen des russischen Alltags, die Sie bei einer beruflich motivierten Reise nach Russland oder bei einem längeren Russlandaufenthalt sprachlich bewältigen müssen (**Старт – Start 1+2**, **Уроки – Lektionen 1–15**),
2. Situationen des deutschsprachigen Alltags, bei deren sprachlicher Bewältigung Sie Ihren russischen Geschäftspartnern behilflich sind (**Уроки – Lektionen 16–20**),
3. Situationen des beruflichen Umfelds, die Sie in Russland oder zu Hause sprachlich meistern müssen (**Переговоры – Verhandlungen 1–5**).

Das zentrale Anliegen dieses Lehrwerks ist es, Sie in möglichst kurzer Zeit in die Lage zu versetzen, alle diese Situationen in russischer Sprache zu bewältigen. Diesem Anliegen ist alles untergeordnet, auch die Vermittlung der Grammatik. Sie lernen nur diejenigen grammatischen Erscheinungen kennen, die Sie zur Bewältigung der jeweiligen Situationen benötigen. Ihre Kommunikationsfähigkeit in russischer Sprache – nicht die Kenntnis der grammatikalischen Besonderheiten dieser Sprache – steht in **Проекты** im Vordergrund.

Проекты besteht aus einem Lehrbuch, einem Arbeitsbuch, zwei Kassetten und einem Lehrerhandbuch mit methodischen Hinweisen und zusätzlichen Unterrichtsmaterialien. Während das Lehrbuch die kommunikative Seite des Spracherwerbs abdeckt, bietet das Arbeitsbuch die für den Spracherwerb notwendige formale Ebene. Das bedeutet, Sie benötigen für einen raschen und überzeugenden Lernerfolg unbedingt beide Lehrwerkelemente.

Ebenso wie die Übungen im Lehrbuch sind auch die Übungen im Arbeitsbuch für den Unterricht konzipiert. Sie sind zum überwiegenden Teil dialogisch und sollten nach Möglichkeit in Partner- oder Gruppenarbeit durchgeführt werden. Beachten Sie die im Lehrbuch vorgegebene Reihenfolge der Arbeitsbuchübungen. Sie erkennen die Hinweise auf das Arbeitsbuch an dem Symbol ▶AB. Nehmen Sie die Arbeitsbuchübungen in der vorgesehenen Reihenfolge durch. Sie werden feststellen, dass die neuen grammatischen und lexikalischen Erscheinungen auf diese Weise optimal geübt und gefestigt werden.

Das Lehrbuch enthält neben den beiden Einstiegslektionen zur Einführung der kyrillischen Schrift im Hauptteil 20 Lektionen, von denen jede 5. Lektion eine Wiederholungslektion ist. Darüber hinaus gibt es die bereits erwähnten fünf »Verhandlungen«. Jede Lektion bietet Materialien zur Entwicklung der Sprachkompetenz in den vier Fertigkeiten Sprechen, Hören, Lesen und Schreiben, allerdings in unterschiedlicher Gewichtung.

Sie werden lernen, an Gesprächen in russischer Sprache teilzunehmen, d. h. Ihre russischen Gesprächspartner zu verstehen und von ihnen verstanden zu werden, und sich in den vielfältigsten Situationen in russischer Sprache zu behaupten. Sie werden darüber hinaus lernen, russische Durchsagen zu verstehen, russische Texte aus Prospekten, Zeitungen und Zeitschriften zu lesen, Briefe und schriftliche Mitteilungen in russischer Sprache zu verfassen und vieles mehr.

Am Ende der Lektionen 1–20 finden Sie Zusatzinformationen über (Russ-)Land und Leute. Diese Texte sind zunächst in deutscher Sprache geschrieben, sie wechseln in den späteren Lektionen allmählich ins Russische, zunächst mit Wortschatzerklärungen am Rand, später ohne Wortschatzhilfen.
Der Anhang des Lehrbuchs enthält alle notwendigen Lernhilfen. Neben dem russisch-deutschen Lektionswortschatz (Seite 198–224) finden Sie eine tabellarische Grammatikübersicht (Seite 225–234) und ein Register mit den im Lehrwerk behandelten grammatischen Erscheinungen (Seite 235). Die Inhaltsübersicht am Ende des Lehrbuchs (Seite 236–239) informiert Sie über die Themen/Situationen und Strukturen, die in den Lektionen erarbeitet werden.

Das Arbeitsbuch zu **Проекты** setzt erst nach den beiden Einführungslektionen (Старт 1 und 2) ein. Da der überwiegende Teil der Übungen als Partnerübungen konzipiert ist, sollten sie möglichst auch zu zweit durchgeführt werden. Im Anhang des Arbeitsbuchs befindet sich zur Selbstkontrolle ein Schlüssel mit den Lösungen zu einzelnen Übungen. Ferner finden Sie dort die alphabetische Wortschatzliste des Lehrwerks.

Die Begleitkassetten zu **Проекты** enthalten alle mit dem Kassettensymbol gekennzeichneten Texte und Übungen des Lehrbuchs. Die Texte der Hörverständnisübungen sind im Lehrerhandbuch abgedruckt.

Abschließend noch drei Hinweise:

1. Bis zur 15. Lektion ist jedes russische Wort mit einem Betonungszeichen versehen, ab Lektion 16 nehmen die Akzente schrittweise ab, so dass auf den letzten Seiten nur noch die neuen Wörter akzentuiert sind.
2. Die Übungsanweisungen sind je nach sprachlicher Komplexität in russischer oder in deutscher Sprache formuliert.
3. Durch die hohe Inflationsrate in Russland schwanken die Preise täglich. Alle Preisangaben in **Проекты** beziehen sich auf das Jahr 1996. Sie müssen im Unterricht entsprechend aktualisiert werden.

Nun können wir Ihnen nur noch viel Spaß und vor allem viel Erfolg beim Erlernen der russischen Sprache wünschen.

Autoren und Verlag

Symbole/Piktogramme

Die Texte und Übungen auf den Begleitkassetten sind im Lehrbuch mit dem Symbol gekennzeichnet.
Die Hinweise auf die Übungen des Arbeitsbuchs erkennen Sie an dem Symbol ▶AB und der entsprechenden Übungsnummer.

Abkürzungen

Nom.	Nominativ	Kurzf.	Kurzform
Gen.	Genitiv	Subst.	Substantiv
Dat.	Dativ	Adj.	Adjektiv
Akk.	Akkusativ	Adv.	Adverb
Instr.	Instrumental	Pron.	Pronomen
Präp.	Präpositiv	mask.	maskulin
Sg.	Singular	fem.	feminin
Pl.	Plural	neutr.	neutrum
Pers.	Person	indekl.	indeklinabel
Präs.	Präsens	unvoll.	unvollendet
Prät.	Präteritum	voll.	vollendet
Fut.	Futur	reflex.	reflexiv
Inf.	Infinitv	Akt.	Aktiv
Imp.	Imperativ	Pass.	Passiv
Konj.	Konjunktiv	Pers. Pron.	Personalpronomen
Komp.	Komparativ	Poss. Pron.	Possessivpronomen
Superl.	Superlativ	Dem. Pron.	Demonstrativpronomen
Dim.	Diminutiv	Inter. Pron.	Interrogativpronomen
Part.	Partizip	Rel. Pron.	Relativpronomen
Adv.Part.	Adverbialpartizip	V. d. Fortbew.	Verben der Fortbewegung

Quellenverzeichnis

Der Verlag dankt den folgenden Personen und Institutionen – soweit sie erreicht werden konnten – für die freundliche Genehmigung zum Abdruck von Copyright-Material. Für weitere Hinweise sind wir dankbar.

ATKAR-PKO Kartografia (Moskau):
S. 44, 63, 70, 71

Aurora Art Publishers (St. Petersburg):
Foto S. 121 (u.)

Bauer-Negenborn, Gaby (Starnberg):
Foto S. 28

Bayerischer Hof (Dresden): S. 147

Deutsche Telekom: S. 160 (o.)

Deutsches Reisebüro GmbH (Frankfurt):
Foto/Text S. 157

Ekonomitscheskaja Gazeta (Moskau):
S. 194

Erdmann Verlag (Tübingen):
Foto S. 136

Glück, Manfred (München):
Fotos S. 17 (li./re. o.), 26 (li. o./re. u.), 27 (li. o.), 40, 41, 51, 81 (li.), 85, 122 (li./re. u.), 123

Golanda, Ilji (Moskau): Foto S. 17 (m.)

Huber-Kartographie (München): S. 240

Jürgens Ost- und Europa-Photo (Berlin):
Fotos S. 14, 17 (li./re. u.), 89, 121 (m.), 122 (li./re. o.), 177

Kassina, E. (Moskau): Foto S. 90

Krokodil (Moskau):
Text S. 154 (Ljatjev, G.),
Cartoon S. 180 (Lugovkin, V.)

Mitrochin, Vjatscheslaw (Orjol):
Fotos S. 7 (außer re. m.), 9 (o./u.), 10 (li.), 15, 16 (o.), 18, 26 (außer li. o./re. u.), 27 (außer li. o.), 43 (außer re. u.) 50, 57, 69, 77, 80, 101, 108, 110, 117, 118, 121 (o.), 159, 166, 173

Namin, S., Schaferan, I. (Moskau):
Lied S. 196

Okudschawa, Bulat (Moskau):
Lied S. 170

Panorama (Moskau):
S. 51, 52 (Poljakowa, V.), 81 (Kostenko, G.)

Planeta (Moskau):
Foto S. 43 (re. u. / Dejkina, N., Rjabowa, E.)

Reznik, I., Pauls, R. (Moskau):
Lied S. 116

Süddeutscher Verlag/Bilderdienst (München):
Fotos S. 16 (u. / La Sept), 61 (Ursula Röhnert)

Zeller, Heiner (Offenbach): Fotos S. 7 (re. m.), 9 (m.), 10 (re.)

Zhil-insk 4 (Moskau): S. 45

Старт

ДИСПЕТЧЕРСКАЯ

ПУНКТ
ОБМЕНА
ВАЛЮТЫ

МЫЛО
Myth

МАКДОНАЛДС

ТАКСОФОН

АПТЕКА №3

РЕСТОРАН

МЯСО

С1 Здравствуйте!

A

1

1.	А	а	Аа
2.	Б	б	Бб
3.	В	в	Вв
4.	Г	г	Гг
5.	Д	д	Дд
6.	Е	е	Ее
7.	Ё	ё	Ёё
8.	Ж	ж	Жж
9.	З	з	Зз
10.	И	и	Ии
11.	Й	й	Йй
12.	К	к	Кк
13.	Л	л	Лл
14.	М	м	Мм
15.	Н	н	Нн
16.	О	о	Оо
17.	П	п	Пп
18.	Р	р	Рр
19.	С	с	Сс
20.	Т	т	Тт
21.	У	у	Уу
22.	Ф	ф	Фф
23.	Х	х	Хх
24.	Ц	ц	Цц
25.	Ч	ч	Чч
26.	Ш	ш	Шш
27.	Щ	щ	Щщ
28.		ъ	ъ
29.	Ы	ы	ы
30.		ь	ь ь
31.	Э	э	Ээ
32.	Ю	ю	Юю
33.	Я	я	Яя

2 Wir stellen uns vor.

3 Jetzt sind Sie an der Reihe: Machen Sie sich in Ihrer Gruppe bekannt.

Б

1 Sie sind geschäftlich in Moskau.
Die ersten Aufschriften lesen Sie auf dem Flughafen Scheremetjewo II:

МОСКВА	Москва́
АЭРОПОРТ	аэропо́рт
КАССА	ка́сса
БАНК	банк
БАР	бар
СТОП!	стоп!

2 Lesen und schreiben Sie.

Это Москва, аэропорт.
Вот банк, вот бар.
Там касса.

3 Weitere Aufschriften und Hinweise lesen Sie in der Halle:

ИНТУРИСТ	Интури́ст
РЕСТОРАН	рестора́н
ТУАЛЕТ	туале́т
МЕДПУНКТ	медпу́нкт
КИОСК	кио́ск
ЖУРНАЛ	журна́л
ГАЗЕТА	газе́та
ГОРОД	го́род
ТАКСИ	такси́
АВТОБУС	авто́бус

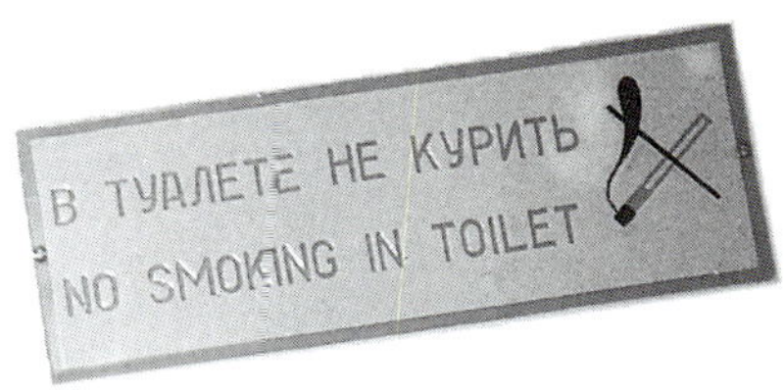

4 Ergänzen Sie.

1. Та__ ба__ и ресто__ __ __.
2. Во__ мед__ __ __ __ __.
3. Та__ ки__ __ __ : вот жур__ __ __ «Мос__ __ __», вот газ__ __ __.
4. А та__ так__ __ и авт__ __ __ __.
5. А туа__ __ __ там.

5 Auf dem Weg in die Stadt lesen Sie wieder Aufschriften:

ТЕАТР	теа́тр
МИЛИЦИЯ	мили́ция
МЕТРО	метро́
ПРОСПЕКТ	проспе́кт
МУЗЕЙ	музе́й
ПАРК	парк
МАГАЗИН	магази́н
ШКОЛА	шко́ла

КИНОТЕАТР	кинотеа́тр
СТАДИОН	стадио́н
УЛИЦА	у́лица
ГОСТИНИЦА	гости́ница
ИНСТИТУТ	институ́т
СПОРТ	спорт
ТРАМВАЙ	трамва́й

6 Ergänzen Sie.

Мос__ __ __	ту__ __ __ __	гос__ __ __ __ __ __	ба__ __
кас__ __	так __ __	ин__ __ __ __ __ __	ул__ __ __
авт__ __ __ __	теа __ __	сп__ __ __	му__ __ __
б__ __	мили __ __ __	трам __ __ __	ста__ __ __ __
ст__ __	маг__ __ __ __	рест__ __ __ __	кин__ __ __ __ __ __

7 Das ist die Liste Ihrer russischen Geschäftspartnerinnen und -partner. Können Sie die Namen schon lesen?

Алекса́ндр Смирно́в, Ири́на Соколо́ва, Ве́ра Си́дорова, Маргари́та Кали́нина, Влади́мир Ивано́в, Ни́на Петро́ва, Серге́й Коре́нин, Валенти́на Коре́нина

8 Sortieren Sie die Namen nach Vor- und Familiennamen.

Алекса́ндр, Петро́ва, Смирно́в, Ири́на, Ве́ра, Ивано́в, Влади́мир, Коре́нин, Коре́нина, Валенти́на, Серге́й, Соколо́ва, Маргари́та, Ни́на, Си́дорова, Кали́нина, Антони́на

В

1 Bei der Passkontrolle.

– Ваш па́спорт, пожа́луйста.
– Вот, пожа́луйста.
– Спаси́бо.
– До свида́ния.

2 Schreiben Sie das Gespräch auf.

3 Beim Zoll.

– Ваш па́спорт, пожа́луйста.
– Вот он.
– А ва́ша ви́за, где она́?
– Вот ви́за, вот деклара́ция.
– Спаси́бо. Вы тури́ст?
– Нет, я бизнесме́н.
– Э́то ваш бага́ж?
– Нет, вот э́то.
– Спаси́бо.
– До свида́ния.

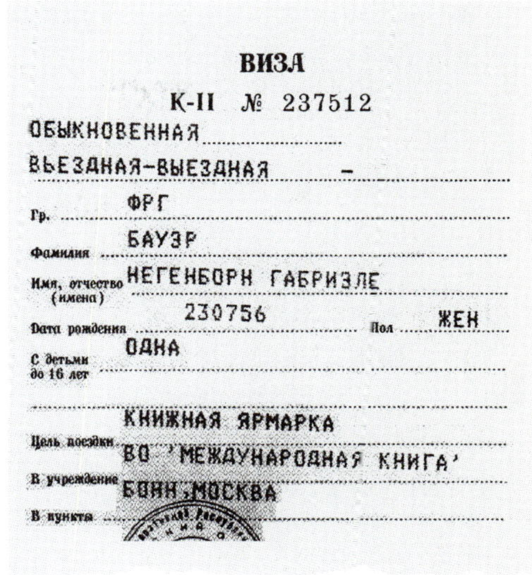
ВИЗА
К-II № 237512
ОБЫКНОВЕННАЯ
ВЬЕЗДНАЯ-ВЫЕЗДНАЯ –
Гр. ФРГ
Фамилия БАУЭР
Имя, отчество (имена) НЕГЕНБОРН ГАБРИЭЛЕ
Дата рождения 230756 Пол ЖЕН
С детьми до 16 лет ОДНА
Цель поездки КНИЖНАЯ ЯРМАРКА
В учреждение ВО 'МЕЖДУНАРОДНАЯ КНИГА'
В пункты БОНН,МОСКВА

4 Schreiben Sie das Gespräch auf.

5 Spielen Sie die Szenen bei der Passkontrolle und beim Zoll.

Г

1 In der Flughafenhalle werden Sie und Ihre Mitreisenden von Ihren russischen Partnern erwartet. Sie machen sich bekannt.

– Здра́вствуйте. Я Алекса́ндр Смирно́в, фи́рма «Роси́мпорт».
– Здра́вствуйте, господи́н Смирно́в. Я Рудольф Бергер, фи́рма «Райниш».
– О́чень рад, господи́н Бергер. А э́то господи́н Ивано́в.
– Очень рад, господи́н Ивано́в.
– И я о́чень рад, господи́н Бергер. Э́то ваш бага́ж, господи́н Бергер?
– Нет, вот э́то.

2
– Госпожа́ Штейнер?
– Да, э́то я.
– Здра́вствуйте. О́чень рад, госпожа́ Штейнер. Коре́нин Серге́й Петро́вич.
– О́чень ра́да, господи́н Коре́нин.

3 Stellen Sie diese Fragen auf Russisch.

1. Sind Sie Tourist?
2. Ist das Ihr Gepäck?
3. Wo ist Ihr Visum?
4. Und wo ist Ihr Pass?
5. Sind Sie Frau Schmidt?
6. Ist das Ihre Zolldeklaration?

Так говорят русские

- Sie begrüßen jemanden, den Sie duzen: Здра́вствуй!
- Sie begrüßen jemanden, den Sie siezen: Здра́вствуйте!
- Sie verabschieden sich: До свида́ния.

1 Artikel

Es gibt im Russischen weder einen bestimmten noch einen unbestimmten Artikel:

Э́то па́па.	Das ist Vater. / Das ist der Vater. / Das ist ein Vater.
Вот Москва́, аэропо́рт.	Hier ist Moskau, der Flughafen.

2 Hilfsverb »sein«

Das Hilfsverb »sein« wird im Präsens nicht verwendet:

Э́то Москва́.	Das ist Moskau.

3 Substantiv

Es gibt im Russischen sechs Fälle (Kasus). Die ersten vier Fälle stimmen mit den deutschen Fällen überein. Darüber hinaus gibt es den Instrumental (er antwortet auf die Fragen: *womit?/mit wem?*) und den Präpositiv (er steht immer zusammen mit einer Präposition und antwortet auf die Fragen: *wo?/worüber?*).

Im Russischen gibt es drei Geschlechter: *maskulin, feminin, neutrum.*

4 Substantiv: Nom. Sg.

Das Geschlecht des Substantivs erkennen Sie an der Endung. In der Regel enden Maskulina auf einen Konsonanten, Neutra auf **-o**, Femina auf **-a** /**-я**.

maskulin	*neutrum*	*feminin*
па́спорт	метр**о́**	гости́ниц**а**
рестора́н		мили́ци**я**

Bei männlichen Personen bleibt das natürliche Geschlecht trotz der femininen Endung (па́па, Са́ша, Воло́дя, Же́ня, …) erhalten.

1 Welches Wort passt nicht in die Reihe? Streichen Sie es durch.

1. авто́бус, бага́ж, мили́ция, трамва́й, рестора́н
2. банк, гости́ница, Москва́, у́лица, мили́ция
3. магази́н, музе́й, Интури́ст, бар, метро́
4. туале́т, такси́, медпу́нкт, кинотеа́тр, стадио́н
5. Алекса́ндр, Ири́на, Маргари́та, Валенти́на, Са́ша

2 Reagieren Sie (mündlich und schriftlich).

1. Ваш па́спорт, пожа́луйста!
2. Ва́ша ви́за, пожа́луйста!
3. Вы тури́ст?
4. Э́то ваш бага́ж?
5. Господи́н Бергер?
6. Здра́вствуйте!
7. Михалко́в Серге́й Никола́евич.
8. Здра́вствуйте! Я Влади́мир Ивано́в, фи́рма «Австроро́с».

3 Was sagen Sie in folgenden Situationen?

1. Sie begrüßen die Chefin einer russischen Firma.
2. Sie begrüßen einen guten Freund aus Sankt Petersburg.
3. Sie verabschieden sich nach den Verhandlungen von Ihren russischen Partnern.

4 Nach welchen Gesichtspunkten sind diese geographischen Bezeichnungen geordnet? Finden Sie alle auf der Landkarte (siehe Seite 240)? Welche fehlen? Sortieren Sie die Wörter.

1. Gruppe: Wörter, die Sie auf der Karte gefunden haben,

2. Gruppe: Wörter, die nicht auf der Karte sind.

Ура́л, Кавка́з, Пами́р; Во́лга, Дон, Днепр, Днестр, Аму́р, Ле́на; Москва́, Петербу́рг, Сара́тов, Но́вгород; Екатеринбу́рг, Омск, Томск, Новосиби́рск, Ирку́тск, Владивосто́к; Евро́па, А́зия, Аме́рика, Австра́лия, А́фрика.

5 Finden und markieren Sie in dem Buchstabensalat die folgenden Wörter: телеви́зор, такси́, авто́бус.

Es sind noch drei Wörter versteckt, die Sie bereits kennen. Welche?

Е	Т	Е	Л	Е	В	И	З	О	Р	И	О	П	К
Ю	Ь	Й	Х	Ё	Т	П	О	Ч	Т	А	Ц	К	И
Е	Т	Д	Э	Я	Ы	К	Р	Б	И	Л	Е	Т	Р
Т	А	К	С	И	У	Б	Т	З	Ё	М	Д	Е	Э
А	Э	Щ	Р	Е	С	Т	О	Р	А	Н	В	Ц	Х
У	З	Т	О	И	П	А	В	Т	О	Б	У	С	Е

6 Übersetzen Sie (mündlich und schriftlich).

– Guten Tag. Ihren Pass und Ihr Visum, bitte!
– Hier, bitte.
– Und Ihre Zolldeklaration?
– Die Zolldeklaration? Hier ist sie.
– Danke.
– Ist das Ihr Gepäck?
– Ja.
– Danke.
– Auf Wiedersehen.
– Auf Wiedersehen.

7 Übersetzen Sie (mündlich und schriftlich).

1. Dort ist die Polizei.
2. Ist das Ihre Zolldeklaration?
3. Das ist Ihr Hotel.
4. Hier ist das Taxi, hier die Straßenbahn und der Bus.
5. Guten Tag, Herr Smirnow.
6. Guten Tag, Frau Kalinina.

8 Beantworten Sie (mündlich und schriftlich).

1. Ва́ша ви́за, пожа́луйста! (Вот она́.)
2. Ваш па́спорт, пожа́луйста!
3. Ва́ша деклара́ция, пожа́луйста!
4. Ваш бага́ж, пожа́луйста!
5. Ваш па́спорт, ва́ша ви́за, пожа́луйста!
6. Это госпожа́ Штейнер?
7. Где ва́ша деклара́ция, госпожа́ Штейнер?
8. Где ваш бага́ж, господи́н Бергер?

9 Spielen Sie die folgende Situation in Gruppen:

Sie holen in Ihrer Heimatstadt eine russische Gruppe vom Flughafen ab. Machen Sie sich mit den Delegationsmitgliedern bekannt. Hier sind ihre Namen: Алекса́ндр Тата́рин, Валенти́на Суббо́тина, Серге́й Михалко́в, Тама́ра Толста́я.

Вы это уже знаете?

Russisch gehört zu den slawischen Sprachen, die in drei Gruppen zerfallen: das Ost-, West- und Südslawische.
Zu den ostslawischen Sprachen gehören Russisch, Ukrainisch und Weißrussisch, zu den westslawischen Polnisch, Tschechisch, Slowakisch, Sorbisch und zu den südslawischen Bulgarisch, Makedonisch, Serbisch, Kroatisch, Slowenisch.
Im Bereich der slawischen Sprachen werden zwei Schriftsysteme verwendet: das kyrillische und das lateinische. Das lateinische Alphabet verwenden jene slawischen Völker, die heute überwiegend katholisch sind, d. h. alle westslawischen Völker sowie die Slowenen und Kroaten. Das kyrillische Alphabet verwenden alle ostslawischen Völker sowie die Bulgaren, Makedonier und Serben, also jene Völker, die von Byzanz (Konstantinopel, *heute:* Istanbul) aus missioniert wurden und dem orthodoxen Glaubensbekenntnis verpflichtet sind.

С2 Добро пожаловать!

А

1 Herr Berger ist im гости́ница «Национа́ль» angekommen. Im Hotel sieht er weitere Aufschriften:

ВХОД	вход
ВЫХОД	вы́ход
БЮРО	бюро́
АДМИНИСТРАТОР	администра́тор
РЕГИСТРАТУРА	регистрату́ра
ЛИФТ	лифт
РЕСТОРАН	рестора́н
ТЕЛЕФОН	телефо́н
БУФЕТ	буфе́т
КИОСК	кио́ск
ОБЪЯВЛЕНИЕ	объявле́ние

2 Schreiben Sie die Aufschriften in Herrn Bergers Stockwerk.

3 Am Kiosk des Hotels findet Herr Berger Ansichtskarten mit russischen Schriftstellerinnen und Schriftstellern:

Алекса́ндр Серге́евич Пу́шкин (1799–1837)

Никола́й Васи́льевич Го́голь (1809–1852)

Михаи́л Ю́рьевич Ле́рмонтов (1814–1841)

Ива́н Серге́евич Турге́нев (1818–1883)

Фёдор Миха́йлович Достое́вский (1821–1881)

Михаи́л Евгра́фович Салтыко́в-Щедри́н (1826–1889)

Лев Никола́евич Толсто́й (1828–1910)

Анто́н Па́влович Че́хов (1864–1910)

Макси́м Го́рький (Алексе́й Макси́мович Пе́шков 1868–1936)

А́нна Андре́евна Ахма́това (1889–1966)

Мари́на Ива́новна Цвета́ева (1892–1941)

4 In der Hotelhalle hängen Fotos interessanter russischer Reiseziele. Finden Sie sie auf der Landkarte (siehe Seite 240)?

Санкт-Петербург, Волга, Сибирь: озеро Байкал, Золотое кольцо: Москва, Сергиев Посад (Загорск), Переславль, Ростов, Ярославль, Кострома, Иваново, Суздаль, Владимир.

5 Notieren Sie die Städte des Goldenen Rings.

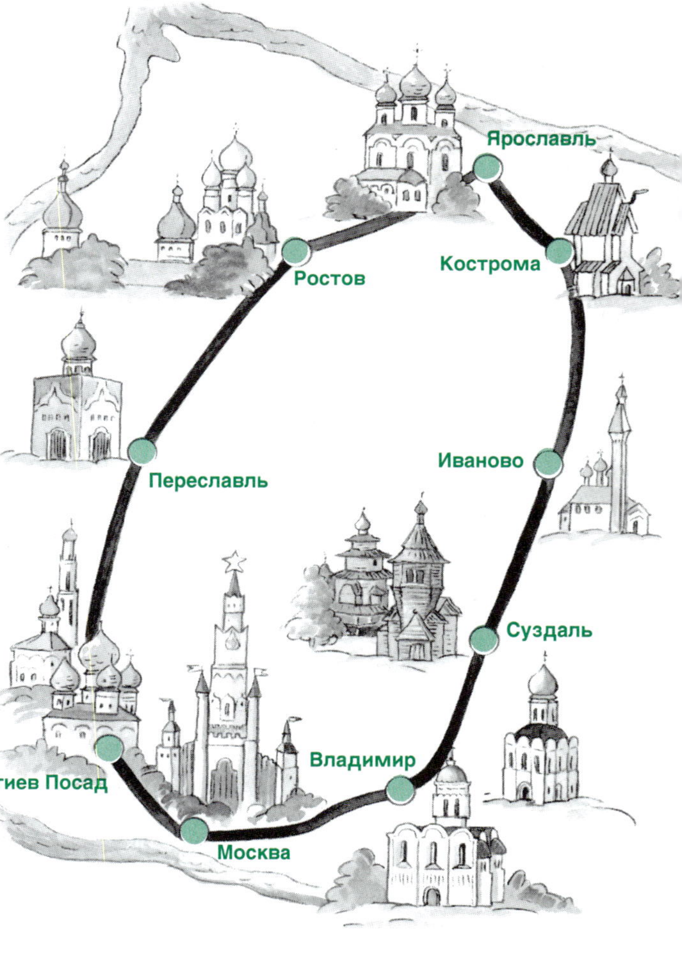

Б

1 Für welches Reiseziel würden Sie sich entscheiden? Der Werbeprospekt hilft Ihnen bei der Auswahl.

Вы уже́ зна́ете Влади́мир, Су́здаль, Пересла́вль, ...? Нет? Э́то «Золото́е кольцо́».

Вот, наприме́р, Су́здаль, го́род-музе́й. На фо́то сле́ва – Кремль. Он о́чень ста́рый и краси́вый.

Вы зна́ете Санкт-Петербу́рг? Да? Э́то центр. Вот Эрмита́ж, о́чень большо́й музе́й. На фо́то спра́ва – большо́й и краси́вый Каза́нский собо́р. Э́тот собо́р то́же музе́й. А вот Не́вский проспе́кт.

2 Kennen Sie Russland schon ein wenig? Stimmen die Aussagen?

1. Санкт-Петербу́рг на «Золото́м кольце́».
2. Кремль в Санкт-Петербу́рге.
3. Эрмита́ж в Су́здале.
4. Каза́нский собо́р во Влади́мире.
5. Не́вский проспе́кт больша́я у́лица в Москве́.
6. Кра́сная пло́щадь и Большо́й теа́тр в Москве́.
7. Су́здаль о́чень большо́й го́род.
8. Москва́ большо́й го́род.
9. Санкт-Петербу́рг большо́й го́род.
10. Пересла́вль на Золото́м кольце́.

3 Ergänzen Sie.

1. Москва́ о́чень больш_____ го́род.
2. Санкт-Петербу́рг о́чень краси́в_____ го́род.
3. Влади́мир то́же краси́в_____ го́род.
4. Новосиби́рск больш _____ го́род.
5. Ста́нц_____ метро́ «Театра́льная» о́чень краси́в_____.

В

1 В гости́нице

– Здра́вствуйте.
– Здра́вствуйте.
– Моя́ фами́лия Бергер.
– Прости́те, как ва́ша фами́лия?
– Бергер, Рудольф Бергер.
– Мину́точку… Да, господи́н Бергер. Ваш па́спорт, пожа́луйста.
– Вот, пожа́луйста.
– Так, Рудольф Бергер … Ваш а́дрес, пожа́луйста.
– Лейпциг, Пёлицштрассе 6.
– Спаси́бо. Ваш но́мер на седьмо́м этаже́.
– На како́м этаже́?
– На седьмо́м.
– А где лифт?
– Напро́тив сле́ва.
– Спаси́бо, до свида́ния.
– До свида́ния.

2 Wie lauten die Fragen zu diesen Aussagen?

1. Моя́ фами́лия Бергер.
2. Вот, пожа́луйста.
3. Лейпциг, Пёлицштрассе 6.
4. На седьмо́м.
5. Напро́тив сле́ва.

3 Spielen Sie die Szene an der Rezeption.

Г

1 Herr Berger sucht bei seinem ersten Spaziergang durch Moskau Orientierungshilfen.

– Прости́те, пожа́луйста, где здесь Кра́сная пло́щадь?
– Ви́дите там э́то большо́е зда́ние? Э́то гости́ница «Москва́». А сле́ва Кра́сная пло́щадь.
– Прекра́сно. А Большо́й теа́тр то́же в це́нтре. Где он?
– Вон там, ви́дите?
– Где?
– Вон там спра́ва.
– Там … «М».
– Да, «М» – э́то ста́нция метро́. А ря́дом Большо́й теа́тр.
– Большо́е спаси́бо.
– Пожа́луйста.

2 Auf welche Aussagen beziehen sich diese Sätze?

1. Ви́дите там э́то большо́е зда́ние? Э́то гости́ница «Москва́». А сле́ва Кра́сная пло́щадь.
2. Вон там, ви́дите?
3. Большо́е спаси́бо.

3 Spielen Sie die Szene vor dem Hotel.

4 Sie stehen vor dem Hotel «Метропо́ль» und möchten Ihre Bekannten im Hotel «Росси́я» besuchen. Fragen Sie einen Passanten nach dem Weg.

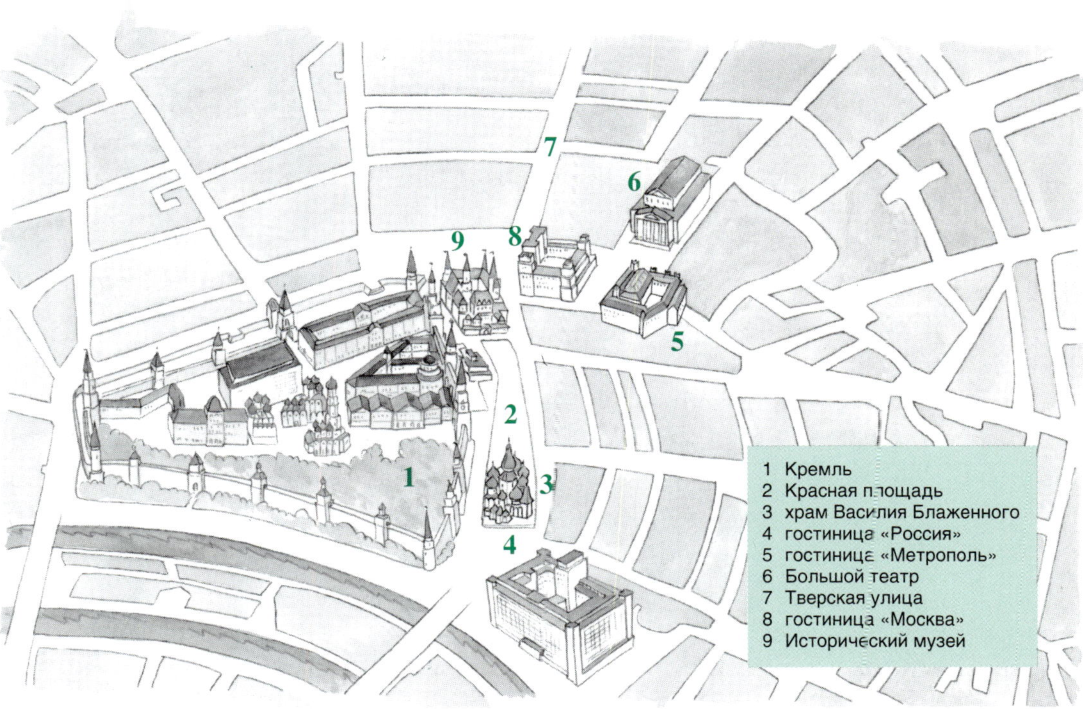

Так говорят русские

- Sie sprechen jemanden an: Прости́те, пожа́луйста, …
- Sie bedanken sich herzlich: Большо́е спаси́бо.
- Sie freuen sich: Прекра́сно!
- Sie weisen auf etwas in der Nähe hin: Вот.
- Sie weisen auf etwas Entferntes hin: Вон там.

1 Schreibweise

Im Russischen werden nur der Satzanfang und Eigennamen großgeschrieben.

2 Betonung

Das Russische kennt keine feste Betonung. Sie müssen die Betonungsstelle beim Vokabellernen mitlernen. Eine große Hilfe ist es, laut mit der Kassette zu lernen.

3 Phonetik

1. Ein unbetontes **-o-** wird wie [-a-] gesprochen: М**о**сква́, unbetontes **-е-** und **-я-** werden wie [-i-] gesprochen: р**е**стора́н, де́с**я**ть (zehn).

2. Stimmhafte und stimmlose Konsonanten werden deutlich unterschieden:
   ш – ж, п – б, д – т: ма**ш**и́на ↔ по**ж**а́луйста, **п**а́па ↔ спаси́**б**о, **д**ом ↔ **т**ам.

3. *Harte* und *weiche* Konsonanten sind eine die russische Sprache prägende Opposition. Jeder Konsonant in einem Wort ist entweder *hart* oder *weich.*

   Um im Schriftbild einen Konsonanten als *hart* oder *weich* darzustellen, wird das folgende Vokalzeichen benutzt. Die Vokalzeichen der 1. Reihe weisen den davorstehenden Konsonaten als *hart* aus, die Vokalzeichen der 2. Reihe und das sogenannte weiche Zeichen **-ь-** als *weich.* Es gibt demnach zehn Vokalzeichen für fünf Vokale:

1. Reihe	а	э	ы	о	у
2. Reihe	я	е	и	ё*	ю

   Со́ня, теа́тр, магази́н, Фёдор, бюро́, Сиби́рь

   * **ё** ist immer betont. Es wird in der Regel als **е** geschrieben: Ф**е**дор, Сер**е**жа

Aber: ж, ш, ц sind immer *hart,* egal, welches Vokalzeichen folgt: то́**ж**е, ма**ш**и́на, **ц**ентр; **ч**, **щ** sind immer *weich*, egal, welches Vokalzeichen folgt: да́**ч**а, пло́**щ**адь*.

* Achtung: In пло́щадь wird das **-а-** wie [-i-] gesprochen.

4. Ein Konsonant am Wortende wird stimmlos gesprochen: го́ро**д** [-т], бага́**ж** [-ш].

5. Am Wort- und Silbenanfang werden die Vokalzeichen **я-, е-, ё-, ю-** als [ja-], [je-] oder unbetont [ji-], [jo-], [ju-] gesprochen, z.B.: я, Евро́па, Ю́ра.

4 Intonation des Fragesatzes

Der russische Fragesatz hat in der Regel die gleiche Wortstellung wie der Aussagesatz. Unterschieden werden beide durch die Intonation:

Э́то администра́тор. Э́то администра́тор?

5 Personalpronomen

Sg.	я (ich)	ты (du)	он (er), она́ (sie), оно́ (es)
Pl.	мы (wir)	вы (ihr, Sie)	они́ (sie)

6 Substantiv: Nom. Sg.

Die das russische Lautsystem prägende Opposition von *harten* und *weichen* Konsonanten zeigt sich auch beim Substantiv. So endet рестора́н auf einen *harten* Konsonanten, Кремль und трамва́й dagegen auf einen *weichen*. Bei den Feminina und Neutra zeigt dies im Schriftbild das folgende Vokalzeichen:

	maskulin	*neutrum*	*feminin*
hart	рестора́н	кольц**о́** метр**о́**	гости́ниц**а** ла́мп**а**
weich	Кремль трамва́й	объявле́ни**е** зда́ни**е**	семь**я́** мили́ци**я**

7 Substantiv, Adjektiv, Pronomen: Akk. Sg.

Bei unbelebten maskulinen und neutralen Substantiven ist der Akk. Sg. gleich dem Nom. Sg.:

Э́то но́вый дом.	Вы там ви́дите но́вый дом?
Э́то большо́е зда́ние.	Вы там ви́дите э́то большо́е зда́ние?

8 Substantiv: Nom. Sg. auf -ь

Das Geschlecht dieser Substantive muss man sich merken, denn sie können entweder *maskulin* oder *feminin* sein:

maskulin	*feminin*
Кремль	пло́щадь
Су́здаль	Сиби́рь
Пересла́вль	

9 Adjektiv: Nom. Sg.

In der Regel enden Maskulina auf -**ый,** Neutra auf -**ое** und Feminina auf -**ая**:

maskulin	*neutrum*	*feminin*
краси́в**ый**	краси́в**ое**	краси́в**ая**
ма́леньк**ий***	ма́леньк**ое**	ма́леньк**ая**
больш**о́й****	больш**о́е**	больш**а́я**

* Nach **к** steht nie **ы**, sondern immer **и** (ы/и-Regel).

** Endbetonte maskuline Adjektive lauten immer auf **-о́й**.

10 Demonstrativpronomen: »dieser«

maskulin	*neutrum*	*feminin*
э́тот	э́то	э́та

Das Demonstrativpronomen э́тот, э́то, э́та (dieser, dieses, diese) ist nicht zu verwechseln mit э́то = das ist!

Dieses Haus ist groß.		Das ist ein großes Haus.
Э́тот дом большо́й.	↔	Э́то большо́й дом.
Э́та гости́ница ста́рая.	↔	Э́то ста́рая гости́ница.
Э́то кольцо́ золото́е.	↔	Э́то золото́е кольцо́.

11 **Verneinung: не**

Die Verneinungspartikel **не** (Achtung: нет = nein!) steht immer vor dem zu verneinenden Wort: Кремль не в Санкт-Петербу́рге, а в Москве́.

1

Vielleicht kennen Sie die alphabetisch aufgelisteten Speisen und Getränke. Sortieren Sie sie nach logischen Gesichtspunkten.

бефстро́ганов, борщ, вино́, во́дка, квас, кефи́р, конья́к, котле́ты, щи, ко́фе, пи́во, пюре́, рис, сала́т, чай

2

Schreiben Sie die Wörter in alphabetischer Reihenfolge auf.

вы́ход, вход, администра́тор, регистрату́ра, лифт, рестора́н, телефо́н, газе́та, буфе́т, журна́л, объявле́ние, авто́бус, у́лица, магази́н, туале́т, стадио́н, бар, гости́ница, трамва́й, мили́ция, медпу́нкт, такси́, телеви́зор

3

Hören Sie und entscheiden Sie, ob es sich um einen Aussage- oder einen Fragesatz handelt. Setzen Sie entweder einen Punkt oder ein Fragezeichen.

1. Э́то Кремль__
2. Э́то Кремль__
3. Большо́й теа́тр спра́ва__
4. Гости́ница «Москва́» больша́я__
5. Э́то «Золото́е кольцо́»__
6. Сле́ва су́здальский Кремль__
7. Э́тот собо́р то́же музе́й__
8. Не́вский проспе́кт в Москве́__

4

Reagieren Sie (mündlich und schriftlich).

1. Здра́вствуйте!
2. Моя́ фами́лия Алекса́ндров.
3. Ваш па́спорт, пожа́луйста!
4. Ваш а́дрес, пожа́луйста!
5. Прости́те, пожа́луйста, где здесь ста́нция метро́?
6. А где Кра́сная пло́щадь?
7. А Большо́й теа́тр то́же в це́нтре?
8. А где лифт?
9. До свида́ния.
10. Большо́е спаси́бо.

5

Was sagen Sie in folgenden Situationen?

1. Sie möchten sich bei Ihrer Gesprächspartnerin bedanken.
2. Sie sprechen jemanden an, um zu erfahren, wo die Metrostation ist.

6 Stellen Sie diese Fragen auf Russisch. Was antwortet Ihr(e) Gesprächspartner(in)?

1. Entschuldigen Sie bitte, wo ist hier eine U-Bahnstation?
2. Und wo ist der Rote Platz?
3. Ist das Bolschoj Theater auch im Zentrum?
4. Ist das der Kreml?
5. Verzeihung, wie ist Ihr Name, bitte?
6. Welcher Stock, bitte?
7. Und wo ist der Lift?

7 Füllen Sie das Formular aus.

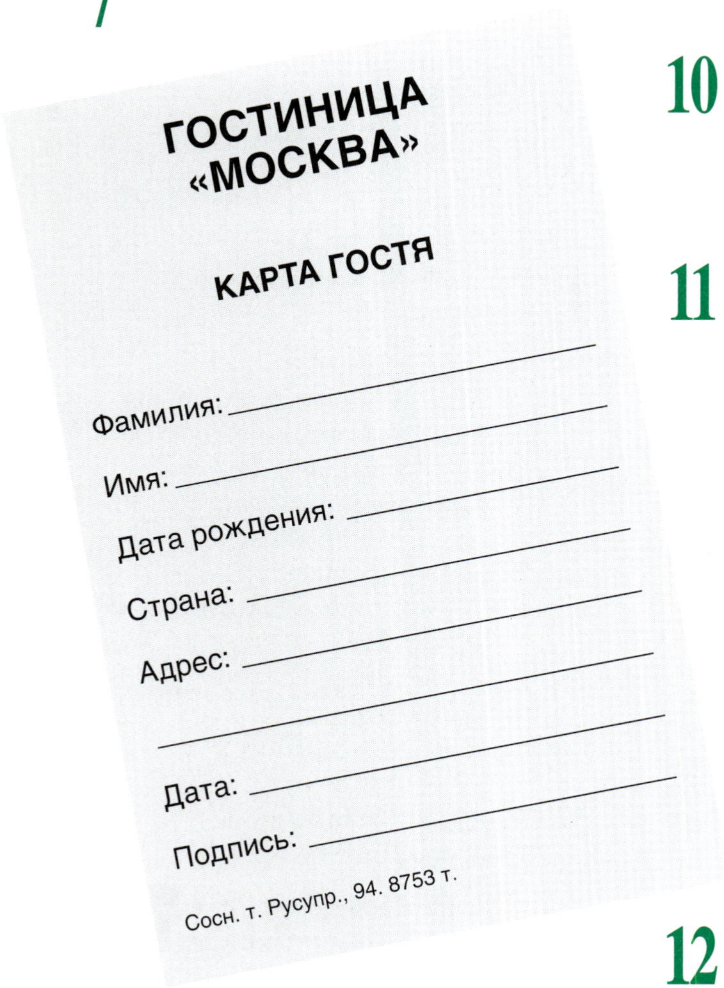
ГОСТИНИЦА «МОСКВА»

КАРТА ГОСТЯ

Фамилия: ____________

Имя: ____________

Дата рождения: ____________

Страна: ____________

Адрес: ____________

____

Дата: ____________

Подпись: ____________

Сосн. т. Русупр., 94. 8753 т.

8 Sie stehen an der Rezeption eines Moskauer Hotels, um sich anzumelden. Es tritt eine Frau heran und fragt, ob Sie Frau X/Herr Y sind. Sie bejahen. Machen Sie sich bekannt und beenden Sie das Gespräch an der Rezeption (Ihr Zimmer: 7. Stock, Lift: gegenüber rechts).

9 Sie stehen vor dem Hotel «Метропо́ль» und möchten auf die «Тверска́я». Fragen Sie eine Passantin. Sie zeigt auf ein Hotel und antwortet, dass die «Тверска́я» rechts vom Hotel «Москва́» ist.

10 Erkundigen Sie sich bei einem Passanten nach dem Hotel «Росси́я» und dem Истори́ческий музе́й. Er hilft Ihnen weiter (siehe Stadtplan, Seite 19).

11 Übersetzen Sie diesen Ausschnitt aus einem Prospekt.

Kennen Sie schon Wladimir? Das ist eine sehr schöne Stadt am Goldenen Ring (на Золото́м кольце́). Im Zentrum ist der Kreml. Er ist sehr alt und schön. Rechts auf dem Foto sehen Sie eine alte Kathedrale. Das ist ein Museum. Und dies ist das Zentrum. Links ist ein kleines Hotel, und das schöne Haus hier ist ein Restaurant.

12 Stellen Sie Ihren russischen Bekannten anhand eines Fotos oder einer Ansichtskarte Ihre Heimatstadt vor.

13 Кроссво́рд. Die Buchstaben der markierten Felder ergeben den Familiennamen eines weltberühmten russischen Schriftstellers. Sie müssen sie jedoch erst ordnen.

1 Handelsunternehmen
2 große Straße
3 Hauptstadt Russlands
4 Grenzfluss zwischen Russland und China
5 Reisedokument
6 städtische Grünanlage
7 bekannter russischer Fluss
8 Anrede für einen Mann
9 Zollerklärung
10 kulturelle Einrichtung
11 städtisches Verkehrsmittel
12 Erste Hilfe-Stelle
13 Polizei in Russland
14 berühmter russischer Romancier
15 zweitgrößte Stadt Russlands
16 Lichtspielhaus
17 Verkehrsmittel
18 körperliche Betätigung
19 Grenzgebirge zwischen Europa und Asien

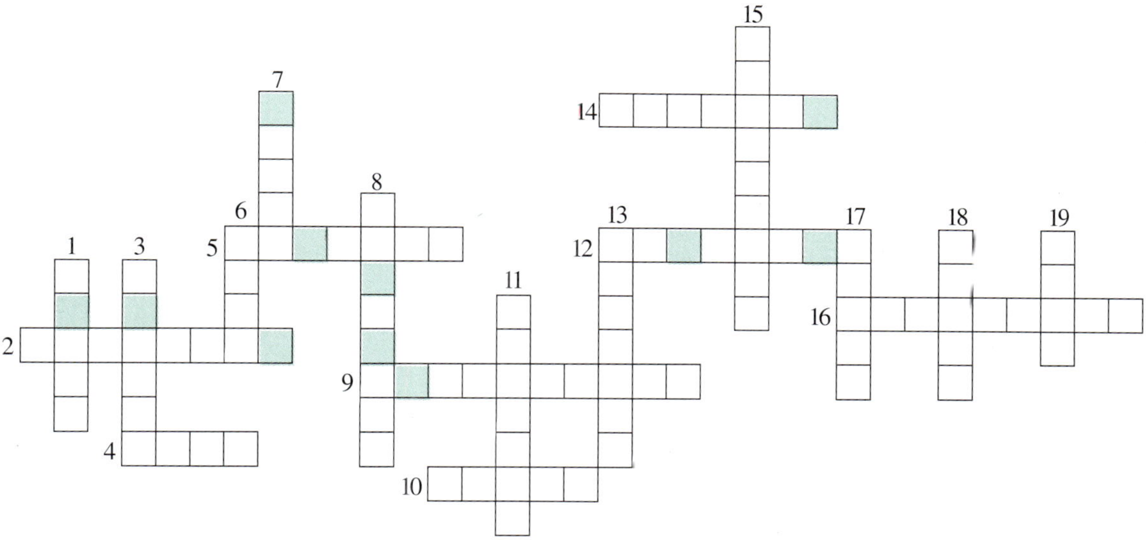

Вы это уже знаете?

Der vollständige russische Name besteht aus Vor-, Vaters- und Familienname (и́мя, о́тчество, фами́лия): А́нна Андре́евна Ахма́това, Алекса́ндр Серге́евич Пу́шкин. In der höflichen Anrede verwendet man den Vor- und Vatersnamen: Ири́на Алексе́евна, Серге́й Миха́йлович.
Zur Zeit hört man immer häufiger, insbesondere im Umgang mit Ausländern, die Anrede госпожа́/господи́н in Verbindung mit dem Familiennamen: госпожа́ Крамер, господи́н Вебер.
Wie in allen Sprachen haben auch die russischen Vornamen Diminutive: А́нна – А́ня, Алекса́ндр – Са́ша, Валенти́на – Ва́ля, Мари́я – Ма́ша, Влади́мир – Воло́дя, Анато́лий – То́ля, Маргари́та – Ри́та, Евге́ний – Же́ня.

МЕТРОПОЛИТЕН имени В.И.ЛЕНИНА

МЕТРОПОЛИТЕН ИМЕНИ В.И. ЛЕНИНА
СТАНЦИЯ
КИЕВСКАЯ

Уроки

РОССИЯ

Клуб Станиславский
LUNCH
DINNER
ОБЕД - 13-16

·RECEPTION·
СЛУЖБА РАЗМЕЩЕНИЯ

Блинчики на Страстном

1 Это мы!

А

▶ AB1/2

1 Herr Weger unterhält sich mit Frau Petrówa, seiner russischen Kollegin, über ihre Arbeit.

– Ни́на Серге́евна, вы рабо́таете в газе́те. А ваш муж?
– Он врач, рабо́тает в больни́це.
– Здесь в го́роде?
– Да, здесь в Москве́.
– А рабо́та интере́сная?
– Ду́маю, о́чень.
– Вы, Ни́на Серге́евна, живёте в Москве́, да?
– Да, мы живём здесь. А вы, господи́н Вегер?
– Я живу́ и рабо́таю в Ве́не.

2 Stimmt das? Stellen Sie die falschen Aussagen richtig.

1. Ни́на Серге́евна и её муж живу́т и рабо́тают в Санкт-Петербу́рге.
2. Она́ рабо́тает в газе́те, он рабо́тает в больни́це.
3. Господи́н Вегер рабо́тает в Берли́не.

▶ AB 3

3 Fragen Sie sich gegenseitig, wo Sie wohnen und arbeiten. Erkundigen Sie sich auch nach den Familienangehörigen.

Б

1 Frau Petrówa sieht bei Herrn Weger ein Foto und erkundigt sich danach.

– Э́то ва́ша семья́, господи́н Вегер?
– Нет. Э́то моя́ сестра́ Кристине и её семья́. Сле́ва её муж. Он инжене́р, рабо́тает в констру́кторском бюро́ в Маннгейме. А спра́ва Аксель, их сын. Вы ви́дите, Аксель ещё ма́ленький, он учени́к. А вот здесь Сандра, их дочь. Она́ уже́ взро́слая и живёт в Мю́нхене. Там она́ рабо́тает на небольшо́й фи́рме.

▶ AB 4

2 Stellen Sie sich kurz vor. Vielleicht haben Sie ein Familienfoto dabei?

В

▶ AB 5

1 Frau Petrowa erzählt Herrn Weger, wie ihre Familie den Abend verbringt.

Вы спра́шиваете, что мы обы́чно де́лаем ве́чером? Муж обы́чно до́ма, а я ве́чером иногда́ рабо́таю. Наш сын Ю́ра ещё в институ́те, а Ка́тя, на́ша до́чь, до́ма.
Когда́ все до́ма, мы вме́сте у́жинаем. А пото́м мы обы́чно отдыха́ем. Мой муж ча́сто слу́шает класси́ческую му́зыку и чита́ет газе́ту и́ли медици́нский журна́л. Э́то он де́лает в большо́й ко́мнате. Я то́же иногда́ слу́шаю му́зыку. Вчера́ мы бы́ли в ци́рке. Бы́ло о́чень интере́сно.

1. Где живу́т Ни́на Серге́евна и её муж Алексе́й Петро́вич?
2. Где рабо́тает Ни́на Серге́евна, а где – Алексе́й Петро́вич?
3. Где Алексе́й Петро́вич, Ни́на Серге́евна, Ю́ра и Ка́тя ве́чером?
4. Ю́ра – учени́к? И́ли он уже́ рабо́тает? А Ка́тя?
5. Алексе́й Петро́вич и Ни́на Серге́евна обы́чно у́жинают вме́сте?
6. Что они́ пото́м де́лают?

▶ AB 6/7

2 Sie haben den Bericht sicher verstanden. Nehmen Sie die Fragen zu Hilfe und tragen Sie alle Informationen über die Familie Petrów zusammen.

3 Erzählen Sie, wie Sie gewöhnlich die Abende verbringen und wo Sie gestern Abend waren.

Г

1 Diesen Brief hat Herr Weger von einer Petersburger Bekannten bekommen. Sie verstehen ihn sicher, auch wenn einige unbekannte Wörter enthalten sind.

Петербург, 12 октября

Дорогой Герберт!

Ты спрашиваешь о моей семье. Мой муж Анатолий – бизнесмен. Он работает на небольшой фирме в

Петербурге. Вечером Анатолий тоже на фирме. Такая работа!

Я, как ты уже знаешь, учительница и работаю здесь в большой школе.

Работа очень интересная. А это на фото - наши дети: Владислав и Светлана. Владик, как видишь, уже большой, он студент. Света ещё маленькая, она ученица.

Вечером мы обычно дома отдыхаем все вместе: слушаем музыку, читаем, смотрим телевизор. А летом отдыхаем на море. Это мы!

А твоя семья большая? Где вы работаете? Где вы обычно отдыхаете? На море? На озере? Как вы отдыхаете вечером? Что делаете? Вы часто слушаете музыку? Какую? Классическую, поп, рок, джаз? Вы много читаете?

До свидания.

Лариса

Так говорят русские

- Sie fragen nach dem Wohnort: Где вы живёте?/Где ты живёшь?
- Ihre Tochter ist schon erwachsen: Моя́ дочь уже́ взро́слая.
- Ihr Sohn ist schon erwachsen: Мой сын уже́ взро́слый.
- Sie sprechen Ihren Freund im Brief an: Дорого́й Михаи́л!
- Sie sprechen Ihre Freundin im Brief an: Дорога́я Ка́тя!
- So verweisen Sie auf schon Bekanntes: Как ты уже́ зна́ешь. / Как вы уже́ зна́ете.

1 Verb: e-Konjugation

слу́шать			
я	слу́ша-**ю**	мы	слу́ша-**ем**
ты	слу́ша-**ешь**	вы	слу́ша-**ете**
он		они́	слу́ша-**ют**
она́	слу́ша-**ет**		
оно́			

Abweichungen von diesem Muster werden im Lektionswortschatz angegeben: жить – живу́, живёшь, ..., живу́т.

2 Hilfsverb »sein«: Präteritum

Im Präteritum wird nur nach Geschlecht und Zahl unterschieden. Es gibt daher nur die Formen: был, был**á**, бы́л**о**; бы́л**и**.

быть			
я	был / был**á**	мы	бы́л**и**
ты	был / был**á**	вы	бы́л**и**
он	был	они́	бы́л**и**
она́	был**á**		
оно́	бы́л**о**		

Betonung bei Verneinung:

не́	был		
не	была́	не́	были
не́	было		

3 Belebt – unbelebt

Im Russischen wird zwischen belebten und unbelebten Substantiven unterschieden. Belebt sind Menschen und Tiere.

4 Substantiv: Nom., Akk. und Präp. Sg.

Es gibt drei Deklinationen (3. Deklination siehe Seiten 226/227):

		1. Deklination		2. Deklination
		maskulin	*neutrum*	*feminin*
Nom.	*hart*	ресторáн	кольцó	мáрк**а**
	weich	Кремль музéй	мóр**е**	семь**я́**
Akk.*	*hart*	= Nom.		мáрк**у**
	weich			семь**ю́**
Präp.	*hart*	в ресторáн**е**	на кольц**é**	на мáрк**е**
	weich	в Кремл**é** в музé**е**	в мóр**е**	в семь**é**

* Unbelebte maskuline Substantive sind im Akk. Sg. gleich dem Nom. Sg.

5 Adjektiv, Pronomen: Nom., Akk. und Präp. Sg.

Adjektiva, Possessiv- und Demonstrativpronomina werden nach ein und demselben Muster dekliniert.

	maskulin (unbelebt)	*neutrum*	*feminin*
Nom.	стáр**ый** э́тот мóй наш	стáр**ое** э́т**о** мо**ё** нáш**е***	стáр**ая** э́т**а** мо**я́** нáш**а**
Akk.	= Nom.	= Nom.	стáр**ую** э́т**у** мо**ю́** нáш**у**
Präp.	стáр**ом** э́т**ом** мо**ём**** нáш**ем***	стáр**ом** э́т**ом** мо**ём**** нáш**ем***	стáр**ой** э́т**ой** мо**éй**** нáш**ей***

* Nach **ш** wird unbetontes **о** zu **е** (o/e-Regel).
** **Мой** und **твой** sind weich, daher lautet der Präpositiv мо**ём**/тво**ём** bzw. мо**éй**/тво**éй**.

6 Faustregel

Adjektiv-Substantiv-Block: Präp. Sg.

maskulin / neutrum		*feminin*	
-ом	**-е**	**-ой**	**-е**

в э́том но́вом рестора́не
на Золото́м кольце́

в э́той большо́й ко́мнате

7 Fremdwörter

Fremdwörter auf Vokal werden in der Regel nicht dekliniert:

бюр**о́**, каф**е́**, метр**о́**, ра́ди**о**, такс**и́**, …

Она́ рабо́тает в констру́кторск**ом** бюр**о́**.

8 Possessivpronomen der 1. und 2. Person: Nom. Sg.

Die Possessivpronomen stimmen immer mit dem Bezugswort überein:

maskulin	*neutrum*	*feminin*	
мо́й	моё	моя́	Э́то мо́й брат.
тво́й	твоё	твоя́	Моя́ сестра́ рабо́тает.
наш	на́ше	на́ша	Э́то на́ша шко́ла.
ваш	ва́ше	ва́ша	Где рабо́тает ва́ша жена́?

9 Possessivpronomen der 3. Person

его́	Э́то Оле́г. А э́то его́ сестра́.	Das ist Oleg. Und das ist seine Schwester.
её	Э́то Ка́тя. А э́то её сестра́.	Das ist Katja. Und das ist ihre Schwester.
их	Э́то Оле́г и Ка́тя. А э́то их сестра́.	Das sind Oleg und Katja. Und das ist ihre Schwester.

10 Zur Verwendung der Präpositionen **в** und **на**

Wird **в** (in) und **на** (auf, an) anders als im Deutschen verwendet, wird die Abweichung im Vokabelverzeichnis bei dem Substantiv angegeben:

заво́д, на ~	→	на заво́д**е**	(in der Fabrik)
фи́рма, на / в ~	→	на / в фи́рм**е**	(in der Firma)

▶ AB 8–10

1 Ihr Gesprächspartner erinnert sich nicht mehr an Familie Huber (Б1). Frischen Sie sein Gedächtnis auf.

2 Schreiben Sie einen kurzen Bericht über Ihre russischen Bekannten in Ihr Tagebuch. Vielleicht hilft Ihnen dieser Anfang:

Виктор Сергеевич Катенин – инженер – …

3 Hören Sie den Ausschnitt aus einem Interview mit der Familie des Monats. Beantworten Sie die Fragen:

1. Где рабо́тает Ири́на Васи́льевна, а где – Алекса́ндр Васи́льевич?
2. Что вы зна́ете об Андре́е?
3. Что вы зна́ете о Со́не?
4. Что де́лает э́та семья́ обы́чно ве́чером?

▶ AB 11/12

4 Ihre neuen Bekannten interessieren sich für Sie und für Ihre Familie. Erzählen Sie möglichst ausführlich, auch, wie Sie gewöhnlich den Abend verbringen.

5 Beantworten Sie Larissas Brief an Herrn Weger.

Вы это уже знаете?

Sie haben gehört, dass man sowohl «на филологи́ческом факульте́те» als auch «в экономи́ческом институ́те» studieren kann. Worin liegt der Unterschied zwischen der russischen «факульте́т», dem russischen «институ́т» und unseren Einrichtungen? Das russische «институ́т» ist ein Synonym für «университе́т», die russische «факульте́т» dagegen entspricht einer Fachrichtung, einer Abteilung der «университе́т» bzw. des «институ́т».
Weiter haben Sie gehört, dass Ю́ра am Abend noch an der Universität ist. An vielen Universitäten bzw. Instituten gibt es drei Abteilungen: die »Tagesabteilung« (дневно́е отделе́ние), die »Abendabteilung« (вече́рнее отделе́ние) und die Abteilung für das Fernstudium (зао́чное отделе́ние). An der «дневно́е отделе́ние» studiert der Großteil aller Studenten. An der «вече́рнее отделе́ние» studieren jene, die tagsüber arbeiten, an der «зао́чное отделе́ние» studieren die «зао́чники» (Fernstudenten).

2 Первые встречи

A

▶ AB 1

1 Herr Weger ruft seinen Moskauer Bekannten Серге́й Никола́евич Соро́кин an:

– Алло́ …
– Здра́вствуйте, э́то Герберт Вегер. Серге́й Никола́евич до́ма?
– Он ещё на рабо́те. Прости́те, пожа́луйста, кто говори́т?
– Герберт Вегер.
– До́брый ве́чер, господи́н Вегер. Я о́чень ра́да. Э́то Ири́на Ива́новна.
– Ири́на Ива́новна, здра́вствуйте. И я о́чень рад. Как вы пожива́ете?
– Спаси́бо, хорошо́. А вы?
– То́же хорошо́.
– Господи́н Вегер, вы о́чень хорошо́ говори́те по-ру́сски. Вы уже́ бы́ли в Росси́и?
– Спаси́бо за комплиме́нт. Да, был, оди́н раз.
– Нет, нет, э́то не комплиме́нт, э́то пра́вда.
– Ири́на Ива́новна, вы говори́те, что Серге́й Никола́евич ещё на рабо́те?
– Да. Он сего́дня ве́чером рабо́тает. Вы зна́ете его́ рабо́чий телефо́н?
– Да, зна́ю. Спаси́бо. До свида́ния, Ири́на Ива́новна.
– До свида́ния.

2 Sie haben das Gespräch sicher verstanden. Beantworten Sie die Fragen.

1. Где Ири́на Ива́новна и Серге́й Никола́евич? До́ма?
2. Вы зна́ете, где рабо́тает Серге́й Никола́евич?
3. Господи́н Вегер зна́ет, где рабо́тает Серге́й Никола́евич?
4. Как господи́н Вегер говори́т по-ру́сски?

▶ AB 2

3 Sie treffen Ihre russischen Bekannten nach längerer Zeit wieder. Sie begrüßen sich, erkundigen sich nach dem Befinden, nach der Arbeit und verabschieden sich.

▶ AB 3

4 Sie rufen bei Ihren russischen Freunden an. Der kleine Sohn hebt ab und teilt Ihnen mit, dass seine Mutter noch in der Arbeit und sein Vater im Kino ist.

5 Wer antwortet Ihnen da am Telefon?

– Алло́ …
– Здра́вствуйте. Серге́й Никола́евич до́ма?
– Па́па ещё на рабо́те.

Б

▶ AB 4

1 Herr Weger besucht господи́н Соро́кин in der Redaktion. Sie unterhalten sich über ihre Arbeit.

– Господи́н Вегер, э́то мой колле́га Васи́лий Соколо́в. Васи́лий, господи́н Вегер – наш австри́йский колле́га.
– Очень рад, господи́н Вегер.
– Я то́же.
– Скажи́те, пожа́луйста, господи́н Вегер, каки́е журна́лы и газе́ты вы регуля́рно чита́ете?
– Коне́чно, все на́ши газе́ты и журна́лы.
– Зна́чит, австри́йские и неме́цкие?
– Да, и швейца́рские. Но я мно́го чита́ю и на англи́йском языке́. А по-францу́зски я понима́ю о́чень пло́хо, поэ́тому не чита́ю.
– А ру́сские газе́ты и журна́лы вы зна́ете?
– Коне́чно, я чита́ю и ва́ши журна́лы.
– А на́ши газе́ты?
– Не регуля́рно.
– А каки́е вы чита́ете?
– Регуля́рно – «Но́вое вре́мя» и «Моско́вские но́вости», иногда́ «Аргуме́нты и фа́кты». А вы чита́ете на́ши журна́лы, господи́н Соро́кин?
– Я не говорю́ по-неме́цки, наш Васи́лий хорошо́ говори́т. Э́то он чита́ет на неме́цком языке́. А я чита́ю на англи́йском и на италья́нском.
– А вы, господи́н Соколо́в, уже́ бы́ли на За́паде?
– Да, в Берли́не и Ве́не.

2 Haben Sie das Gespräch verstanden? Sicher!

1. Где рабо́тает господи́н Вегер?
2. Каки́е газе́ты и журна́лы он чита́ет?
3. Он чита́ет газе́ты и журна́лы то́лько на неме́цком языке́?
4. Каки́е языки́ зна́ет господи́н Вегер, каки́е – господи́н Соро́кин, каки́е – господи́н Соколо́в?
5. Как господи́н Вегер говори́т по-ру́сски?
6. Како́й язы́к его родно́й?
7. Он хорошо́ говори́т по-францу́зски? А по-англи́йски?

▶ AB 5

3 Was erzählt Herr Weger seinen russischen Freunden über Herrn Соро́кин und Herrn Соколо́в?

4 Was berichtet Васи́лий Соколо́в zu Hause über Herrn Weger?

5 Über welche Sprachkenntnisse verfügen Ihre russischen Bekannten? Unterhalten Sie sich mit ihnen und stellen Sie Fragen:

Каки́е языки́ они́ зна́ют? Как они понима́ют / говоря́т / чита́ют на э́том языке́? Како́й язы́к они́ сейча́с изуча́ют?

6 Wie schätzen Sie Ihre Fremdsprachenkenntnisse ein? Berichten Sie Ihren Gesprächspartnern darüber.

B

▶ AB 6

1 Господи́н Соро́кин bringt Herrn Weger zurück ins Hotel.

– Ну, господи́н Соро́кин, как ва́ши де́ти?
– Со́ня, как вы, наве́рно, ещё по́мните, студе́нтка. Изуча́ет неме́цкий язы́к на филологи́ческом факульте́те, уже́ на четвёртом ку́рсе. Васи́лий говори́т, что она́ о́чень хорошо́ говори́т по-неме́цки: о́чень мно́го чита́ет, осо́бенно лю́бит литерату́ру. Поэ́тому она́, наве́рно, так хорошо́ говори́т по-неме́цки.
– Да, да, чита́ть – э́то о́чень помога́ет.
– Я то́же всегда́ так говорю́.
– Она́ уже́ была́ на За́паде?
– Да, в Лейпциге.
– А ваш сын?
– Он то́же студе́нт.
– Да что вы говори́те? Уже́ студе́нт?
– Да, Андре́й в экономи́ческом институ́те на пе́рвом ку́рсе.
– А ко́нкурс был большо́й?
– Да, сейча́с в экономи́ческом институ́те, как и на филологи́ческом факульте́те, большо́й ко́нкурс.
– И он то́же изуча́ет языки́?
– Да, англи́йский, но он ещё пло́хо говори́т и понима́ет по-англи́йски. Но о́чень лю́бит матема́тику и информа́тику. А вот и ва́ша гости́ница. Спаси́бо за ваш визи́т.
– Большо́е спаси́бо, господи́н Соро́кин. До свида́ния.
– До свида́ния.

2 Herr Weger wird von seinen Bekannten über die Familie Соро́кин ausgefragt. Er beantwortet die Fragen, so gut er kann.

1. Где рабо́тает Серге́й Никола́евич?
2. Что де́лают его́ де́ти?
3. Со́ня сейча́с на како́м ку́рсе? А Андре́й?
4. Како́й язы́к она́ изуча́ет?
5. Мы зна́ем, что она́ хорошо́ говори́т по-неме́цки? Почему́?
6. А како́й язы́к изуча́ет Андре́й?
7. Как он зна́ет э́тот язы́к?
8. Андре́й лю́бит языки́?

3 Hören Sie den Text auf der Kassette und stellen Sie fest, ob die Aussagen dem Inhalt des Gesprächs entsprechen.

4 Ihr Bekannter Georg studiert in Hamburg im 4. Semester Englisch und Russisch. Englisch spricht er schon sehr gut, Russisch noch nicht. Er liest verhältnismäßig wenig russische Bücher im Gegensatz zu englischen. Ihre russischen Bekannten wollen einiges über Georg erfahren. Erzählen Sie von ihm.

5 Erzählen Sie von sich und Ihren Geschwistern oder von Ihren Freunden. Studieren sie (in welchem Semester), wer geht noch zur Schule (шко́ла), welche Fremdsprachen lernen oder sprechen sie?

Так говорят русские

■ Sie fragen nach dem Befinden:	Как вы поживáете?
■ Und nach den Kindern:	Как вáши дéти?
■ Sie antworten darauf:	Спаси́бо, (óчень) хорошó.
■ Sie melden sich am Telefon:	Аллó. / Слу́шаю.
■ Sie stellen sich am Telefon vor:	Э́то (говори́т) …
■ Sie danken für etwas:	Спаси́бо за комплимéнт / визи́т.
■ Sie reagieren auf eine Vorstellung:	О́чень рад / рáда.
■ Sie schließen sich an:	Я тóже.
■ Sie drücken Ihre Verwunderung aus:	Да что вы говори́те?
■ Sie wenden sich an jemanden:	Прости́те, пожáлуйста, …/ Скажи́те, пожáлуйста, …

1 Verb: i-Konjugation

говори́ть

я	говор-**ю́**	мы	говор-**и́м**
ты	говор-**и́шь**	вы	говор-**и́те**
он		они́	говор-**я́т**
онá	говор-**и́т**		
онó			

Tritt in der 1. Person Sg. ein Konsonantenwechsel auf, so wird dies im Lektionswortschatz angegeben:

ви́**д**еть – ви́**ж**у, ви́дишь, …, ви́дят
готóвить – готó**вл**ю, готóвишь, …, готóвят
лю**б**и́ть – лю**бл**ю́, лю́бишь, …, лю́бят

2 Adverb

интерéсн**ый**	→	интерéсн**о**	
регуля́рн**ый**	→	регуля́рн**о**	
хорóш**ий**	→	хорош**ó**	(Betonung!)
плох**óй**	→	плóх**о**	(Betonung!)
ру́сск**ий**	→	по-ру́сск**и**	(Sprachenadverb)
немéцк**ий**	→	по-немéцк**и**	(Sprachenadverb)

3 Substantiv auf -ия: Präp. Sg.

Nom. Sg.	Росс**и́я**	А́встр**ия**	Герма́н**ия**	Швейца́р**ия**
Präp. Sg.	в Росс**и́и**	в А́встр**ии**	в Герма́н**ии**	в Швейца́р**ии**

4 Substantiv: Nom., Akk. (unbelebt) Pl.

	maskulin	*neutrum*	*feminin*
hart	рестора́н**ы** па́рк**и***	ко́льц**а**	гости́ниц**ы** ма́рк**и***
weich	Кремл**и́** музе́**и**	мор**я́****	ста́нци**и** се́мь**и****

* Nach den Zischlauten **ж, ш; ч, щ** und den Kehllauten **г, к, х** steht nie **ы**, sondern immer **и** (ы/и-Regel).
** Beachten Sie den Betonungswechsel bei мо́ре → моря́, семья́ → се́мьи!

5 Adjektiv, Pronomen: Nom., Akk. (unbelebt) Pl.

Die Adjektive und Pronomina werden im Plural nicht mehr nach den Geschlechtern unterschieden:

Adjektiv	Pronomen
но́в**ые**	э́т**и**
хоро́ш**ие***	мо**и́**
больш**и́е***	тво**и́**
	на́ш**и***
	ва́ш**и***

* (ы/и-Regel)

6 Faustregel

Adjektiv-Substantiv-Block: Nom. Pl.

maskulin / feminin

-ые	**-ы**	но́вые рестора́ны но́вые кварти́ры

▶ AB 7/8

1 Was sagen Sie in den folgenden Situationen?

1. Das Telefon läutet, Sie heben ab.
2. Sie rufen Ihren Geschäftspartner an und stellen sich vor.
3. Sie bedanken sich für den Besuch und das Kompliment.
4. Sie fragen nach dem Befinden
   a) Ihres Freundes und
   b) Ihrer Kollegin.
5. Sie fragen nach dem Befinden der Kinder Ihrer Bekannten.
6. Man fragt Sie, wie es Ihnen geht.
7. Sie wenden sich an eine Passantin mit der Frage, wo der Rote Platz ist.
8. Sie wundern sich über die Worte Ihrer Gesprächspartnerin.

▶ AB 9

2 Im Gespräch mit Freunden kommt die Sprache auf ihre abendliche Lieblingsbeschäftigung (Musik hören, Sprachen lernen, lesen, …). Da Sie gerne lesen, erzählen Sie, was Sie alles lesen. Erkundigen Sie sich nach den Lesegewohnheiten Ihrer Freunde: Was lesen sie gern? In welcher Sprache? Vielleicht auch Romane? (Вы чита́ете и рома́ны? Вы лю́бите детекти́вные рома́ны?)

3 Sie interessieren sich für die Sprachkenntnisse Ihrer neuen Bekannten. Verwenden Sie die höfliche Anrede (Скажи́те, пожа́луйста, … / Прости́те, пожа́луйста, …) und machen Sie sich Notizen.

▶ AB 10 / 11

4 Hören Sie von der Kassette den Ausschnitt aus einem Interview und beantworten Sie die Fragen.

1. Wie heißen die beiden Gesprächspartner?
2. Ри́та – студе́нтка? Где? На како́м ку́рсе?
3. Она́ лю́бит изуча́ть языки́?
4. О како́м писа́теле она́ гото́вит дипло́мную рабо́ту?
5. Она́ уже́ была́ за грани́цей? Где и когда́?

5 Schreiben Sie in einem Brief an Ihre russischen Freunde über Ihre bevorzugte Freizeitbeschäftigung. Sie lesen gern, und nicht nur in Ihrer Muttersprache. Was lesen Sie am liebsten? Erwähnen Sie kurz, welche Fremdsprachen Sie beherrschen, und erzählen Sie, in welchen Fremdsprachen Sie manchmal lesen. Erinnern Sie sich noch an die Briefform (siehe 1. Lektion)?

Вы это уже знаете?

Um an einer russischen Universität zu studieren, gibt es zwei Voraussetzungen: die abgelegte Reifeprüfung (Abitur) und die bestandene Aufnahmeprüfung an dieser Universität, die nur eine begrenzte Anzahl von Studienplätzen anbietet. Da sich um einen Studienplatz an manchen Universitäten 20, 25 Schulabsolventen (абитурие́нты) bewerben, wird die Aufnahmeprüfung als eine Art Wettbewerb, auf Russisch «ко́нкурс», durchgeführt. Die Prüfungsfächer umfassen ро́дной ру́сский язы́к (die russische Muttersprache), ein studienbezogenes Fach und (in der Regel) eine Fremdsprache (иностра́нный язы́к). Manche Universitäten bieten bereits Studienplätze ohne Aufnahmeprüfungen an. Dafür ist aber für das Studium eine nicht geringe Studiengebühr zu zahlen.
Am begehrtesten sind zur Zeit Wirtschaftsuniversitäten (экономи́ческие университе́ты) und philologische Fakultäten (филологи́ческие факульте́ты) mit Ausbildung in zwei Fremdsprachen. Bei der Aufnahmeprüfung an philologischen Fakultäten wird in den gängigen Fremdsprachen (англи́йский язы́к, францу́зский язы́к, неме́цкий язы́к, …) ein hohes Sprachniveau vorausgesetzt.

3 В Москве

А

▶ АВ 1

1 У кáссы

– У вас ещё есть билéты в консерватóрию?
– На сегóдня?
– Да.
– Есть ещё.
– Отли́чно. Два билéта в партéр, пожáлуйста.
– Вот пожáлуйста.

2 Sie möchten an einem Kiosk die Zeitschrift «Нóвое врéмя» und Ansichtskarten (откры́тка) kaufen.

3 Ihnen sind die Zigaretten (сигарéта) ausgegangen. Fragen Sie am Kiosk, ob und welche Zigaretten es gibt. Kaufen Sie eine gängige internationale Marke.

▶ АВ 2

Б

▶ АВ 3

1 Встрéча на ýлице

– Тамáра Ивáновна! Здрáвствуйте. Óчень рад вас ви́деть.
– Дóбрый день, господи́н Вегер. Я тóже. Вы на рабóту?
– Нет, сегóдня у меня́ свобóдный день: осмáтриваю гóрод.
– И ещё в такýю хорóшую погóду!
– Да, погóда сегóдня действи́тельно прекрáсная.
– В Кремлé вы ужé бы́ли?
– Да, вчерá, и на Крáсной плóщади. Сейчáс идý на Тверскýю. Говоря́т, что э́то óчень интерéсная ýлица: краси́вые здáния, магази́ны, …,
– Тверскáя, действи́тельно, интерéсная ýлица. Ну, тогдá всегó дóброго, господи́н Вегер.
– До свидáния, Тамáра Ивáновна, всегó дóброго.

2 Sie haben sicher alles verstanden.

1. Кудá идёт господи́н Вегер?
2. Какáя в э́тот день погóда?
3. Почемý он идёт на Тверскýю?
4. Что он ужé знáет в Москвé?

▶ АВ 4

3 Sie treffen in Ihrer Heimatstadt einen russischen Bekannten. Er macht gerade eine Stadtbesichtigung. Unterhalten Sie sich mit ihm darüber.

В

1 Вот что мы читáем в путеводи́теле (Reiseführer) о Тверскóй ýлице.
Lassen Sie sich nicht beirren, wenn Sie das eine oder andere unbekannte Wort nicht übersetzt vorfinden. Der Textzusammenhang hilft Ihnen, alles zu verstehen.

Тверская – главная улица Москвы. Начало улицы – Манежная площадь. Здесь гостиница «Националь» и новое современное здание гостиницы «Интурист». Слева по улице Центральный телеграф, а дальше красивое оригинальное здание городской

город

мэрии и памятник Юрию Долгорукому, основателю Москвы. Русские национальные блюда готовят на Тверской в ресторане «Центральный». Он на правой стороне улицы. Справа и слева по улице – магазины и кафе. Дальше по правой стороне Пушкинская площадь и памятник Пушкину в центре. Здесь на площади современный кинотеатр «Россия» и станции метро «Тверская», «Пушкинская», «Чеховская». Ещё не много вперёд – и вы на Триумфальной площади. Здесь знаменитый концертный зал имени Чайковского, где часто звучит современная и классическая музыка.

Rathaus, Gründer
Speisen
справа
Seite
etwas, nach vorne
berühmt
erklingen

2 Sie haben den Text sicher verstanden. Suchen Sie auf dem Stadtplan die im Prospekt genannten Sehenswürdigkeiten und sprechen Sie darüber.

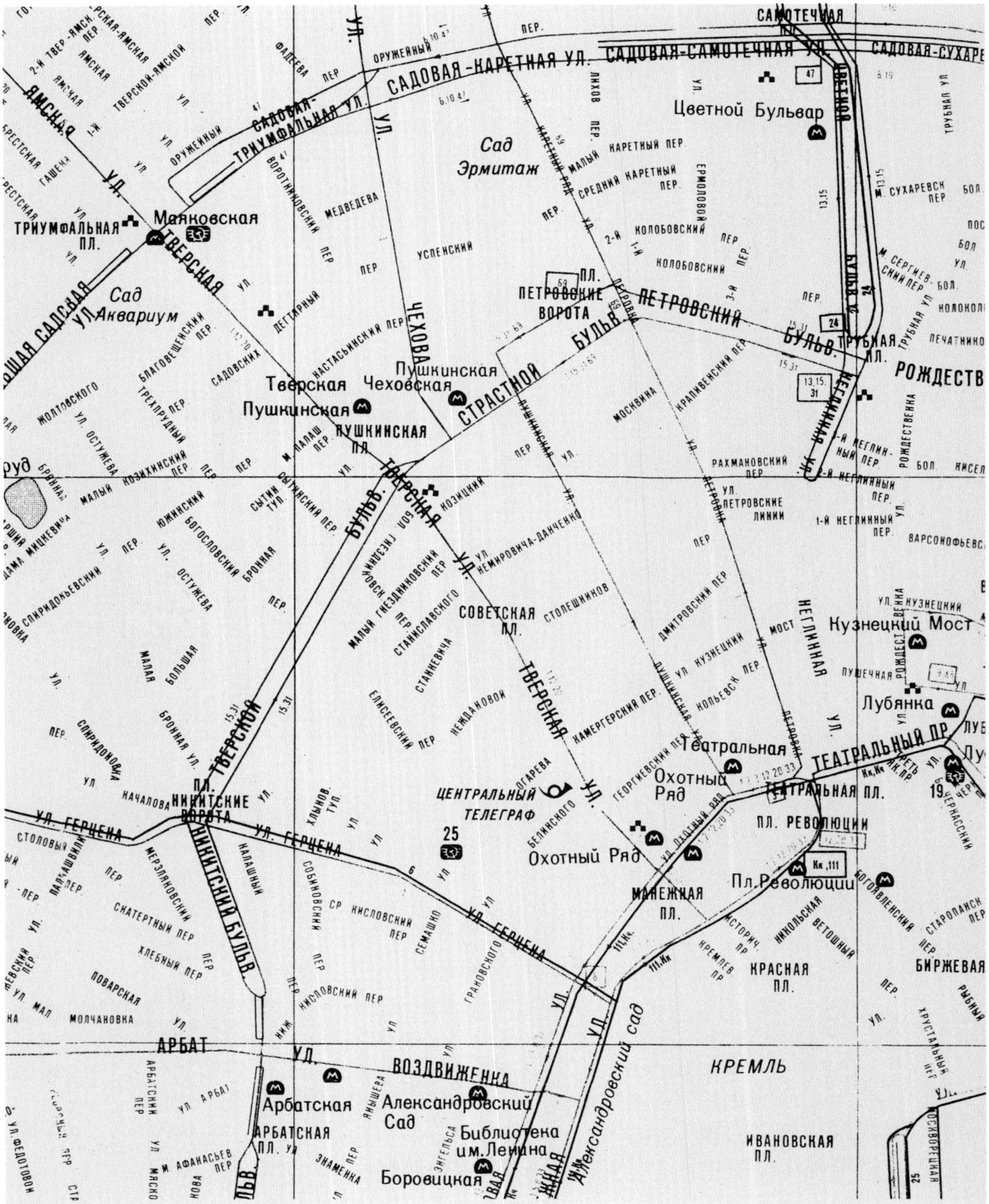

Г

▶ AB 5/6

1 Разговóр по телефóну

– Аллó.
– Здрáвствуйте, Лари́са Петрóвна. Э́то Вегер.
– Здрáвствуйте, господи́н Вегер.
– Скажи́те, пожáлуйста, Николáй дóма?
– Егó нет.
– Он, навéрно, ещё на рабóте?
– Нет, он у знакóмого.
– Лари́са Петрóвна, я знáю, что Николáй óчень лю́бит грýппу «Брáво». И у меня́ есть билéты на их концéрт, но на сегóдня. Программа óчень хорóшая!
– О́чень интерéсно. Но, к сожалéнию, Николáй бýдет сегóдня тóлько óчень пóздно. Он у знакóмого на дáче, у них там нет телефóна.
– О́чень жаль. Но ничегó не подéлаешь. До свидáния.
– Всегó дóброго.

▶ AB 7

2 Haben Sie verstanden, warum Herr Weger mit Николáй sprechen möchte? Fassen Sie das Gespräch kurz zusammen.

3 Sie möchten Ihren Bekannten Михайл für heute ins Stadion einladen. Seine Frau sagt Ihnen, daß er nicht zu Hause ist.

▶ AB 8/9

Так говорят русские

■ Sie begrüßen jemanden:	Здрáвствуйте! / Здрáвствуй! / Дóбрый день! / Дóбрый вéчер!
■ Sie verabschieden sich:	До свидáния!
■ Sie wünschen alles Gute:	Всегó дóброго!

1 **Personalpronomen: Gen., Akk.**

Nom.	я	ты	он	онó	онá	мы	вы	они́
Gen., Akk.	меня́	тебя́	егó*	егó*	её*	нас	вас	их*

* Steht vor den Personalpronomina der 3. Person eine Präposition, so erfolgt ein sogenannter **н**-Vorschlag: у **н**егó, у **н**её, у **н**их.

2 »haben«: y + Gen.

У тебя́ есть биле́ты?	Hast du Karten? (*wörtlich:* Bei dir sind Karten?)
У меня́ уже́ есть биле́т.	Ich habe schon eine Karte. (*wörtlich:* Bei mir schon ist eine Karte.)
У вас есть ма́рка?	Haben Sie eine Briefmarke? (*wörtlich:* Bei Ihnen ist eine Briefmarke?)

3 Substantiv: Gen. Sg.

	maskulin	*neutrum*	*feminin*
hart	рестора́н**а**	кольц**а́**	ко́мнат**ы** ма́рк**и***
weich	Кремл**я́** музе́**я**	мо́р**я**	семь**и́** Росси́**и**

* ы / и-Regel

4 Adjektiv, Pronomen: Gen. Sg.

maskulin / neutrum	*feminin*
но́в**ого**	но́в**ой**
ма́леньк**ого**	ма́леньк**ой**
больш**о́го**	больш**о́й**
хоро́ш**его***	хоро́ш**ей***
э́т**ого**	э́т**ой**
мо**его́**	мо**е́й**
на́ш**его***	на́ш**ей***
э́того интере́сного журна́ла	э́той интере́сной газе́ты
ма́ленького музе́я	ма́ленькой ма́рки
моско́вского Кремля́	большо́й семьи́
моего́ му́жа	мое́й жены́
на́шего хоро́шего ме́неджера	хоро́шей больни́цы

* Nach **ш** wird unbetontes **о** zu **е** (о/е-Regel).

5 Faustregel

Adjektiv-Substantiv-Block: Gen. Sg.

maskulin / neutrum		*feminin*	
-ого	**-а**	**-ой**	**-ы**
но́вого рестора́на		но́вой газе́ты	

6 Belebt – unbelebt

Im grammatikalischen Sinn belebt sind alle Menschen und Tiere. Im Singular ist die Kategorie *belebt – unbelebt* nur für maskuline Substantive relevant:

mask. belebt:	Akk. Sg. = Gen.		Я зна́ю Бори́с**а**.
mask. unbelebt:	Akk. Sg. = Nom.		Я зна́ю институ́т.
Бори́с	Я зна́ю Бори́с**а**.	→	Я зна́ю ма́леньк**ого** Бори́с**а**.
Воло́дя	Я зна́ю Воло́д**ю**.	→	Я зна́ю ма́леньк**ого** Воло́д**ю**.

7 »nicht haben« (Verneinung des Vorhandenseins): нет + Gen.

У нас нет телефо́н**а**.	Wir haben kein Telefon. *(wörtlich:* Bei uns ist nicht des Telefons.*)*
Там нет музе́**я**.	Dort gibt es kein Museum. *(wörtlich:* Dort ist nicht des Museums.)
Ири́ны нет до́м**а**.	Irina ist nicht zu Hause. *(wörtlich:* Der Irina ist nicht zu Hause.)

8 Hilfsverb »sein«: Futur

быть

я	бу́д-**у**	мы	бу́д-**ем**
ты	бу́д-**ешь**	вы	бу́д-**ете**
он она́ оно́	бу́д-**ет**	они́	бу́д-**ут**

– Когда́ ты бу́дешь до́ма?
– Ве́чером, о́чень по́здно.

9 **Unpersönliches »man«**

Zum Ausdruck von »man« steht häufig die 3. Person Pl. des Verbs ohne Personalpronomen:

Говоря́т, что …	Man sagt, dass …
Здесь говоря́т по-ру́сски.	Hier spricht man Russisch.

▶ AB 10–12

1 Sie treffen auf der Straße in Moskau Ihre russische Bekannte Ве́ра: Sie plaudern mit ihr darüber, dass Sie heute, obwohl das Wetter nicht besonders schön ist, einen Stadtbummel unternehmen und sich das Stadtzentrum, insbesondere den Roten Platz und den Kreml, ansehen. Ве́ра selbst ist auf dem Weg zur Arbeit.

2 Sie rufen Ihre russische Bekannte Та́ня an und möchten sie in die Oper einladen. Ihre Mutter ist am Apparat und teilt Ihnen mit, dass Та́ня noch in der Bibliothek ist. Sie kennen die Telefonnummer von Tanjas Arbeitsstelle. Sie bedanken und verabschieden sich.

3 Sie wollen Ihren Bekannten Михаи́л Никола́евич Тата́ринов telefonisch ins Theater einladen. Sie haben Karten für sein Lieblingstheater, das Большо́й теа́тр. Seine Frau hebt ab und teilt Ihnen mit, dass ihr Mann nicht zu Hause ist. Er wird erst morgen (за́втра) wieder da sein, da er auf einer Dienstreise (командиро́вка, в командиро́вке) in Petersburg ist. Sie bedauern und verabschieden sich.

4 Sie sind in einer Ausstellung (вы́ставка). Dort treffen Sie Ihre Kollegin, Frau Бара́нова. Drücken Sie Ihre Überraschung aus, sie hier zu sehen. Sie teilt Ihnen mit, dass sie Bilder (карти́на) auch sehr schätzt. Dann macht Frau Бара́нова Sie mit ihrem Mann Ви́ктор Алексе́евич bekannt. Anschließend: Smalltalk über das Wetter.

5 Sie unterhalten sich mit Ihren Bekannten über Ihre kulturellen Vorlieben: Wer liest was / wen? Wer hört was / wen? Wer sieht sich was / wen an (смотре́ть – смотрю́, смо́тришь, …, смо́трят)?

6 Schreiben Sie eine kurze Nachricht an Ihre Bekannte, dass Sie heute Abend bei Серге́й und Ва́ля sind und spät kommen werden.

7 Hinterlassen Sie Ihrem Arbeitskollegen eine kurze Notiz, dass Sie morgen später ins Büro kommen werden, weil Sie in der Früh zum Arzt gehen.

8 Schreiben Sie Ihrem russischen Mitbewohner eine Notiz, dass Sie heute Abend im Theater sind und erst sehr spät kommen werden.

9 Beschreiben Sie Ihrer russischen Brieffreundin die schönste Straße Ihrer Heimatstadt.

10 Hören Sie das Gespräch zwischen Бори́с und Вале́рий. Kreuzen Sie die zutreffenden Aussagen an.
Diese Wörter sollten Sie sich vorher merken:

Приходи́те!	Kommen Sie!/ Kommt!
друго́й	der andere
в друго́й день	am nächsten Tag

Бори́с
☐ москви́ч.
☐ не москви́ч, сейча́с он в командиро́вке в Москве́.

Вале́рий
☐ москви́ч.
☐ не москви́ч, сейча́с он в командиро́вке в Москве́.

Ната́ша
☐ жена́ Бори́са.
☐ жена́ Вале́рия.
☐ сестра́ Бори́са.

Вале́рий рабо́тает сейча́с
☐ в библиоте́ке.
☐ в институ́те.
☐ в ба́нке.

Сего́дня ве́чером Вале́рий и Ната́ша бу́дут
☐ в теа́тре.
☐ в Большо́м теа́тре.
☐ у Бори́са.

▶ AB 13–16

Вы это уже знаете?

Moskau wird das erste Mal in einer Chronik des 12. Jahrhunderts erwähnt. Fürst Ю́рий Долгору́кий aus Су́здаль hatte am südwestlichen Rand des heutigen Kremls eine Festung aus Holz errichten lassen. In dieser Chronik ist unter dem Jahr 1147 vermerkt, dass er den Kiewer Fürsten Святосла́в zu einem Treffen nach Moskau einlud. Die Entwicklung Moskaus konnte auch durch das »mongolisch-tatarische Joch«, unter dem die »russische Erde« (ру́сская земля́) vom 13. bis ins 15. Jahrhundert litt, nicht verhindert werden. Gegen Ende des 15. Jahrhunderts besiegten die russischen Heere unter dem Moskauer Fürsten Ива́н III die Tataren endgültig, der Moskauer Großfürst Ива́н III wurde zum Herrscher Russlands (госуда́рь всея́ Руси́), und Moskau zur Hauptstadt. Moskau blieb Hauptstadt bis 1712, als Zar Peter der Große (царь Пётр I) die Hauptstadt in das 1703 gegründete Санкт-Петербу́рг verlegte. Nach der Oktoberrevolution (1917) wurde Moskau im Jahre 1918 wieder die Hauptstadt des neuen Staates, der von 1924 bis 1991 den Namen Union der sozialistischen Sowjetrepubliken (Сою́з Сове́тских Социалисти́ческих Респу́блик) oder Sowjetunion (Сове́тский Сою́з) trug.

4 Музыкальный вечер

A

1 Господи́н Вегер зака́зывает по телефо́ну биле́ты.

– Алло́.
– Здра́вствуйте. У вас ещё есть биле́ты на суббо́ту?
– Что? Биле́ты? А куда́ вы звони́те?!
– В консервато́рию.
– А э́то кварти́ра.
– Ой, прости́те, пожа́луйста.

2 Sie wollen telefonisch im Большо́й теа́тр Karten für Samstag bestellen, haben sich aber verwählt …

▶ AB 1/2

3 – Консервато́рия.
– Здра́вствуйте. У вас есть би́леты на суббо́ту?
– Нет.
– А на воскресе́нье?
– На воскресе́нье есть.
– Отли́чно. Пожа́луйста, оди́н биле́т на фами́лию Вегер.
– На Бергер?
– Нет, на Вегер.
– А, на Вегер.
– Да. А когда́ спекта́кль начина́ется?
– В семь.
– В семь часо́в. Спаси́бо, до свида́ния.
– До свида́ния.

4 Ist das richtig? Falls nicht, korrigieren Sie.

1. Господи́н Вегер звони́т в Большо́й теа́тр и зака́зывает два биле́та на суббо́ту.
2. Спекта́кль начина́ется в шесть часо́в.

5 Sie rufen im Ма́лый теа́тр an und fragen, wann die heutige Vorstellung beginnt. Man teilt es Ihnen mit (sieben Uhr). Bestellen Sie Karten auf Ihren Namen.

Б

1 В гости́нице администра́тор даёт господи́ну Вегеру два письма́. Господи́н Вегер их, коне́чно, сра́зу открыва́ет и чита́ет.

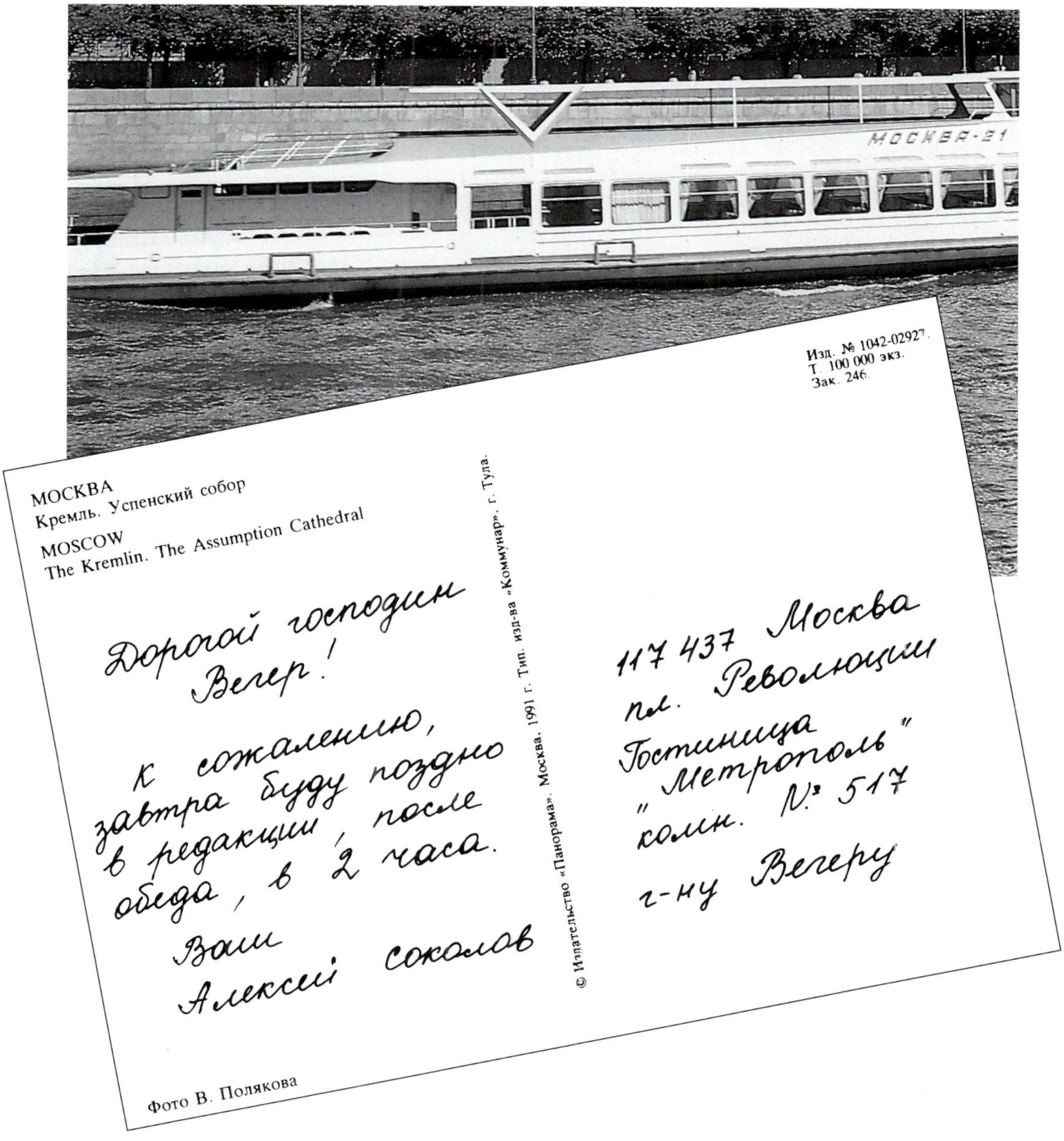

Изд. № 1042-02927.
Т. 100 000 экз.
Зак. 246.

МОСКВА
Кремль. Успенский собор
MOSCOW
The Kremlin. The Assumption Cathedral

Дорогой господин Вегер!

К сожалению, завтра буду поздно в редакции, после обеда, в 2 часа.

Ваш
Алексей Соколов

© Издательство «Панорама». Москва, 1991 г. Тип. изд-ва «Коммунар». г. Тула.

117 437 Москва
пл. Революции
Гостиница „Метрополь"
комн. № 517
г-ну Вегеру

Фото В. Полякова

2 Entspricht das Telefongespräch auf der Kassette dem Inhalt dieses Briefes? Liefert das Telefonat zusätzliche Informationen? Wenn ja, welche?

▶ AB 3

3 Вот каку́ю откры́тку пи́шет господи́ну Вегеру Лари́са.

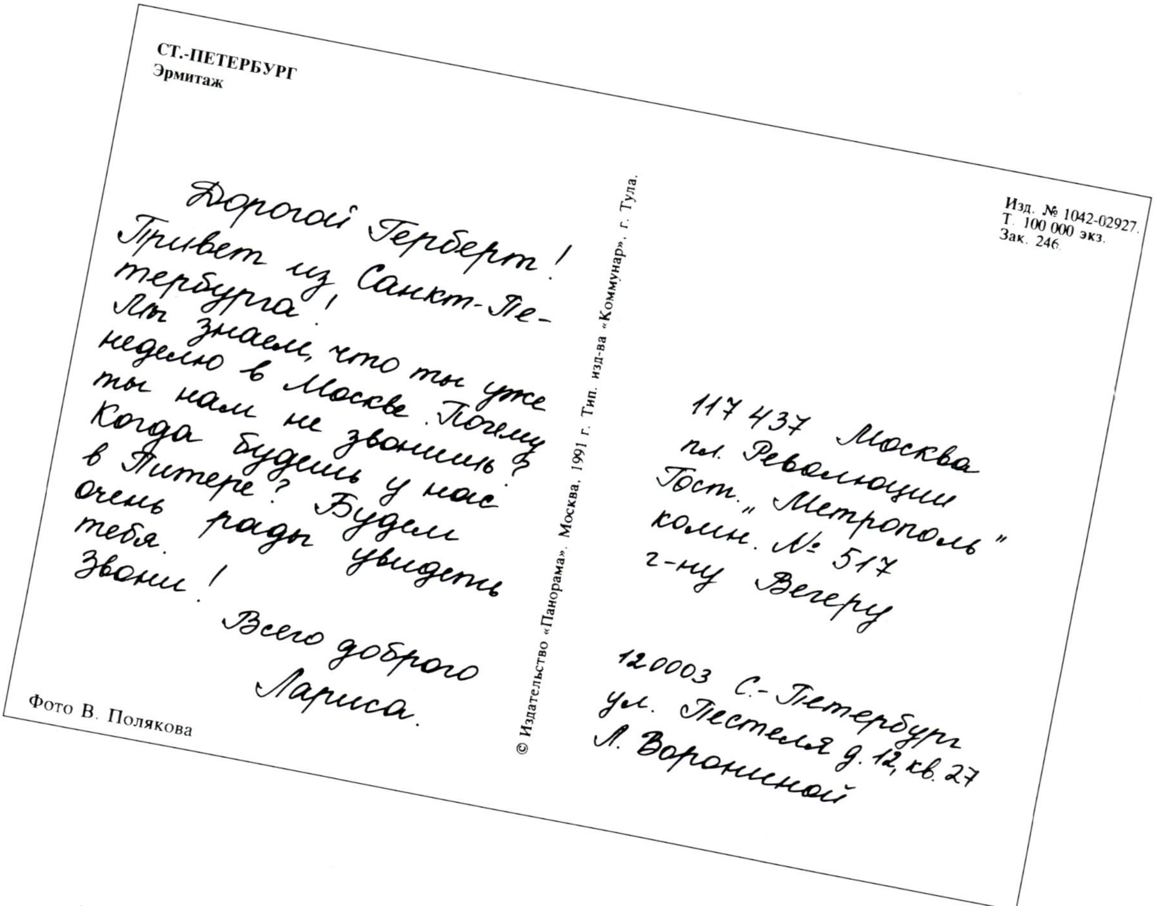

СТ.-ПЕТЕРБУРГ
Эрмитаж

Дорогой Герберт!
Привет из Санкт-Петербурга!
Мы знаем, что ты уже неделю в Москве. Почему ты нам не звонишь? Когда будешь в Питере? Будем очень рады увидеть тебя. Звони!
Всего доброго
Лариса.

Фото В. Полякова

© Издательство «Панорама». Москва, 1991 г. Тип. изд-ва «Коммунар», г. Тула.

Изд. № 1042-02927.
Т. 100 000 экз.
Зак. 246.

117437 Москва
пл. Революции
Гост. „Метрополь"
комн. № 517
г-ну Вегеру

120003 С.-Петербург
ул. Пестеля д. 12, кв. 27
Л. Ворониной

▶ AB 4/5

4 Schicken Sie Ihren russischen Bekannten Grüße.

B

1 У вхо́да в консервато́рию

– У вас ли́шнего (биле́та) нет?
– Есть, оди́н.
– Прекра́сно, и да́же в парте́ре. Большо́е вам спаси́бо.
– Пожа́луйста.

2 В консервато́рии

– Ваш биле́т. … Парте́р, тре́тий ряд, напра́во, пожа́луйста.
– Спаси́бо. А програ́мма есть?
– Есть, пожа́луйста.
– Спаси́бо.

3 Finden Sie etwas Interessantes?

ПРИГЛАСИТЕЛЬНЫЙ БИЛЕТ

БОЛЬШОЙ ЗАЛ КОНСЕРВАТОРИИ

12 - Академический симфонический оркестр Самарской государственной филармонии. Дирижер - М. Щербаков. **13** - Закрытие фестиваля искусств “Русская зима”. Авторский концерт Евгения Светланова. **14** - Вечер фортепьянной музыки. Л. Тимофеева. Шопен. **15** (день) - “По странам и континентам”. Государственный симфонический оркестр п/р В. Дударовой. “Вена-Берлин”. Малер, Штраус. **15** (вечер) - Хор Академии хорового искусства. Академический симфонический оркестр МГФ. Танеев, Рахманинов, Б. Петров.

МАЛЫЙ ЗАЛ КОНСЕРВАТОРИИ

14 - Федор Аникеев (тенор). Произведения русских и итальянских композиторов. **15** - Алексей Кошванец (скрипка). Прокофьев, Стравинский, Дебюсси, Шоссон, Равель.

МУЗЫКАЛЬНАЯ ГОСТИНАЯ ДОМА ШУВАЛОВОЙ

13 - В рамках монофестиваля “Рождество в старой Москве” концерт церковной музыки Московского ансамбля старинной музыки.

БОЛЬШОЙ ТЕАТР

12 - “Севильский цирюльник”. **13** - “Щелкунчик”. **15** - Бал-маскарад. **17** - “Золотой петушок”. **18** - “Лебединое озеро”.

МАЛЫЙ ТЕАТР

▶ AB 6–8

4 Во вре́мя антра́кта

– Како́й сюрпри́з! Ни́на Серге́евна!
– До́брый ве́чер, господи́н Вегер. Зна́чит, и вы лю́бите конце́рты.
– Да, о́чень. До́ма ча́сто хожу́.
– Господи́н Вегер, познако́мьтесь: мой муж Алексе́й Петро́вич.
– О́чень рад, господи́н Вегер.
– И я то́же. Вы ча́сто хо́дите на конце́рты?
– Я не ча́сто, но Ни́на о́чень лю́бит класси́ческую му́зыку, осо́бенно Бетхо́вена.
– Да, но, к сожале́нию, ре́дко хожу́ на конце́рты. Иногда́ до́ма слу́шаю. А как вам нра́вится конце́рт, господи́н Вегер?
– О́чень. Осо́бенно мне нра́вится дирижёр.
– Да, Ростропо́вич изве́стный дирижёр.
– А вам, Пётр Алексе́евич, конце́рт то́же нра́вится?
– Да, нра́вится. Но меня́ зову́т Алексе́й Петро́вич.
– Прости́те, пожа-…
– Ничего́, ничего́. Но мне осо́бенно интере́сно бу́дет сейча́с: о́чень люблю́ Му́соргского.
– Я Му́соргского не о́чень зна́ю. Поэ́тому мне то́же бу́дет о́чень интере́сно. А вам, Ни́на Серге́евна, Му́соргский нра́вится?
– Да, нра́вится, но … (звоно́к)
– Уже́ тре́тий звоно́к. До свида́ния, господи́н Вегер.
– До свида́ния, всего́ до́брого.

▶ AB 9

5 Sie sind mit einer Bekannten in der Oper. Dort treffen Sie Ihren Kollegen, Herrn Соро́кин. Machen Sie die beiden miteinander bekannt.

Так говорят русские

Sie grüßen in einem Brief:	Серде́чный приве́т из …
Sie machen miteinander bekannt:	Познако́мьтесь!
Sie fragen nach dem Namen:	Как вас зову́т?/ Как тебя́ зову́т?
Sie nennen Ihren Namen:	Меня́ зову́т …

1 Substantiv: Dat. Sg.

	maskulin	*neutrum*	*feminin*
hart	рестора́н**у**	кольц**у́**	ко́мнат**е**
weich	Кремл**ю́**	мо́р**ю**	семь**е́**
	музе́**ю**		Росси́**и**

2 Adjektiv, Pronomen: Dat. Sg.

maskulin/neutrum	*feminin*
но́в**ому**	но́в**ой**
ма́леньк**ому**	ма́леньк**ой**
больш**о́му**	больш**о́й**
хоро́ш**ему***	хоро́ш**ей***
э́то**му**	э́т**ой**
мое**му́**	мо**е́й**
на́ше**му***	на́ш**ей***
э́тому интере́сному журна́лу	э́той интере́сной газе́те
ма́ленькому музе́ю	ма́ленькой ма́рке
моско́вскому Кремлю́	большо́й семье́
моему́ му́жу	мое́й жене́
на́шему хоро́шему ме́неджеру	хоро́шей больни́це

* o/e-Regel

3 Russische Familiennamen: Dat. Sg.

In der Briefanschrift steht der Name im Dativ. Maskuline russische Familiennamen auf **-ов**, **-ев**, **-ин** enden auf **-у**, feminine Familiennamen auf **-ой**.

maskulin	*feminin*
А. С. Соколо́в**у**	Н. А. Соколо́в**ой**

4 Faustregel

Adjektiv-Substantiv-Block: Dat. Sg.

maskulin/neutrum		*feminin*	
-ому	**-у**	**-ой**	**-е**
э́тому но́вому студе́нту Золото́му кольцу́		э́той но́вой студе́нтке	

5 Personalpronomen: Dat.

Nom.	я	ты	он	оно́	она́	мы	вы	они́
Dat.	мне	тебе́	ему́*	ему́*	ей*	нам	вам	им*

* Steht vor einem Pronomen der 3. Person eine Präposition, erfolgt ein sogenannter **н**-Vorschlag: к **н**ему́, к **н**ей, к **н**им.

6 Verb »gehen«: Präsens

Zum Ausdruck der Tätigkeit »gehen« gibt es im Russischen zwei Verben:

идти́*				ходи́ть			
я	ид-**у́**	мы	ид-**ём**	я	хож-**у́**	мы	хо́д-**им**
ты	ид-**ёшь**	вы	ид-**ёте**	ты	хо́д-**ишь**	вы	хо́д-**ите**
он/она́	ид-**ёт**	они́	ид-**у́т**	он/она́	хо́д-**ит**	они́	хо́д-**ят**

* Entsprechend konjugiert wird das Verb:
жить – жив-у́, жив-ёшь, …, жив-у́т.

Im angesprochenen Moment in einer Richtung unterwegs sein:

– Куда́ вы идёте?
– Я иду́ на конце́рт в консервато́рию.

Сейча́с Ва́ля идёт в шко́лу.

Wiederholt unterwegs sein:

Мы ча́сто хо́дим на конце́рты.

Ва́ля уже́ хо́дит в шко́лу, в пе́рвый класс.

7 **Uhrzeit**

(оди́н) час	два	час**á**	пять	час**óв**
	три	час**á**	…	
	четы́ре	час**á**	двена́дцать	час**óв**

Сейча́с три часа́. — Jetzt ist es drei Uhr.
Конце́рт начина́ется в семь часо́в. — Das Konzert beginnt um sieben Uhr.

▶ AB 10–15

1 Schreiben Sie an Ihren Russischkurs eine Ansichtskarte aus Russland (Grüße aus …, Hotel, Wetter, Gesamteindruck, …).

2 Machen Sie Ihren Mann (Ihre Frau) mit Ihrem Arbeitskollegen, Herrn Тата́ринов, bekannt.

3 Sie sind mit Ihrer Frau (Ihrem Mann) in der Oper. Dort treffen Sie Ihre Kollegen, Herrn Маху́тин und Frau Мо́лотова. Machen Sie die drei miteinander bekannt. Unterhalten Sie sich über ihr gemeinsames Hobby: die Musik, ihre Lieblingskomponisten, …

4 Geben Sie diese Information an Ihre russischen Gesprächspartner weiter (Vorsicht, keine Übersetzung!):

Seit einiger Zeit gehen Sie nicht mehr so oft in Konzerte, obwohl Sie nach wie vor ein(e) große(r) Musikliebhaber(in) sind. Sie können selbst nicht sagen, warum. Vielleicht gehen Sie abends nicht mehr so gerne aus, vielleicht liegt es daran, dass Ihr(e) Bekannte(r) das Theater der Musik vorzieht und Sie jetzt öfter mal ins Theater gehen, vielleicht liegt es auch daran, dass Sie einmal pro Woche zu einem Freund (einer Freundin) gehen und dort Musik hören. Eines können Sie aber klar sagen: Sie haben immer noch keinen Fernsehapparat und sehen fast nie fern (смотре́ть телеви́зор).

5 Sie unterhalten sich mit Ihren russischen Bekannten darüber, was Sie abends am liebsten machen.

6 Schreiben Sie Ihrer russischen Arbeitskollegin eine kurze Mitteilung, dass Sie morgen später in die Firma kommen werden, erst um elf oder zwölf Uhr.

7 Was schreibt Herr Weger am Abend in sein Tagebuch?

Утром осматриваю город:
Тверская, …
Вечером – консерватория
(Бетховен, …) …

8 Obwohl alle Karten ausverkauft sind, versuchen Sie Ihr Glück.
Wie fragen Sie?

9 Sie rufen im Kino «Октя́брь» an, um zu fragen, ob es für den Film «Идио́т» noch Karten für heute Abend gibt. Sie verwählen sich. Beim zweiten Versuch erreichen Sie das «Октя́брь». Auf Ihre Frage teilt man Ihnen mit, dass für heute alle Karten ausverkauft sind, es für morgen aber noch Karten gibt. Sie fragen nach dem Vorstellungsbeginn morgen Abend (acht Uhr) und bestellen zwei Karten auf Ihren Namen.

Вы это уже знаете?

Die bekanntesten Theater Russlands befinden sich in Moskau und Sankt Petersburg.
Die berühmtesten Sprechbühnen Moskaus sind: «Ма́лый теа́тр», «Моско́вский Худо́жественный Академи́ческий теа́тр» (МХАТ), das durch die Regisseure К.С. Станисла́вский und В.И. Немиро́вич-Да́нченко sowie durch die Werke von А.П. Че́хов und М. Го́рький Weltruhm erlangte, «Теа́тр на Тага́нке», dessen Ruf durch den Regisseur Ю. Люби́мов begründet wurde.

Zu den berühmtesten Theatern Sankt Petersburgs zählen das «Большо́й драмати́ческий теа́тр» (hier wirkte lange Zeit der Regisseur Товстоно́гов) und das «Ма́лый драмати́ческий теа́тр».
Die berühmtesten Opern- und Balletthäuser Russlands sind das «Большо́й теа́тр» in Moskau und das «Мари́инский теа́тр» (*früher*: Kirow-Theater) in Sankt Petersburg.

5 Повторение – мать учения

1 Sie werden von Ihrer Firma beauftragt, einen Petersburger Gast vom Flughafen abzuholen. Sie machen sich mit ihm bekannt und fragen ihn,
- ob er vielleicht Deutsch spricht,
- ob er zum ersten Mal hier ist,
- nach seinen Interessen,
- …

2 Während Ihres Aufenthaltes in Russland werden Sie von Ihren Bekannten eingeladen. Sie schauen sich mit den Gastgebern das Familienalbum an und unterhalten sich über die Fotos.

3 Sie sind in einem Konzert in Ihrer Heimatstadt. Während der Pause treffen Sie zufällig eine russische Bekannte und unterhalten sich mit ihr über das Konzert.

4 In Moskau rufen Sie Ihren Geschäftspartner an, um mit ihm ein Treffen auszumachen. Er ist nicht zu Hause. Sie sprechen mit seiner Frau, die Sie auch kennen.

5 In Ihrer Heimatstadt treffen Sie Ihre russische Geschäftspartnerin, die das schöne Wetter nutzt, um die Stadt zu besichtigen. Sie unterhalten sich mit ihr über die Sehenswürdigkeiten.

6 Sie treffen in einer Ausstellung in Ihrer Heimatstadt einen russischen Bekannten. Sie unterhalten sich mit ihm.

7 Hören Sie einen Ausschnitt aus der Radiosendung «На́ше спра́вочное бюро́» und wählen Sie für Samstag ein Theaterstück oder eine Oper aus, die Sie gerne sehen möchten.

8 Sie brauchen eine Visitenkarte in russischer Sprache. Entwerfen Sie sie nach diesen Mustern.

ИНТЕРТРАНС
Митрофанов Михаил Сергеевич
Генеральный директор
Москва,
Молодежная улица,
д. 16
тел. 431-86-94
факс 431-86-92

Московский государственный университет
им. М.В.Ломоносова
Международная научно-практическая программа
"Русский язык в деловом общении"
Михалкина Ирина Владимировна
Кандидат педагогических наук
Директор
тел.: (095) 939-42-62
факс: (095) 939-30-19

РОССТРОМ БИРЖА
А. О. „Российская биржа строительных материалов и предметов домоустройства"
КОШЕЛЕВ АЛЕКСЕЙ НИКОЛАЕВИЧ
Заместитель генерального директора
по экономическим вопросам
Тел. 124 42 24
Факс 124 42 24
Телекс 411737 БАКОР
117818, Москва
ул. Кржижановского, д.13

9 Афи́ша

МАЛЫЙ ЗАЛ КОНСЕРВАТОРИИ
(тел. 229-81-83)

7 - **Э. Элдридж (виолончель, США). Ю. Акимото (фортепьяно,США).** Де Фалья, Брамс, Рахманинов. **8** - **Т. Папаврами (скрипка, Франция). С. Безродный (фортепьяно)**. Тартини, Сарасате, Франк. **10** - Ансамбль старинной музыки "Орфарион". **Т. Белякова (сопрано)**. Немецкая и итальянская музыка начала XVIII в. **11** - **А. Князев (орган)**. Гендель, Гайдн.

БОЛЬШОЙ ТЕАТР
(тел. 292-00-50)

6 - "Тоска". **7** - "Баядерка". **8** - "Травиата". **9** - "Сильфида". **10** - "Трубадур". **11** (утро) - "Чиполлино"; (вечер) - одноактные балеты.

МАЛЫЙ ТЕАТР
(тел. 923-26-21)

6 - "Дядя Ваня". **7** - "Волки и овцы". **8** - "Царь Борис". **9** - "Преступная мать, или Второй Тартюф". **10** - "Смерть Иоанна Грозного". **11** - "Пир победителей".

ТЕАТР «САТИРИКОН»
(тел. 218-10-19)

6, 11 - "Сатирикон-шоу". **7** - "Багдадский вор". **8** - "Мнимый больной". **9** - "Сирано де Бержерак". **10** - "Хозяйка гостиницы".

ТЕАТР «СОВРЕМЕННИК»
(тел. 921-64-73)

5 - "Квартира Коломбины". **7** - "Ревизор". **8** - "Мурлин Мурло". **9** - "Кот домашний средней пушистости". **10** - "Четы-

ТЕАТР «У НИКИТСКИХ ВОРОТ» п/р М. РОЗОВСКОГО
(тел. 202-82-19)

6 - "Игра в джин". **7** - "Дядя Ваня". **8** - "Бедная Лиза". **10** - "Роман о девочках". **11** - "Утиная охота".

КОНЦЕРТНЫЙ ЗАЛ «РОССИЯ»
(тел. 298-11-24)

6 - Поет нар. арт. РФ Р. Ибрагимов. **8, 11** - "Золушка" - классический балет В. Смирнова-Голованова. **9** - Балет п/р г-жи Шакти (Япония).

СЛАВЯНСКИЙ КУЛЬТУРНЫЙ ЦЕНТР
(тел. 231-26-31)

2 - И. Якунин (бас). Арии из опер, романсы, народные песни. **8** - "Славянский звукоряд". Встреча с композиторами В. Беляевой, В. Довганем.

МУЗЕЙ-УСАДЬБА «КУСКОВО», ШЕРЕМЕТЬЕВСКИЙ ДВОРЕЦ
(тел. 299-98-51)

6 - Фестиваль "Музыка в музеях, дворцах и усадьбах Москвы и Подмосковья". **Ансамбль солистов "Мадригал"**. Музыка России, Италии и Англии XVI-XVIII вв. **8** - Камерный оркестр "Московская камерата". **Государственная капелла п/р В. Судакова. В. Журавлева (сопрано), С. Прытин (баритон), Н. Дорожкин (тенор).** Бах, Моцарт, Шуберт.

ТЕАТР-КАБАРЕ «ЛЕТУЧАЯ МЫШЬ»
(тел. 229-86-61)

7 - "Я степую по Москве". **10** - "100 лет кабаре".

1. Wählen Sie aus dem Programm des Большо́й теа́тр eine Aufführung aus, die Sie gerne sehen möchten.
2. Rufen Sie im Большо́й теа́тр an und fragen Sie, ob es noch Karten gibt. Bestellen Sie drei Karten.

10 Beantworten Sie den Brief Ihrer russischen Bekannten.

Москва, 12 марта

Дорогая Ингрид!

Спасибо за твое письмо. Как ты знаешь, Татьяна уже студентка экономического университета, изучает и иностранные языки (немецкий и английский). По-немецки она уже говорит не плохо, а по-английски читает тексты по экономике. Олег уже в 11 классе и тоже хочет изучать экономику. Теперь это очень модно.

Сейчас у нас больше свободного времени, и мы часто ходим в театры и на концерты. Вчера были в консерватории и слушали моего любимого Рахманинова: Второй концерт. Какая прекрасная музыка! Какой прекрасный композитор! А ты знаешь Рахманинова? Он тебе нравится?

Вот так мы и живем. А как у вас дела? Что вы делаете вечером, в субботу и воскресенье? Часто ли ходите в театр? Будем очень рады увидеть тебя летом в Москве.

Всего доброго!

Твои Катя и Миша

11 Кроссвóрд. Wenn Sie das Rätsel gelöst haben (nur senkrecht), finden Sie in einer der waagrechten Zeilen den Namen eines berühmten russischen Komponisten.

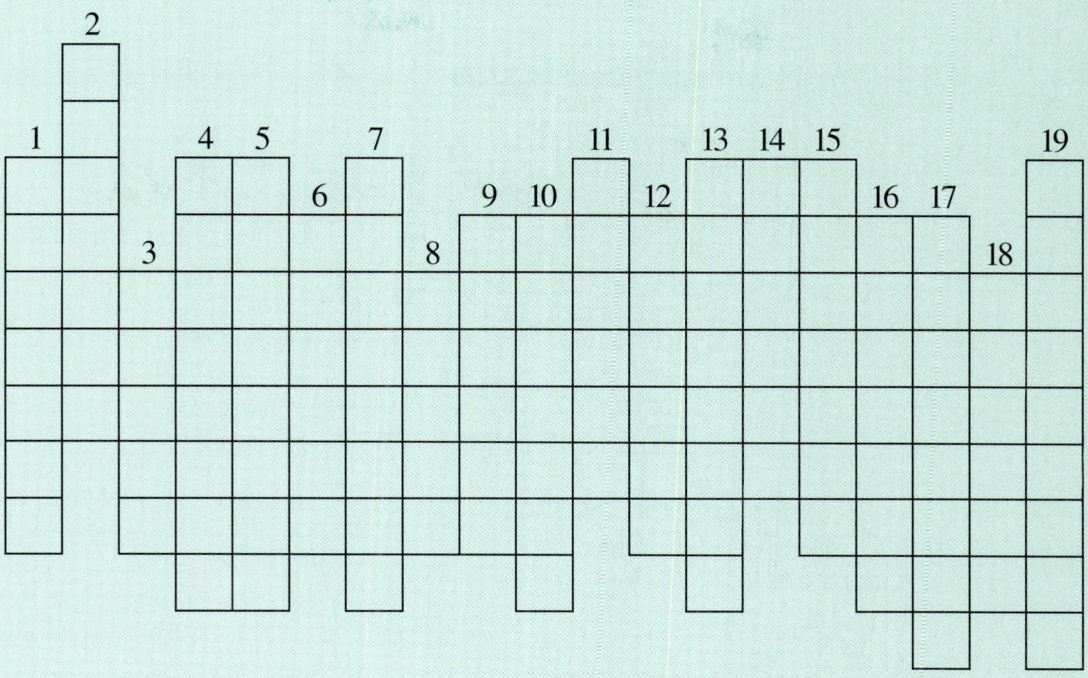

1 Anrede für eine Frau
2 Dirigent
3 am Morgen
4 Ansichtskarte
5 verstehen
6 nur
7 Krankenhaus
8 Eintrittskarte
9 warum
10 am Abend
11 machen
12 jetzt, sofort
13 der Bekannte
14 Wetter
15 Haupt-
16 russisch
17 kaufen
18 Brief
19 Schweiz

▶ AB 1–9

6 Приглашаем в гости

A

1 Wissen Sie, wie Sie zu uns kommen?

– Вы зна́ете, как к нам попа́сть?
– Нет.
– На метро́ до ста́нции «Арба́тская», а пото́м ещё пять мину́т пешко́м.

▶ AB 1–3

2 Госпожа́ Штейнер живёт в гости́нице «Метропо́ль». Ра́но у́тром у неё в но́мере звони́т телефо́н.

– Алло́.
– До́брое у́тро, Ютта. Э́то Валенти́на.
– Валенти́на, до́брое у́тро.
– О́чень хорошо́, что вы ещё до́ма. Ютта, сего́дня ве́чером мы приглаша́ем вас в го́сти.
– Сего́дня ве́чером?
– Да. Сего́дня у нас бу́дут Со́ня и Ле́на.
– Со́ня и Ле́на? Како́й сюрпри́з!
– Ждём вас в пять часо́в.
– В пять часо́в. Зна́чит, я е́ду сра́зу по́сле рабо́ты.
– Наш а́дрес: проспе́кт Верна́дского, дом 106, кварти́ра 112. Вы зна́ете, как к нам попа́сть?
– Нет.
– На метро́ до ста́нции «Проспе́кт Верна́дского».
– А от ста́нции?
– Пешко́м еще де́сять мину́т.
– Э́то недалеко́. Хорошо́, в пять часо́в бу́ду у вас. Большо́е спаси́бо за приглаше́ние. До ве́чера.
– До ве́чера, Ютта.

3 Welche Aussagen entsprechen dem Telefongespräch?

1. Ютта звони́т Валенти́не домо́й.
2. Валенти́на приглаша́ет в го́сти Со́ню и Ле́ну.
3. Валенти́на приглаша́ет Ютту.
4. Ютта бу́дет у Валенти́ны в четы́ре часа́.
5. К ней на́до е́хать на авто́бусе и на метро́.
6. Валенти́на живёт далеко́ от ста́нции метро́.

▶ AB 4/5

4 Sie laden Ihre russischen Freunde zu sich ein. Teilen Sie ihnen mit, wann Sie sie erwarten und wie sie zu Ihnen kommen.

5 Ihre russischen Freunde laden Sie für heute sieben Uhr ein und wollen Sie vom Hotel abholen. Es befindet sich in der Nähe der Metrostation «Театра́льная». Sagen Sie ihnen, wie sie am besten zum Hotel kommen.

Б

▶ АВ 6

1 По́сле разгово́ра по телефо́ну госпожа́ Штейнер е́дет на рабо́ту. Там она́ говори́т с Антони́ной Ива́новной, колле́гой по рабо́те.

– Антони́на, вы не ска́жете, как мне отсю́да попа́сть на проспе́кт Верна́дского?
– Отсю́да? Ой, э́то далеко́. Вот посмотри́те на схе́му: здесь на́ша ста́нция метро́, а э́то «Проспе́кт Верна́дского». Ви́дите, вам на́до е́хать с переса́дкой.
– А ско́лько вре́мени, Антони́на? Как вы ду́маете?
– Ми́нимум час.

2 Вы всё по́няли?

1. Как и ско́лько вре́мени на́до е́хать к Валенти́не?
2. На́до е́хать с переса́дкой?

3 Wenn Sie in Moskau die Telefonnummer 100 wählen, hören Sie die genaue Uhrzeit. Welche Zeit wird gerade angesagt?

4 Sie haben sich am Bahnhof die Abfahrtszeiten der Züge nach Се́ргиев Поса́д herausgeschrieben und teilen sie Ihrem Gesprächspartner telefonisch mit:

10.05	13.40	14.50	18.25
12.20	14.30	15.10	20.09

– Когда́ по́езд на Се́ргиев Поса́д?
– В де́сять часо́в пять мину́т.

▶ АВ 7

5 Антони́на Ива́новна говори́т с госпожо́й Штейнер.

– Ютта, я ду́маю, что вам пора́ идти́. Ско́ро четы́ре часа́.
– Как? Уже́? Да, мне пора́.
– Вы по́мните? Переса́дка на ста́нции «Парк культу́ры».
– Да, спаси́бо, Антони́на. До свида́ния.
– Всего́ до́брого!

6 Вы всё по́няли?

1. Когда́ Ютте на́до е́хать?
2. Ей на́до е́хать с переса́дкой?
3. Где бу́дет переса́дка?

В

1 Darf ich vorstellen?

– Вы уже́ знако́мы с мои́м му́жем?
– Нет ещё.
– Тогда́ познако́мьтесь: мой муж Па́вел Миха́йлович, госпожа́ Гебхарт.
– О́чень рад.

▶ AB 8–10

2 Валенти́на знако́мит Ютту с му́жем и пока́зывает ей кварти́ру.

– До́брый ве́чер, Ютта! Пожа́луйста, проходи́те, раздева́йтесь.
– До́брый ве́чер. Спаси́бо.
– Вы уже́ знако́мы с мои́м му́жем?
– Нет.
– Тогда́ познако́мьтесь, Ютта: э́то Ви́ктор, мой муж.
– О́чень ра́да, Ви́ктор.
– И я то́же, Ютта.
– Э́то ма́ленький сувени́р для вас.
– О, большо́е спаси́бо. Кака́я краси́вая кни́га!
– Со́ня и Ле́на ско́ро бу́дут. А пока́ посмотри́те на́шу кварти́ру.
– С удово́льствием, Валенти́на.
– Э́то де́тская. Здесь живёт наш сын.
– Хоро́шая ко́мната, и сад есть. Здесь мно́го книг. Он, наве́рное, лю́бит чита́ть.
– Да, он о́чень мно́го чита́ет. А э́то на́ша спа́льня и одновре́менно кабине́т му́жа.
– Всё о́чень краси́во.
– А здесь спра́ва – гости́ная.
– О́чень све́тлая ко́мната. И балко́н есть, прекра́сно! А кто игра́ет на пиани́но? Вы?
– Нет, э́то муж. Он о́чень лю́бит му́зыку, осо́бенно Чайко́вского.
– О, и я о́чень люблю́ Чайко́вского. Осо́бенно мне нра́вится его́ шеста́я симфо́ния. У вас … (звонок в дверь)
– А, э́то Со́ня и Ле́на. Извини́те!

3 Sie haben das Gespräch sicher verstanden. Beantworten Sie die Fragen.

1. С кем Валенти́на знако́мит Ютту?
2. Кого́ ещё ждёт Валенти́на?
3. У Валенти́ны есть де́ти?
4. Каки́е ко́мнаты есть в кварти́ре?
5. Что вы зна́ете о де́тской и о гости́ной?
6. У му́жа есть кабине́т?
7. Кто лю́бит игра́ть на пиани́но?

▶ AB 11

4 Beschreiben Sie in einem Brief an Ihre russischen Bekannten kurz Ihre Wohnung. Vergessen Sie nicht, Lage und Größe der Wohnung anzugeben.

5 Ihre russischen Bekannten haben eine neue Wohnung bekommen. Sie freuen sich mit ihnen. Welche Fragen stellen Sie? Wie reagieren Sie auf deren Aussagen?

Г

1 Sie suchen in Moskau eine größere Wohnung. In der Zeitung «Центр плюс» finden Sie folgende Inserate. Welche sind für Sie interessant?

ЦЕНТР PLUS
№ 27(118) • Июль 1995 • Выпуск второй
ВАШ ПАРТНЕР ПО БИЗНЕСУ-
РЕКЛАМА **"ЦЕНТР ПЛЮС"**
ТЕЛ.:200-45-48; 200-44-27; 203-78-82

Предлагаю...

1824–05. Двухкомнатную квартиру (52 кв. м, ст. метро «Коньково»). Комнаты изолированные (25 + 27), кухня (9 кв. м.), балкон, 5 этаж 9-этажного дома. Тел. 336–82–20 после 8 ч. вечера.

1784–09. Трехкомнатную кватриру (49 кв. м, ст. метро «Аэропорт»). Комнаты изолированные (20, 10, 19), кухня (10 м), балкон, 7 этаж 12-этажного дома, рядом парк. Тел. 282–16–34 после 18 ч.

1972–02. Комнату (18 кв. м), в центре (ст. метро «Тургеневская»), окна в парк, 4 этаж без лифта. Тел. 924–61–42 вечером.

Так говорят русские

■ Sie fragen nach dem Weg:	Как к вам попа́сть?/ Как мне попа́сть ...?
■ Sie stellen jemanden vor:	Вы уже́ знако́мы с ...?/ Тогда́ познако́мьтесь, ...
■ Sie laden jemanden ein:	Приглаша́ем вас в го́сти./ Ждём вас в пять часо́в.
■ Sie bitten Ihre Gäste herein:	Пожа́луйста, проходи́те, раздева́йтесь.
■ Es ist Zeit zu gehen:	Мне / Нам пора́.
■ Sie entschuldigen sich:	Извини́те!
■ Sie fragen nach einer Adresse:	Како́й а́дрес ...?

1 Grundzahlwörter: 0–100

0–10	11–19	20–100
ноль		
оди́н, одно́, одна́	оди́ннадцать	
два, две	двена́дцать	два́дцать
три	трина́дцать	три́дцать
четы́ре	четы́рнадцать	со́рок
пять	пятна́дцать	пятьдеся́т
шесть	шестна́дцать	шестьдеся́т
семь	семна́дцать	се́мьдесят
во́семь	восемна́дцать	во́семьдесят
де́вять	девятна́дцать	девяно́сто
де́сять		сто

2 Uhrzeit

одна́ мину́т**а**	две	мину́т**ы**	пять	мину́т
	три	мину́т**ы**	…	
	четы́ре	мину́т**ы**	два́дцать	мину́т

3 Substantiv: Instr. Sg.

	maskulin / neutrum	*feminin*
hart	Алекса́ндром	Тама́рой
	письмо́м	
weich	Алексе́ем	Та́ней
	мо́рем	
	объявле́нием	Росси́ей
	врачо́м	госпожо́й
	му́жем*	Ма́шей*
		Серёжей*
		у́лицей*

* Nach den Zischlauten **ж, ш; ч, щ** und nach **ц** wird unbetontes **о** zu **е** (o/e-Regel).

4 Adjektiv, Pronomen: Instr. Sg.

maskulin / neutrum	*feminin*
нóв**ым**	нóв**ой**
мáленьк**им***	мáленьк**ой**
больш**и́м***	больш**óй**
хорóш**им***	хорóш**ей****
э́т**им**	э́т**ой**
мо**и́м**	мо**е́й**
нáш**им***	нáш**ей****
э́тим интерéсным журнáлом	э́той интерéсной газéтой
мáленьким музéем	мáленькой мáркой
москóвским Крéмлём	большóй семьёй
мои́м мýжем	моéй женóй
нáшим хорóшим мéнеджером	хорóшей больни́цей

* Nach **г, к, х** und den Zischlauten **ж, ш; ч, щ** steht nie **ы**, sondern immer **и** (ы/и-Regel).
** o/e-Regel

5 Faustregel

Adjektiv-Substantiv-Block: Instr. Sg.

maskulin / neutrum		*feminin*	
-ым	**-ом**	**-ой**	**-ой**
э́тим нóвым рестора́ном		э́той нóвой кварти́рой	

6 Verb »fahren«: Präsens

éхать			
я	éд-**у**	мы	éд-**ем**
ты	éд-**ешь**	вы	éд-**ете**
он	éд-**ет**	они́	éд-**ут**

Im angesprochenen Moment in einer bestimmten Richtung fahrend unterwegs sein:

– Кудá ты сейчáс éдешь?
– Домóй.

(*vgl.*: Кудá ты сейчáс идёшь?)

1 Rufen Sie Ihre russischen Bekannten an und laden Sie sie für Samstagabend zu sich nach Hause ein. Es werden auch andere gemeinsame Freunde kommen. Vergessen Sie nicht, ihnen Ihre Adresse zu nennen und zu erklären, wie sie zu Ihnen kommen.

2 Sie sind zu Besuch bei russischen Freunden, die Ihnen ihre Wohnung zeigen. Nun fragen Ihre Freunde Sie nach Ihren Wohnverhältnissen. Erzählen Sie darüber.

3 Man bietet Ihnen in Moskau zwei Wohnungen an. Wie gefallen Ihnen die beiden Grundrisse? Welche Wohnung ziehen Sie vor? Warum?

4 Ihre russischen Freunde haben in ihrem letzten Brief nach Ihrer Wohnung gefragt. Beantworten Sie den Brief.

▶ AB 12

5 Hören Sie einen Ausschnitt aus einer Reportage über einen russischen Komponisten, dessen Musik Sie vor kurzem zusammen mit einer russischen Freundin in einem Konzert kennen gelernt haben. Erzählen Sie Ihrer Freundin, was Sie über den Komponisten erfahren haben.

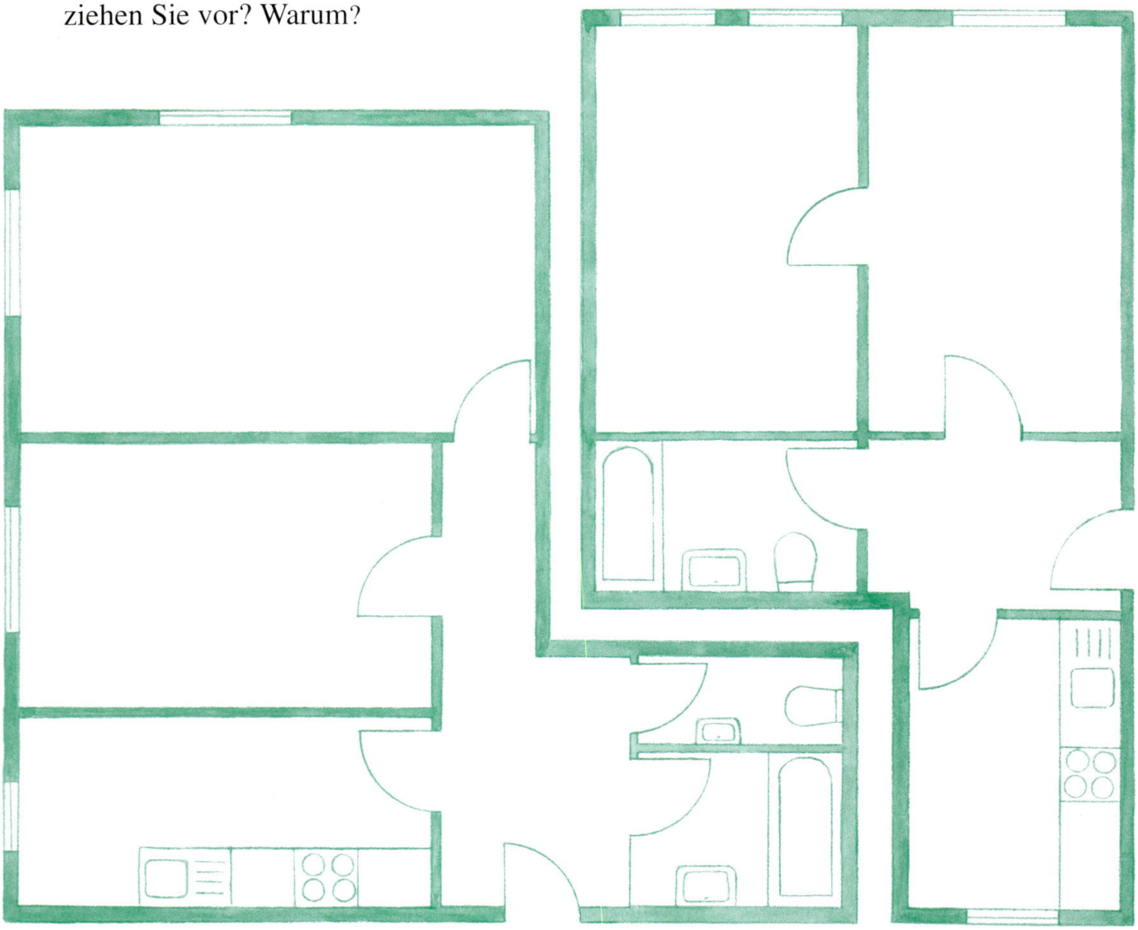

Вы это уже знаете?

In Russlands Städten gibt es als öffentliche Verkehrsmittel (тра́нспорт) die Straßenbahn (трамва́й), den O-Bus (тролле́йбус), den Autobus (авто́бус) und in einigen Städten mit mehr als einer Million Einwohner (Москва́, Санкт-Петербу́рг, Екатеринбу́рг, Новосиби́рск u. a.) die U-Bahn (метро́).

Um mit der U-Bahn zu fahren, kauft man in der Station ка́рточки, die man an einer Sperre einsteckt.

Um mit Straßenbahn, O-Bus und Autobus zu fahren, benötigt man тало́ны, die man am Kiosk oder beim Fahrer kauft und im Verkehrsmittel entwertet. Es gibt auch übertragbare Monatskarten.

Ein Taxi (такси́) erkennt man in der Regel an einem beleuchteten Schild auf dem Wagendach mit der Aufschrift «Такси». Taxis sind meist Aktiengesellschaften oder Kleinbetriebe. Es empfiehlt sich, vor einer längeren Fahrt den Preis auszuhandeln.

7 В городе

A

1 Как туда́ попа́сть?

– Как к вам попа́сть?
– Снача́ла поезжа́йте на метро́ до ста́нции «Проспе́кт Верна́дского», а отту́да де́сять мину́т пешко́м.
– Э́то пряма́я ли́ния?
– Нет, сде́лайте переса́дку на ста́нции «Парк культу́ры».
– Спаси́бо.

▶ AB 1

2 Сего́дня у госпожи́ Штейнер встре́ча в фи́рме «Си́нтез» на Варва́рке. Она́ не то́чно зна́ет, как ей туда́ попа́сть. Она́ спра́шивает дежу́рную.

– Прости́те, пожа́луйста, вы не ска́жете, как мне прое́хать на Варва́рку?
– На Варва́рку? Она́ в це́нтре. Снача́ла поезжа́йте на метро́ до ста́нции «Кита́й-го́род».
– Э́то пряма́я ли́ния?
– Нет, сде́лайте переса́дку на ста́нции «Новокузне́цкая». А от ста́нции «Кита́й-го́род» недалеко́, де́сять – пятна́дцать мину́т пешко́м.
– Зна́чит, переса́дка на ста́нции «Новокузне́цкая», пото́м до ста́нции «Кита́й-го́род», а отту́да пешко́м. Пра́вильно?
– Пра́вильно.
– Ско́лько ста́нций на́до е́хать?
– До ста́нции «Новокузне́цкая» пять и́ли шесть, а отту́да ещё одну́ ста́нцию, пото́м ещё пешко́м …
Ну, час, да ми́нимум час.
– Большо́е спаси́бо.
– Пожа́луйста.

3 Вы всё по́няли?

1. Как попа́сть на Варва́рку?
2. Ско́лько вре́мени на́до е́хать?

▶ AB 2

4 Вот схéма ли́ний метрополитéна. Вы живёте в гости́нице «Савóй» (стáнция метрó «Кузнéцкий мост») и спрáшиваете портьé, как вам попáсть

– к университéту (ст. «Университéт»),
– к гости́нице «Кóсмос» (ст. «ВДНХ»),
– на Арбáт (ст. «Арбáтская»).

Он отвечáет: «Сначáла поезжáйте на метрó до …, потóм … .»

Схема линий Московского метрополитена

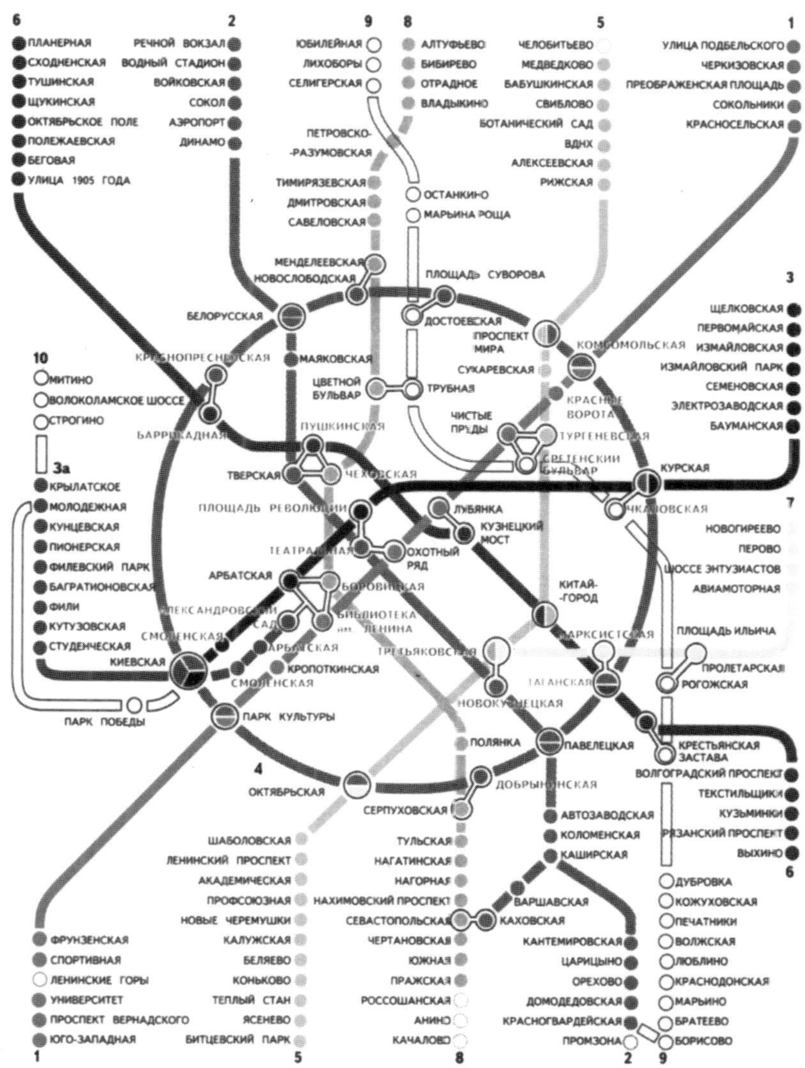

Б

1 Пе́ред ста́нцией «Кита́й-го́род» госпожа́ Штейнер спра́шивает прохо́жего.

– Прости́те, пожа́луйста, вы не ска́жете, как пройти́ на Варва́рку?
– На Варва́рку, вы говори́те? Она́ где́-то здесь в це́нтре, недалеко́ … Нет, не зна́ю …

* * *

– Прости́те, пожа́луйста, Варва́рка – вы не ска́жете?
– Э́то недалеко́. Так: иди́те пря́мо до перекрёстка. Вон ви́дите перекрёсток? Там поверни́те нале́во, Варва́рка – пе́рвая и́ли втора́я у́лица напра́во.
– Зна́чит, снача́ла пря́мо до перекрёстка, пото́м нале́во?
– Да, пра́вильно.
– Большо́е спаси́бо.
– Не́ за что.

2 Вы по́няли, как пройти́ на Варва́рку?

▶ AB 3

3 Wenn Sie mit der Moskauer U-Bahn fahren, hören Sie folgende Ansage:

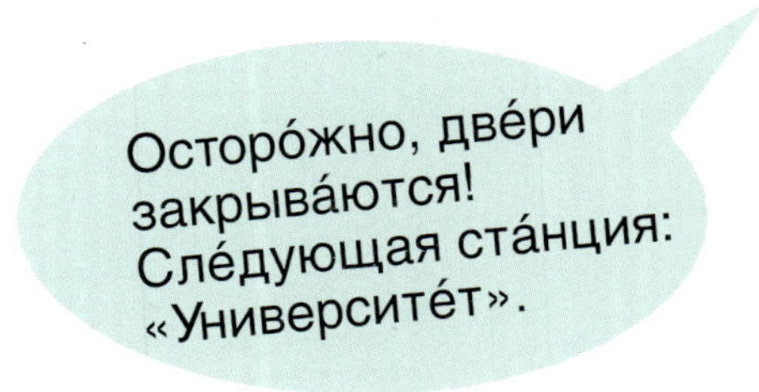

(Vorsicht, die Türen werden geschlossen. Nächste Station: »Universität«.)

4 Hören Sie die Durchsagen auf der Kassette und sagen Sie, wann Frau Steiner um- bzw. aussteigen muss.

В

1 У́лица Варва́рка: госпожа́ Штейнер стои́т пе́ред до́мом 93. Пото́м она́ вхо́дит и говори́т с портье́.

– Прости́те, пожа́луйста, на како́м этаже́ фи́рма «Си́нтез»?
– На тре́тьем. Лифт там.
– Спаси́бо. … Прости́те, где лифт?
– Вон там сле́ва. Ви́дите?
– Да, спаси́бо.
– Пожа́луйста.

2 На тре́тьем этаже́ в коридо́ре

– Прости́те, пожа́луйста, где кабине́т господи́на Ивано́ва?
– Втора́я дверь сле́ва.
– Спаси́бо.
– Пожа́луйста.

3 Вы всё по́няли?

1. На како́м этаже́ фи́рма «Си́нтез»?
2. Где кабине́т господи́на Ивано́ва?

4 На како́м этаже́ и в како́й кварти́ре живёт / нахо́дится …?

кв. 9: Татья́на Алексе́евна	5 э.	кв. 10: Ивано́вы
кв. 7: Са́ша, Ка́тя, Во́ва	4 э.	кв. 8: Еле́на Серге́евна
кв. 5: Смирно́вы	3 э.	кв. 6: Тата́рины
кв. 3: фи́рма «Иня́з»	2 э.	кв. 4: ?
магази́н	1 э.	магази́н

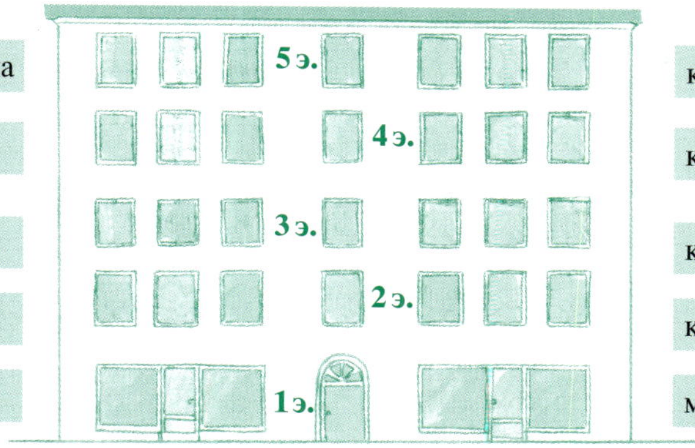

▶ AB 4

Г

1 Frau Steiner fährt von Moskau aus dienstlich nach Petersburg und anschließend nach Murmansk. Um zu wissen, welche Kleidung sie mitnehmen soll, liest sie den Wetterbericht. Wissen Sie, wo die genannten Städte liegen?

2 Frau Steiner hört sich den Wetterbericht für die nächsten Tage auch im Radio an. Auf der Kassette finden Sie einen Ausschnitt. Welche Kleidung wird Sie mitnehmen: Sommerkleidung, Übergangskleidung oder Winterkleidung?

Прогноз погоды
на конец недели

По сведениям Росгидрометцентра

Москва: ночью +5+10, днем +17+18, дожди.
С.-Петербург: ночью +4+11, днем +18+19, дожди.
Минск: ночью +6+7, днем +15+16, дожди.
Киев: ночью +11+12, днем +17+22, дожди.
Казань: ночью +11+12, днем +14+22, осадки.
Мурманск: ночью -1+1, днем +4+6, без осадков.
Тверь: ночью +5+10, днем +15+17, дожди.
Челябинск: ночью +3+10, днем +12+19, без осадков.
Владивосток: ночью +6+8, днем +12+15, без осадков.
Одесса: ночью +5+10, днем +15+17, дожди.
Ю. Сахалинск: ночью +3+5, днем +10+15, без осадков.

Так говорят русские

■ Sie haben einen Termin in der Firma …:	У меня́ (бу́дет) встре́ча в фи́рме …
■ Sie leiten eine Frage ein:	Вы не ска́жете, …?
■ Sie fragen nach dem Weg:	Как (мне/нам) попа́сть в/на …? Как (мне/нам) прое́хать в/на …? Как (мне/нам) пройти́ в/на …? (Варва́рка) – вы не ска́жете?
■ Sie geben eine Wegbeschreibung:	Вам на́до е́хать на метро́ до ста́нции «…». Поезжа́йте на метро́ до ста́нции «…». На́до е́хать с переса́дкой. Сде́лайте переса́дку на ста́нции «…». Иди́те пря́мо / нале́во/напра́во. Поверни́те нале́во/напра́во.

1 Verben der Fortbewegung

Zum Ausdruck einer Fortbewegung gibt es im Russischen jeweils zwei Verben: идти́ – ходи́ть (gehen), е́хать – е́здить (fahren).

Im angesprochenen Moment in einer bestimmten Richtung unterwegs sein:	Wiederholt unterwegs sein:
идти́ – иду́, идёшь, …, иду́т е́хать – е́ду, е́дешь, …, е́дут	ходи́ть – хожу́, хо́дишь, …, хо́дят е́здить – е́зжу, е́здишь, …, е́здят
– Куда́ ты идёшь? – Я иду́ на конце́рт.	Я ча́сто хожу́ на конце́рты.
Сейча́с я е́ду в Москву́.	Я ча́сто е́зжу в Москву́.

2 Verb »fahren mit«: е́хать / е́здить на + Präp.

е́хать/е́здить

на авто́бусе на тролле́йбусе на трамва́е на маши́не на метро́ на такси́	Обы́чно я е́зжу на рабо́ту на метро́. Но сего́дня я е́ду на такси́.

3 Substantiv: Gen. Pl.

Die Endungen des Genitiv Plurals werden anders als die bisherigen Fälle (Kasus) dargestellt. Es ist sinnvoll, vom Nom. Sg. auszugehen, und nicht vom Geschlecht des Substantivs.

	Nom. Sg.	Gen. Pl.
1.	**hart** *(maskulin)*	**-ов**
	час	час**о́в**
	гра́дус	гра́дус**ов**
2.	**-а** *(feminin)*	**-Ø**
	мину́та	мину́т
	кни́га	кни́г
	ста́нция	ста́нци**й***
	ли́ния	ли́ни**й***

* Betrachtet man den Lautbestand der Substantive [stáncija, línija], so erkennt man, dass der Genitiv Plural auch hier vollkommen regelmäßig ist, nämlich endungslos: [stáncij, línij].

4 Grundzahlwort

Nur die Grundzahlwörter eins und zwei unterscheiden das Geschlecht:

maskulin	*neutrum*	*feminin*
оди́н	одно́	одна́
два	два	две

5 Grundzahlwort: Rektion

Das Grundzahlwort bestimmt den Fall des abhängigen Substantivs.

Zahlwort	*Substantiv*	*maskulin*	*neutrum*	*feminin*
1	Nom. Sg.	оди́н час	одно́ окн**о́**	одна́ мину́т**а**
2, 3, 4	Gen. Sg.	два час**а́**	два окн**а́**	две мину́т**ы**
		три час**а́**	три окн**а́**	три мину́т**ы**
		четы́ре час**а́**	четы́ре окн**а́**	четы́ре мину́т**ы**
5, …, 0	Gen. Pl.	пять час**о́в**	пять о́кон	пять мину́т

6 Imperativ

Die meisten russischen Verben enden im Imperativ Sg. auf **-и́**, **-й** oder **-ь**. Im Plural wird die Endung **-те** zusätzlich angehängt. Näheres zur Bildung des Imperativs in Lektion 11 (siehe Seite 106/107).

-и́	**-й**	**-ь**
Прости́! / Прости́те!	Здра́вствуй! / Здра́вствуйте!	Познако́мься! / Познако́мьтесь!
Скажи́! / Скажи́те!	Поезжа́й! / Поезжа́йте!	

▶ AB 5–11

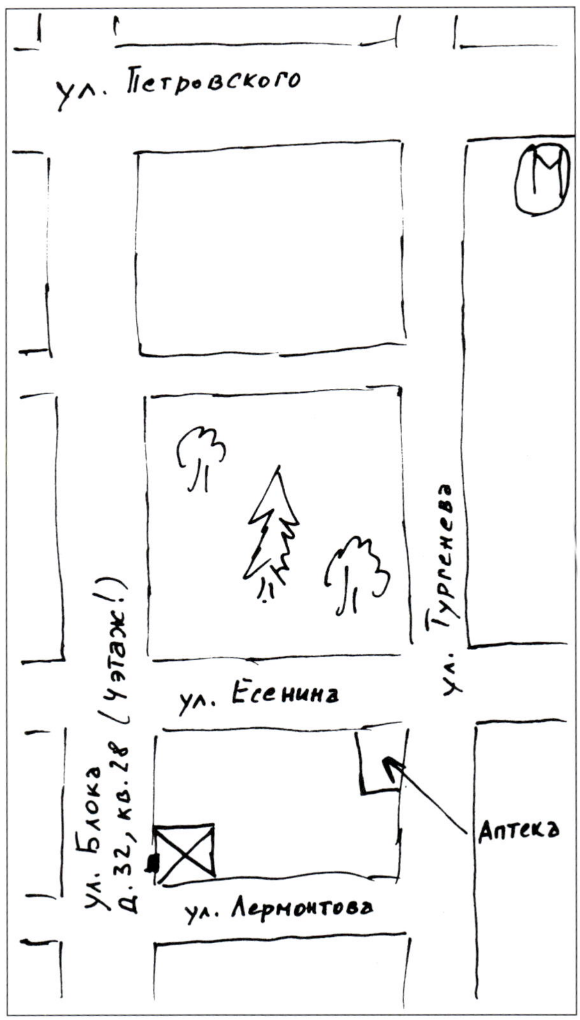

1 Вы приглаша́ете ва́ших колле́г в го́сти. Как попа́сть от э́той аудито́рии, где вы сейча́с изуча́ете ру́сский язы́к, к вам домо́й?

2 Ва́ши ру́сские го́сти спра́шивают, как из це́нтра прое́хать к вам.

3 Ва́ши ру́сские партнёры не зна́ют, как им попа́сть из гости́ницы на конце́рт.

4 Ihr russischer Kollege ist zum ersten Mal in Ihrer Stadt. Schreiben Sie ihm auf, wie er vom Büro zu Ihnen nach Hause kommt.

5 Sie interessieren sich für Musik. Im Radio hören Sie die folgenden Programmvorschauen. Welche ist / sind für Sie von Interesse?

6 Erklären Sie Ihrer russischen Bekannten möglichst genau, wo Sie wohnen. Bezirk (райо́н), Straße, Haus, Stockwerk sollten ausführlich beschrieben werden.

Вы это уже знаете?

Первые тринадцать станций московского метрополитена открылись в 1935 году. Символ российского метро – большая красная буква «М».

wurden eröffnet
roter Buchstabe

Сейчас в метро больше 120 станций (около 200 километров). На метро можно быстро попасть в центр города со всех концов Москвы. Метро – самый быстрый и удобный транспорт в Москве.
Поезда курсируют каждые три минуты, а в часы-«пик» – каждые 45 секунд. Московский метрополитен работает с шести часов утра до часу ночи. В московском метро прекрасные залы, переходы, большие вестибюли. Говорят, что станции московского метро самые красивые в мире.

mehr als
man kann
von allen Enden
schnellster, bequemster
Züge, alle, Haupt-verkehrszeit
morgens
nachts
Übergänge
Welt

8 Дела, дела …

A

▶ AB 1/2

1 Фи́рма «Си́нтез», у́лица Варва́рка, дом 93, 3 эта́ж.

– Войди́те, пожа́луйста!
– Здра́вствуйте, господи́н Ивано́в.
– До́брый день.
– Моя́ фами́лия Штейнер. Я из фи́рмы «Теле Контрол».
– Рад с ва́ми познако́миться, госпожа́ Штейнер. Пожа́луйста, сади́тесь!
– Спаси́бо. Вот моя́ визи́тка.
– Спаси́бо. Ага́ … У вас есть бюро́ в Москве́.
– Да. На́ше бюро́ в до́ме почти́ ря́дом со ста́нцией метро́ «Соко́льники».
– Э́то, коне́чно, о́чень удо́бно. Вот моя́ визи́тка. Вы уже́ давно́ в Москве́?
– То́лько пять дней.
– Как вам у нас нра́вится?
– О́чень. Москва́ – тако́й большо́й, интере́сный го́род. И пого́да прекра́сная.
– Да, настоя́щая ру́сская зима́. И совсе́м не хо́лодно, де́сять гра́дусов. Вы хоти́те чай или ко́фе, госпожа́ Штейнер?
– Чай, пожа́луйста.
– Где вы уже́ бы́ли в Москве́?
– Коне́чно, в Кремле́ и на Кра́сной пло́щади, на Тверско́й, в консерва то́рии. Я о́чень люблю́ му́зыку и с удово́льствием хожу́ на конце́рты.
– И кака́я у вас програ́мма на неде́лю?
– Мно́го интере́сных встреч и бесе́д. Сего́дня по́сле обе́да две встре́чи у нас в фи́рме, ве́чером – цирк, за́втра пое́здка в Санкт-Петербу́рг. В сре́ду опя́ть бу́ду в Москве́ и опя́ть бу́дут встре́чи и бесе́ды.
– О, у вас о́чень больша́я програ́мма.
– Ита́к, господи́н Ивано́в, э́то наш но́вый катало́г …

2 Вы всё по́няли?

1. У фи́рмы, где рабо́тает госпожа́ Штейнер, есть бюро́ в Петербу́рге?
2. Она́ уже́ давно́ в Москве́?
3. Как ей нра́вится в Москве́?
4. Где она́ уже́ была́ в Москве́?
5. Кака́я у неё програ́мма на неде́лю?

▶ AB 3/4

3 Ihr russischer Kollege klopft. Sie bitten ihn ins Zimmer und begrüßen ihn. Anschließend fordern Sie ihn auf, Platz zu nehmen, und bieten ihm eine Erfrischung an.

Б

1 У госпожи́ Штейнер есть биле́ты в цирк на сего́дня. Она́ хо́чет пригласи́ть Ри́ту, но её записна́я кни́жка в но́мере гости́ницы.

– Слу́шаю.
– Здра́вствуйте, О́льга Серге́евна. Э́то Штейнер.
– Здра́вствуйте, госпожа́ Штейнер.
– О́льга Серге́евна, помоги́те мне, пожа́луйста: нет ли у вас случа́йно телефо́на Маргари́ты Алекса́ндровны.
– Сейча́с посмотрю́. … Запиши́те: 539–07–78.
– 539–07–78. Спаси́бо, О́льга Серге́евна. До свида́ния.
– До свида́ния.

2 Как вы ду́маете, почему́ О́льга зна́ет телефо́н Маргари́ты Алекса́ндровны?

▶ AB 5

3 Bitten Sie Ihren russischen Geschäftspartner um seine Telefonnummer.

▶ AB 6

4 – Слу́шаю.
– Здра́вствуйте. Маргари́ту Алекса́ндровну, пожа́луйста!
– Её сейча́с нет. А кто её спра́шивает?
– Ютта Штейнер.
– А, до́брый день. Маргари́та Алекса́ндровна сейча́с в це́нтре.
– А вы не зна́ете, когда́ она́ вернётся?
– То́лько по́сле обе́да. Ей что́-нибудь переда́ть?
– Спаси́бо, не на́до. Я по́сле обе́да ещё раз позвоню́. До свида́ния.
– До свида́ния.

▶ AB 7

5 – Алло́.
– Здра́вствуй, Ри́та. Э́то Ютта.
– До́брый день, Ютта.
– Ри́та, что ты бу́дешь де́лать сего́дня ве́чером?
– Ещё не зна́ю. А почему́ ты спра́шиваешь?
– У меня́ есть биле́ты в цирк. Ты не хо́чешь пойти́ со мной?
– В цирк? С удово́льствием пойду́.
– Хорошо́. Тогда́ встре́тимся в шесть часо́в у ста́нции метро́ «Университе́т».
– Большо́е спаси́бо за приглаше́ние, Ютта. До ве́чера.
– До ве́чера, Ри́та.

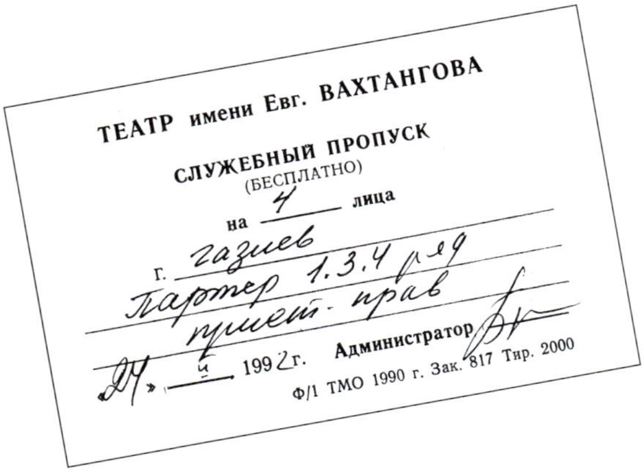
ТЕАТР имени Евг. ВАХТАНГОВА

СЛУЖЕБНЫЙ ПРОПУСК

(БЕСПЛАТНО)

на 4 лица

г. Газиев

Партер 1.3.4 ряд

«27» 4 1992 г. Администратор

Ф/1 ТМО 1990 г. Зак. 817 Тир. 2000

6 Куда́ госпожа́ Штейнер приглаша́ет Ри́ту? Когда́ и где они́ встре́тятся?

▶ AB 8

7 Sie haben Freikarten für das Theater. Laden Sie Ihre Bekannten für Freitagabend ein. Treffpunkt: 19 Uhr.

B

1 Госпожа́ Штейнер зака́зывает такси́.

– Спра́вочная.
– Я хочу́ заказа́ть такси́.
– Звони́те: 337–00–40.
– Спаси́бо.

* * *

– Такси́.
– До́брый день. Я хочу́ заказа́ть такси́ на за́втра.
– На како́е вре́мя?
– На во́семь часо́в.
– Ваш а́дрес?
– Гости́ница «Метропо́ль».
– Ва́ша фами́лия?
– Штейнер. Но́мер 438.
– Куда́ поéдете?
– На Ленингра́дский вокза́л.
– Зака́з при́нят.
– Спаси́бо.

2 Э́то ве́рно?

1. Госпожа́ Штейнер зака́зывает такси́ на во́семь часо́в.
2. Она́ поéдет на фи́рму.
3. Она́ живёт в гости́нице «Метропо́ль», но́мер 483.

3 Sie wollen mit dem Taxi ins Theater fahren. Die Vorstellung beginnt um 19 Uhr. Bestellen Sie das Taxi telefonisch.

Г

1 За́втра госпожа́ Штейнер е́дет в Санкт-Петербу́рг. Поэ́тому она́ знако́мится с э́тим го́родом и чита́ет проспе́кты.

Санкт-Петербург – город-музей. Здесь много красивых, старинных улиц, площадей и домов. Здесь также много прекрасных парков, музеев с картинами лучших художников мира. В Санкт-Петербурге бывали многие поэты и писатели.

bester Künstler, Welt

Под Санкт-Петербургом много красивых мест. Одно из них Петродворец. Там вы увидите прекрасные парки, фонтаны, дворцы. Вы посетите музей, где находятся коллекции картин, скульптуры, хрусталя и фарфора. В Петродворец можно доехать на поезде или теплоходе.

bei
Palast, besuchen
Porzellan
Schiff

Посетите город Пушкин! Здесь в лицее учился великий русский поэт. В Пушкине прекрасный архитектурно-парковый ансамбль, дворец и музей.

studieren

В музее коллекции картин, скульптуры и мебели. В парке вы увидите памятник А.С. Пушкину. В город Пушкин можно доехать на автобусе или на электричке.

Vorortzug

Так говорят русские

■ Sie reagieren auf ein Klopfen:	Войди́те, пожа́луйста!
■ Sie bitten jemanden, Platz zu nehmen:	Сади́тесь, пожа́луйста.
■ Sie freuen sich über eine Bekanntschaft:	Ра́д(а) с ва́ми познако́миться.
■ Sie bieten etwas zu trinken an:	Вы хоти́те (чай и́ли ко́фе)?
■ Sie sagen, daß es Ihnen hier gefällt:	Мне здесь нра́вится.
■ Sie fragen, ob Sie etwas ausrichten sollen:	(Ему́/Ей/Им) что́-нибудь переда́ть?
■ Sie fragen nach einer Telefonnummer:	Нет ли у вас телефо́на (Серге́я Петро́вича)?

1 Substantiv: Gen. Pl. (Zusammenfassung)

	Nom. Sg.	Gen. Pl.
1.	**hart**	**-ов**
	час	час**о́в**
	рестора́н	рестора́н**ов**
	weich	**-ев**
	музе́й	музе́**ев**
	трамва́й	трамва́**ев**
2.	**Zischlaut/-ь/-е**	**-ей**
	вра́ч	врач**е́й**
	эта́ж	этаж**е́й**
	писа́тель	писа́тел**ей**
	пло́щадь	площад**е́й**
	мо́ре	мор**е́й**
3.	**-а/-о**	**-Ø**
	кни́га	кни́г
	откры́тка	откры́ток*
	письмо́	пи́сем*
	неде́ля	неде́ль**
	ста́нция	ста́нций

* Endet das Substantiv auf zwei Konsonanten, wird in der Regel ein **о** bzw. **е** eingeschoben, um die Aussprache zu erleichtern.

** Das **-ь** ist keine Abweichung von der Regelmäßigkeit. Es zeigt nur, dass das **-л-** (Nom. Sg.) auch im Gen. Pl. erweicht ist.

2 Adjektiv, Pronomen: Gen. Pl.

Im Plural sind die Endungen für alle drei Geschlechter gleich.

maskulin/neutrum/feminin	*maskulin/neutrum/feminin*
но́вых	э́тих
ма́леньких*	мои́х
больши́х*	на́ших*

* ы/и-Regel

3 Grundzahlwörter: 100–1000

сто	две́сти	пятьсо́т	ты́сяча
	три́ста	шестьсо́т	
	четы́реста	семьсо́т	
		восемьсо́т	
		девятьсо́т	

4 Verbalaspekte: Futur

Fast alle russischen Verben treten in zwei Aspekten auf, im unvollendeten und im vollendeten Aspekt. Künftig wird bei Verben immer zuerst der unvollendete Aspekt, danach (nach dem Schrägstrich) der vollendete Aspekt angegeben:

де́лать/сде́лать
встреча́ться/встре́титься
идти́/пойти́

Unterscheidet sich der vollendete Aspekt vom unvollendeten nur durch ein Präfix, so wird dies verkürzt dargestellt: де́лать/с~

1. Bildung des Futurs

unvollendeter Aspekt	быть + unvollendeter Infinitiv	я бу́ду де́лать
vollendeter Aspekt	konjugiertes vollendetes Verb	я сде́лаю

Im Gegensatz zum Deutschen wird das Futur im Russischen in der Regel nicht mit der Präsensform ausgedrückt:

Deutsch:
Die Karten kaufe ich morgen.

Russisch:
Die Karten werde ich morgen kaufen.
Биле́ты я куплю́ за́втра.

2. Bedeutung

Betrachtet der Sprecher eine Handlung im Verlauf, d. h. als Prozess, oder als wiederholte Handlung, so verwendet er den unvollendeten Aspekt. Betrachtet er eine Handlung im Hinblick auf ihr Ergebnis, so verwendet er den vollendeten Aspekt. Im Deutschen werden diese Unterschiede nur selten mit Hilfe des Verbs zum Ausdruck gebracht.

Когда́ она́ **вернётся**?	Vollendeter Aspekt, weil das Ergebnis des Zurückkehrens (das Zurücksein), und nicht der Prozess des Zurückkehrens, im Mittelpunkt steht.
Я ещё раз **позвоню́**.	Vollendeter Aspekt, weil das zukünftige Ergebnis des Anrufens im Mittelpunkt steht.
Что ты **бу́дешь де́лать** сего́дня ве́чером?	Unvollendeter Aspekt, weil der zukünftige Verlauf der Handlung im Mittelpunkt steht: »Womit wirst du heute Abend beschäftigt sein?«
Мы **встре́тимся** в 6 часо́в.	Vollendeter Aspekt, weil das zukünftige Ergebnis des Treffens im Mittelpunkt steht: »Um sechs Uhr werden wir zusammen sein.«
Я с удово́льствием **пойду́**.	Der vollendete Aspekt пойти́ (*ebenso:* пое́хать) hat die Bedeutung »sich auf den Weg machen, losgehen (losfahren)«. Hier steht der vollendete Aspekt, weil es nicht darum geht, dass ich mit Vergnügen auf dem Weg sein werde, sondern mich mit Vergnügen auf den Weg machen werde.

▶ AB 9–18

1 Stellen Sie Ihren Terminkalender für die kommende Woche vor.

2 Sie erwarten einen russischen Kollegen. Er wird vier Tage bleiben. Erstellen Sie für ihn einen Terminplan mit drei Gesprächen an der Universität und einem Kulturprogramm.

3 Zu Ihnen kommen russische Kollegen. Sie unterhalten sich (Begrüßung, Vorstellung, Platznehmen, Tee, Smalltalk übers Wetter, Vorschlag: die Bibliothek zeigen).

4 Ва́ши ру́сские знако́мые приглаша́ют вас в го́сти. Они́ хотя́т встре́титься с ва́ми в семь часо́в у вы́хода со ста́нции метро́ «Беля́ево».

Вы это уже знаете?

Bald nach der Gründung der Stadt Санкт-Петербу́рг entstanden in der Umgebung zahlreiche Zarenresidenzen, von denen die berühmtesten Петродворе́ц, Пу́шкин (Ца́рское Село́), Па́вловск, Ора́ниенбаум und Га́тчина sind.
Die Sommerresidenz in Петродворе́ц oder Петерго́ф, nur 30 Kilometer außerhalb der Stadt am Finnischen Meerbusen gelegen, wurde von царь Пётр I eigenhändig konzipiert und von bedeutenden Architekten und Bildhauern (Еро́пкин, Земцо́в, Растре́лли, Козло́вский, u. a.) im 18. und 19. Jahrhundert in die Tat umgesetzt. Zwei Jahrhunderte hindurch war die prachtvolle Schloss- und Parkanlage mit ihren berühmten Fontänen Sommerresidenz der russischen Zaren.

In Ца́рское Село́, 24 km von Petersburg entfernt, ließ Zarin Екатери́на I im 18. Jahrhundert ein Schloss in einem wunderschönen Park anlegen. Der letzte Umbau dieses Schlosses (besonders berühmt ist das restaurierte Bernsteinzimmer) wurde von Б. Растре́лли durchgeführt. In Ца́рское Село́ befand sich das Lyzeum, das Алекса́ндр Серге́евич Пу́шкин von 1811 bis 1817 besuchte.
Für царь Па́вел wurde drei Kilometer südlich von Ца́рское Село́ ein Schloss erbaut und später mehrmals umgebaut (Ворони́хин, Кваре́нги, Ро́сси). Der Park des Schlosses ist mit seinen 600 ha der größte Park Russlands und eine Perle der Gartenbauarchitektur. Seine Wege sind so lang wie die Strecke von Moskau nach Petersburg (fast 700 km). Übrigens: Die erste Eisenbahnstrecke wurde in Russland im Jahre 1837 zwischen Санкт-Петербу́рг, Ца́рское Село́ und Па́вловск mit einer Länge von 27 km eröffnet.

9 В дороге

А

▶ AB 1

1 Госпожа́ Штейнер е́дет на такси́ на вокза́л.

– До́брое у́тро! На Ленингра́дский вокза́л, пожа́луйста.
– Пожа́луйста, сади́тесь!
– По́езд отправля́ется в де́сять часо́в. Успе́ем?
– Да, коне́чно. … Вот и Ленингра́дский вокза́л.
– Ско́лько с меня́?
– 18 рубле́й. … Спаси́бо.
– До свида́ния.
– Счастли́вого пути́!

2 Das sind die Antworten des Taxifahrers. Was sagten Sie?

– . . .
– До́брый день. Пожа́луйста, сади́тесь.
– . . .
– Да, коне́чно. Вот и аэропо́рт.
– . . .
– 300 рубле́й. Счастли́вого пути́!
– . . .

3 Sie wollen mit dem Taxi zum genannten Ziel. Fragen Sie, ob Sie Ihr Flugzeug / Ihren Zug noch erreichen werden. Anschließend zahlen Sie.

Fahrziel	*Abfahrtszeit*	*Fahrpreis*
аэропо́рт Шереме́тьево-2	17.20 ч.	400 000 руб.
Ки́евский вокза́л	18.30 ч.	52 000 руб.
Каза́нский вокза́л	11.45 ч.	66 000 руб.

Б

1 На вокза́ле госпожа́ Штейнер чита́ет на́дписи.

К при́городным поезда́м	Zu den Vorortzügen
К при́городным ка́ссам	Zu den Kassen der Vorortzüge
К поезда́м да́льнего сле́дования	Zu den Fernzügen
Зал ожида́ния	Wartesaal
Вы́ход на перро́н	Zum Bahnsteig

Пла́тный туале́т	Münztoilette
М (Мужско́й) – Ж (Же́нский)	Männer – Frauen
Посторо́нним вход воспрещён	Eintritt verboten
Буфе́т	Büfett
Ка́мера хране́ния	Gepäckaufbewahrung
Автомати́ческая ка́мера хране́ния	Schließfächer
Спра́вочное бюро́	Auskunft
Информа́ция	Information
Междугоро́дный телефо́н	Fernamt (Ferngesprächanmeldestelle)

2 Вот табло́. С како́й платфо́рмы отправля́ется по́езд госпожи́ Штейнер?

№ поезда	Пункт назначения	Время отправления	Платформа
4	Хельсинки	7.41	6
12	Петрозаводск	8.25	8
1	Санкт-Петербург	9.02	4
3	Санкт-Петербург	9.46	2
5	Санкт-Петербург	10.00	6
8	Таллин	10.15	4
96	Волховстрой	12.06	2

▶ AB 2–4

3 На вокза́ле госпожа́ Штейнер слы́шит объявле́ния. Како́е из них интересу́ет её?

B

1 Госпожа́ Штейнер сади́тся в ваго́н и говори́т с проводнико́м.

– Э́то шесто́й ваго́н?
– Да, шесто́й. Ваш биле́т, пожа́луйста.
– Пожа́луйста.
– Ме́сто 11, ни́жнее. Проходи́те, пожа́луйста, шесто́е купе́.
– Спаси́бо.

2 Э́то ве́рно?

1. Госпожа́ Штейнер е́дет в оди́ннадцатом ваго́не.
2. У неё шесто́е ве́рхнее ме́сто.

3 Вы е́дете в Берли́н. У вас биле́т в восьмо́й ваго́н, 14 ме́сто. Вы говори́те с проводнико́м.

Г

▶ АВ 5

1 В купé

– Дóбрый день! Э́то оди́ннадцатое мéсто?
– Да, пожáлуйста, вот здесь внизý. Давáйте познакóмимся. Меня́ зовýт Лари́са Влади́мировна Муравьёва.
– О́чень прия́тно. Ютта Штейнер.
– О́чень рáда. Вы из Гермáнии?
– Да, из Гáмбурга. А вы?
– Я из Санкт-Петербýрга. Вы ужé бы́ли в нáшем гóроде?
– Нет, я éду в пéрвый раз.
– Скóлько дней вы бýдете в Петербýрге?
– Пять.
– Э́то, конéчно, не óчень мнóго. Тогдá я вам совéтую сначáла автóбусную экскýрсию по гóроду, онá даёт óбщее представлéние о гóроде, и вы познакóмитесь с сáмыми извéстными местáми Пи́тера, с Эрмитáжем и Рýсским музéем, Исáакиевским и Казáнским собóрами, Петропáвловской крéпостью, Нéвским проспéктом, сáмыми краси́выми дворцáми, …
– Лари́са Влади́мировна, я бýду в Петербýрге тóлько пять дней, крóме тогó, бýду рабóтать: у меня́ ужé заплани́ровано óчень мнóго встреч и бесéд. Осмáтривать гóрод я бýду тóлько в суббóту пóсле обéда и в воскресéнье.
– А в теáтр не пойдёте?
– Пойдý на «Жизéль», в суббóту вéчером. Билéт ужé есть.
– Тогдá я вас поздравля́ю. В нáшем Мари́инском теáтре сáмый извéстный и сáмый лýчший балéт …
– А москвичи́ говоря́т, что сáмый извéстный и сáмый хорóший балéт у них в Большóм теáтре …

2 Э́то вéрно?

1. Лари́са Влади́мировна и госпожá Штейнер ужé давнó знакóмы.
2. Лари́са Влади́мировна совéтует сначáла экскýрсию по гóроду, потомý что онá даёт óбщее представлéние о Петербýрге.
3. Госпожá Штейнер бýдет в Петербýрге недéлю.
4. Госпожá Штейнер в Петербýрге бýдет отдыхáть.
5. Госпожá Штейнер говори́т, что балéт в Мари́инском теáтре сáмый хорóший.

▶ АВ 6–8

3 Schlagen Sie Ihren russischen Freunden eine Besichtigungstour in Ihrer Heimatstadt vor.

4 Notieren Sie alles, was Sie sich in St. Petersburg ansehen möchten.

5 Sie steigen in Moskau in den Zug und stellen fest, dass auf Ihrem reservierten Platz jemand sitzt. Doch es handelt sich um ein Missverständis: Sie sind statt im 6. im 7. Abteil.

Д

▶ AB 9/10

1 Госпожа́ Штейнер чита́ет в путеводи́теле о Петербу́рге.

Название города

Название «Санкт-Петербург» этот красивый город на Неве получил уже второй раз.

Bezeichnung

В начале 18 века, в 1703 году, царь Пётр I Великий (1698–1725 г.) основал этот город в дельте Невы. И город получил имя апостола Петра: Санкт-Петербург (люди обычно думают, что город носит имя своего основателя, что неверно). Вскоре после основания город стал столицей России.

Beginn, Jahrhundert
Jahr, gründen
Name
Menschen, tragen
Gründer Gründung
werden, Hauptstadt

В 1914 г. началась первая мировая война и город получил новое название: Петроград. Это перевод слова «Петербург» на русский язык.

beginnen, Weltkrieg
Übersetzung
Wort

Третье название «Ленинград» город получил в 1924 году после смерти Ленина, основателя советского государства. Это название город носил до 1991 года, когда он опять получил название «Санкт-Петербург».

Tod
Staat
wiederum

Эрмитаж

Эрмитаж – самый большой музей России и один из самых больших и богатых музеев мира. В его прекрасных залах можно познакомиться с картинами художников всего мира, скульптурами, гобеленами, …

reich Welt
man kann, Bild
Künstler

Эрмитаж находится в здании бывшего Зимнего дворца, зимней резиденции царя. Этот замечательный дворец построил во второй половине 18 века один из самых известных архитекторов Санкт-Петербурга, итальянец Варфоломей Растрелли.

ehemalig, Winter-
очень хороший, Hälfte
Jahrhundert

Русский музей

Второй музей в Санкт-Петербурге – Русский музей. В его залах можно осмотреть картины и скульптуры русских художников и много икон.

Bild
Künstler

Русский музей находится в бывшем Михайловском дворце, который построил архитектор Карл Росси (в первой половине 19 века). Перед Русским музеем стоит памятник Александру Сергеевичу Пушкину.

ehemalig
Hälfte, Jahrhundert

2 Э́то ве́рно?

1. St. Petersburg wurde 1703 gegründet.
2. Die Bezeichnung Leningrad erhielt die Stadt 1914, als der 1. Weltkrieg begann.
3. Petrograd ist die russische Bezeichnung für Petersburg.
4. В Ру́сском музе́е мо́жно познако́миться с карти́нами худо́жников всего́ ми́ра.
5. Эрмита́ж нахо́дится в зда́нии бы́вшего Зи́мнего дворца́, кото́рый постро́ил Карл Росси в 19 ве́ке.
6. Пе́ред Ру́сским музе́ем нахо́дится па́мятник Фёдору Миха́йловичу Достое́вскому.
7. В Эрмита́же вы уви́дите мно́го ико́н.

Так говорят русские

Sie fragen nach dem Preis:	Ско́лько с меня́?
Sie wünschen eine gute Reise:	Счастли́вого пути́!
Sie wundern sich über etwas:	Не мо́жет быть!
Sie wollen sich bekannt machen:	Дава́йте познако́мимся!
Sie nennen Ihren Namen:	Меня́ зову́т …
Sie raten zu einer Autobusrundfahrt:	Я вам сове́тую авто́бусную экску́рсию по го́роду.

1 Adjektiv, Substantiv: Dat., Instr., Präp. Pl.

Die Endungen sind in diesen Fällen (Kasus) für die drei Geschlechter gleich.

2 Faustregel

Adjektiv-Substantiv-Block:

	maskulin/neutrum/feminin	
Dat. Pl.	**-ым**	**-ам**
Instr. Pl.	**-ыми**	**-ами**
Präp. Pl.	**-ых**	**-ах**

Я пишу́ мои́м* но́вым ру́сским** партнёрам.
Я пишу́ на́шим** гостя́м*.

Я говорю́ с мои́ми но́выми ру́сскими партнёрами.
Я говорю́ с на́шими гостя́ми.

Я расска́зываю о мои́х но́вых ру́сских партнёрах.
Я расска́зываю о на́ших гостя́х.

* Weicher Stamm: мой, гость.
** ы/и-Regel

3 Substantiv: Präp. Sg. auf -ии

	maskulin	*neutrum*	*feminin*
Substantiv	**-ий**	**-ие**	**-ия**
Präp. Sg.	в санато́р**ии**	в зда́н**ии**	в Росс**и́и**

4 Superlativ: «са́мый»

Die Superlativform eines Adjektivs wird mit «са́мый» gebildet, das in Geschlecht und Zahl mit dem Adjektiv übereingestimmt wird.

Э́то са́мый изве́стный бале́т.	Das ist das interessanteste Ballett.
Он был в са́мом изве́стном теа́тре Петербу́рга.	Er war im berühmtesten Theater Petersburgs.
Это са́мая краси́вая карти́на вы́ставки.	Das ist das schönste Bild der Ausstellung.
Это са́мое краси́вое зда́ние го́рода.	Das ist das schönste Gebäude der Stadt.

5 Verb «сове́товать»: Präsens

Alle Verben mit dem Suffix **-овать** werden nach folgendem Muster konjugiert:

сове́т-**ова-**ть

я	сове́т-**у-ю**	мы	сове́т-**у-ем**
ты	сове́т-**у-ешь**	вы	сове́т-**у-ете**
он/она́	сове́т-**у-ет**	они́	сове́т-**у-ют**

интерес-ова́-ть	Меня́ о́чень интересу́ет ру́сский язы́к. Меня́ о́чень интересу́ют э́ти карти́ны.
сове́т-ова-ть	Я вам сове́тую авто́бусную экску́рсию по го́роду.

6 Präteritum

Es gibt nur eine Vergangenheitsform. Zur Bildung der Vergangenheit wird die Infinitivendung -ть durch **-л, -ла, -ло; -ли** ersetzt: был, была́, бы́ло; бы́ли.

чита́ть → чита́л, чита́ла, чита́ло; чита́ли

я	чита́**л**/чита́**ла**	мы	
ты	чита́**л**/чита́**ла**	вы	чита́**ли**
он	чита́**л**	они́	
она́	чита́**ла**		
оно́	чита́**ло**		

Он чита́л интере́сную кни́гу.
Ка́тя, ты уже́ чита́ла э́ту кни́гу?
Вы сего́дня уже́ чита́ли газе́ту?

▶ AB 11–13

1 Spielen Sie die Situation: Sie bestellen telefonisch ein Taxi zu Ihrem Hotel und fahren damit zum «Моско́вский вокза́л». Der Zug nach Moskau steht schon bereit. Sie suchen Ihren Wagen und sprechen mit dem Schaffner. Im Abteil machen Sie sich mit Ihrem Reisegefährten, einem Moskauer, bekannt. Er macht Ihnen Vorschläge, was Sie in Moskau besichtigen könnten.

2 На «Моско́вском вокза́ле» в Санкт-Петербу́рге вы слы́шите сле́дующие объявле́ния. Како́е из них вас интересу́ет?

3 Erstellen Sie einen Terminplan für Ihren fünftägigen Aufenthalt in St. Petersburg.

4 Überfliegen Sie die folgenden Zeitungsausschnitte und suchen Sie eine Notiz über St. Petersburg.

● 4 ● «КОМСОМОЛЬСКАЯ ПРАВДА» ●

МАЗ ЗИЛ

Тракторы МТЗ, автокраны, контейнеровозы, экскаваторы **БОРЕКС**, топливозаправщики, прицепы, полуприцепы, автопогрузчики.

Тел: (095) 945-91-69, 252-86-31. Тел/факс: (095) 945-22-00.

БелТрансСтрой.

Реклама КП

Тел: (095) 257-50-70, 257-59-57, 257-50-14. Факс: (095) 257-51-18.

АО "Энергокабель"

предлагает со склада в Самаре

ЭЛЕКТРОДВИГАТЕЛИ

марки 4А; АИР от 1.1 до 200 кВт; ВАО, АИМ взрывозащищенные

ПРОВОД ОБМОТОЧНЫЙ

ПЭТВ-2 сечением 0.25-2.5

Возможен бартер на отходы меди.

Телефон: (846-2) 22-58-55, 22-17-44, 66-90-62.

Факс: (846-2) 22-58-46, 22-35-26, 32-51-66 для 1100.

Телетайп: 214925 ПКП для 1100.

КРУПНЕЙШИЙ ПОСТАВЩИК ФОТООБОРУДОВАНИЯ И ФОТОМАТЕРИАЛОВ ПО СТРАНАМ СНГ **ТЕХСОЮЗ** 915-05-65 915-36-00

Kodak

1. Фотолаборатории NORITSU, KONICA для фотопечати, обучение персонала, гарантийное и послегарантийное обслуживание.
2. Фотостудии POLAROID для мгновенной фотографии на документы M 403, M 402, M 203
3. Дилерские и оптовые поставки материалов для фотолабораторий и фотостудий
4. Более 1000 наименований фотоаппаратов, фотопленок и акксесуаров фирм POLAROID, KODAK, KONICA, OLYMPUS, MINOLTA и др.

Оптовые центры: в Москве, Томске, Братске.
Тел. оптового магазина: (095) 974-61-57

В ОПТОВОМ МАГАЗИНЕ: Ф/ап. 636 от $32, ф/кас. 600+ от $8,3
Ф/ап. KODAK 275 от $21 и др.

Polaroid

МАРУС

Предлагаем со склада в Санкт-Петербурге:
лук репчатый из Египта урожая 1995 года.
Всегда в продаже свежие овощи и фрукты в широком ассортименте.

Тел. (812) 130-16-02, (812) 130-49-37
Факс (812) 130-10-26

5 Markieren Sie auf der Zeichnung die Bahnhofseinrichtungen, die Sie aufsuchen. Sie kaufen eine Karte für einen Vorortzug. Da Sie noch genügend Zeit haben, besuchen Sie das Büfett und gehen zur Toilette. Sie erkundigen sich bei der Auskunft nach den Rückfahrmöglichkeiten und holen Ihren Koffer aus dem Schließfach.

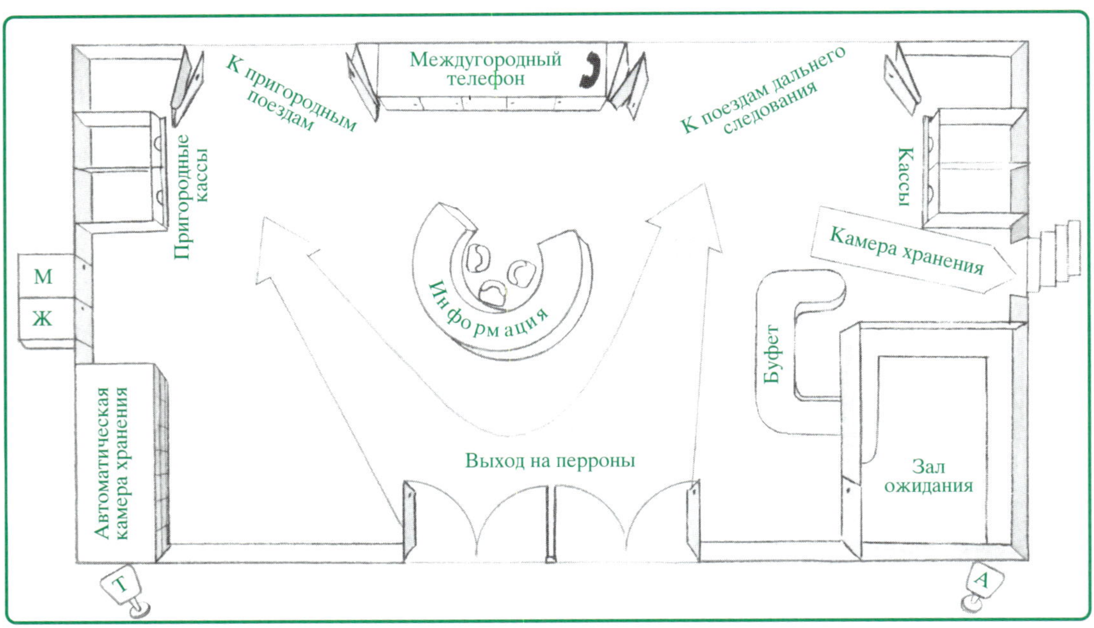

Вы это уже знаете?

Es gibt in Russland verschiedene Arten von Zügen: экспре́ссы, ско́рые, пассажи́рские, фи́рменные. Die Züge unterscheiden sich durch ihre Geschwindigkeit, ihren Komfort und die Anzahl der Aufenthalte. Ein ско́рый по́езд hält seltener als ein пассажи́рский по́езд, ein экспре́сс seltener als ein ско́рый по́езд. Фи́рменный heißt jener ско́рый по́езд oder экспре́сс, der einen besonderen Namen hat, z. B.: «Кра́сная стрела́», «Авро́ра» (beide nach St. Petersburg), «Лев Толсто́й» (nach Helsinki), …

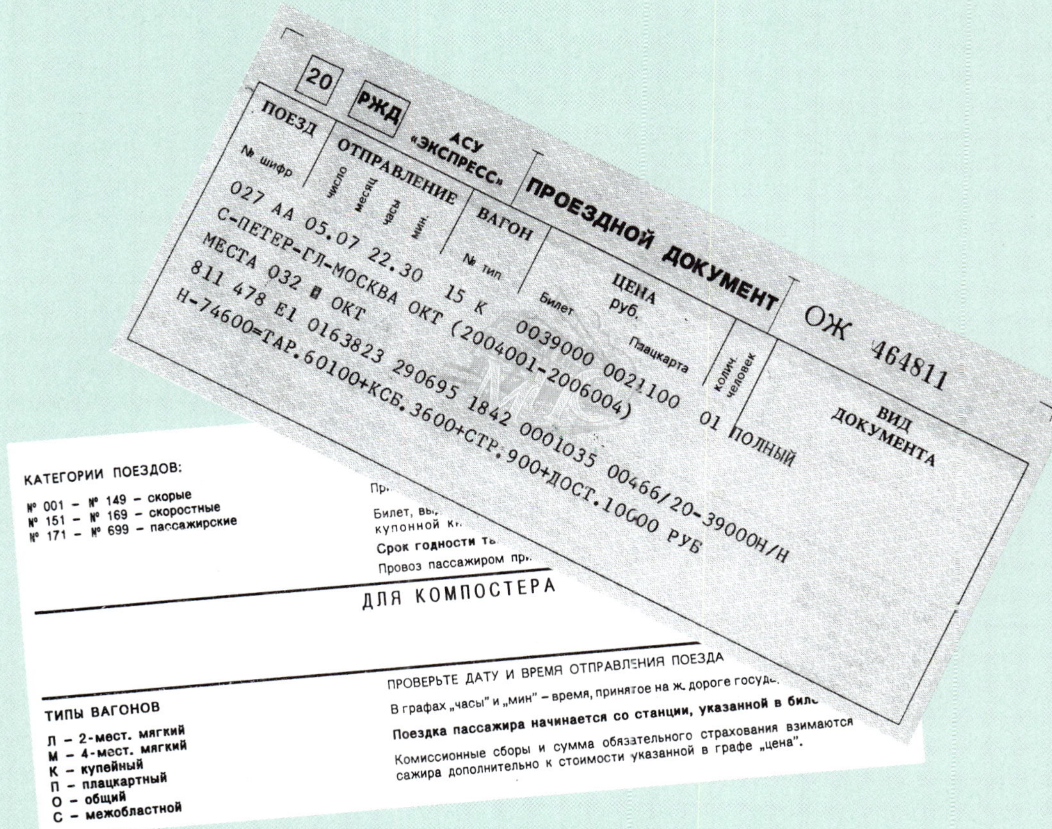

Es werden verschiedene Wagen unterschieden: о́бщий (auf der Fahrkarte ist nur die Nummer des Wagens vermerkt, den Platz sucht sich jeder Passagier selbst); плацка́ртный (auf der Fahrkarte ist die Sitzplatznummer im Wagen angegeben, der Wagen hat jedoch keine Abteile und entspricht der 2. Klasse); купи́рованный (mit Abteilen für drei bis vier Personen, entspricht der 2. Klasse); мя́гкий oder СВ (mit Abteilen für zwei Personen, entspricht der 1. Klasse).
Fahrkarten kann man in der Regel 30 Tage vor Reiseantritt kaufen oder telefonisch mit Hauszustellung bestellen.

10 Повторение – мать учения

1 Eine Vertreterin Ihrer Moskauer Partnerfirma ist angekommen. Sie wohnt im Hotel. Rufen Sie sie an und laden Sie sie zu sich ein. Beschreiben Sie, wie sie zu Ihnen findet.

2 Nun ist Ihre Kollegin bei Ihnen. Begrüßen Sie sie, machen Sie sie mit Ihrer Familie bekannt und zeigen Sie ihr Ihre Wohnung.

3 Während Ihres Moskauaufenthaltes haben Sie sich in der Stadt verirrt. Fragen Sie einen Passanten, wie Sie zur Vertretung der Firma «Интера́ко» kommen (Краснопре́сненская на́бережная, д. 12; ста́нция метро́: «Краснопре́сненская»). Verwenden Sie dazu den Linienplan der Moskauer U-Bahn (Seite 71).

4 Empfangen Sie die Vertreterin Ihrer russischen Partnerfirma in Ihrem Büro.

5 Während Ihres Aufenthalts in St. Petersburg lädt eine gute Bekannte Sie ins Konzert ein.

6 Während Ihres Moskauaufenthalts bestellen Sie ein Taxi, um in die Oper zu fahren.

7 Während Ihrer Zugfahrt nach Moskau plaudern Sie mit Ihrem russischen Reisegefährten.

8 Während Ihres Moskauaufenthalts hören Sie im Radio die Sendung «На́ше спра́вочное бюро́». Welche Ankündigung interessiert Sie besonders?

9 Sie fliegen von Moskau nach Петрозаво́дск. Auf dem Inlandflughafen Шереме́тьево-1 hören Sie die folgenden Ansagen. Welche davon betrifft Sie?

10 Verwenden Sie den Linienplan der Moskauer U-Bahn (Seite 71). Sie möchten zur Station «Юго-за́падная». Sie sind in die U-Bahn eingestiegen und hören die Ansagen. Sind Sie in der richtigen Linie?

11 Sie haben eine Reise nach Новосиби́рск vor und möchten wissen, wie dort das Wetter ist. Hören Sie den Wetterbericht. Was erwartet Sie in Новосиби́рск?

12 Ihr russischer Bekannter ist in Ihrer Stadt angekommen. Hinterlassen Sie in seinem Hotel eine Nachricht, in der Sie beschreiben, wie er von dort zu Ihnen nach Hause kommt.

13 Arbeiten Sie für die Vertreterin Ihrer Partnerfirma aus Sankt Petersburg ein Programm für ihren Aufenthalt in Ihrer Stadt aus.

14 Schreiben Sie Ihren Bekannten in St. Petersburg einen Brief und berichten Sie, was Ihnen in Moskau gefällt und was nicht.

15 Lesen Sie die Ausschnitte aus dem Anzeigenteil der Zeitung «Моско́вские но́вости». Welcher der Werbetexte interessiert Sie?

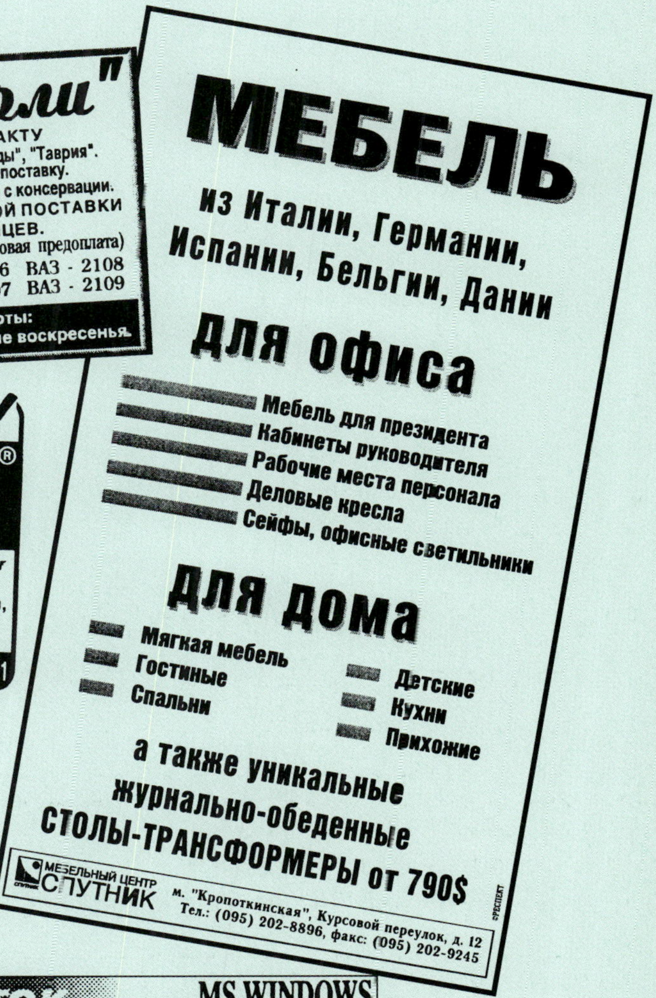

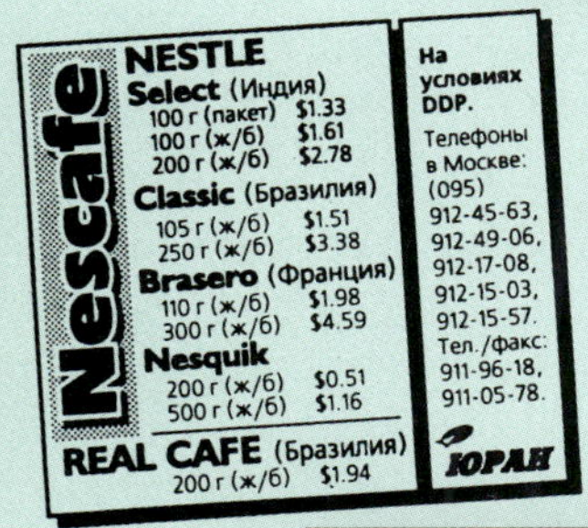

16 Sie suchen in der Broschüre «Совме́стные предприя́тия в Москве́» (Jointventures in Moskau) die Jointventures mit Deutschland, Österreich und der Schweiz heraus. Notieren Sie deren Namen, Adressen und Telefonnummern und geben Sie sie telefonisch an Ihre russischen Kollegen weiter.

ПРЕДСТАВИТЕЛЬСТВА ЗАРУБЕЖНЫХ ФИРМ И ПРЕДПРИЯТИЙ

«Банконационале дела Воро», Италия
Краснопресненская наб., 12 253 18 02

«Биэндспектроник», ФРГ
Краснопресненская наб., 12 253 25 047

«Вако-коски», Япония
Краснопресненская наб., 12 253 16 76

«ВЕК», Греция
Краснопресненская наб., 12 253 28 426

«Вест-альпинс», Австрия
Краснопресненская наб., 12 253 14 78

«Вестдойче Ландесбанк», ФРГ
Краснопресненская наб., 12 253 20 48

«Воттелер», ФРГ
Краснопресненская наб., 12 253 17 11

«Галика», Швейцария
Краснопресненская наб., 12 253 27 17

«Гилдемайстер», ФРГ
Краснопресненская наб., 12 253 59 60

«Дейви копрорейшен», США
Краснопресненская наб., 12 253 98 61

«Интерэкспо», Италия
Краснопресненская наб., 12 253 13 35

«Интерако»,ФРГГ
Краснопресненская наб., 12 253 15 39

«Клейн, шанц-линдбекер», ФРГ
Краснопресненская наб., 12 253 24 56

«Кредитанстальт», Австрия
Краснопресненская наб., 12 253 27 52

«Лаурел-индастриз», Беликобритания
Краснопресненская наб., 12 253 28 09

«Марпосс», Италия
Трехпрудный пер., 11/13 299 09 32

«Меторг», Швеция
Краснопресненская наб., 12 253 12 33

«Милден Банк», Беликобритания
Краснопресненская наб., 12 253 21 44

«Новея», ФРГ
Краснопресненская наб., 12 256 73 955

«Оливетти», Италия
Краснопресненская наб., 12 253 83 47

«ОМЦ», ФРГ
Краснопресненская наб., 12 253 17 01

»Ортман», ФРГ
Краснопресненская наб., 12 253 24 17

«Табани», Япония
Краснопресненская наб., 12 253 24 62

«Технише-Бератунг Шитко», ФРГ
Краснопресненская наб., 12 253 12 26

«Чейз Манхеттен Банк», США
Краснопресненская наб., 12 253 28 65

«Хемие Линц», Австрия
Краснопресненская наб., 12 253 14 80

«ХЕХСТ», ФРГ
Трехпрудный пер., 11/13 299 82 85

«Храст», ФРГ
Б. Бронная ул., 7 202 27 24

«Шамбон», Франция
Грузинский пер., 3 254 69 27

«Шенк», ФРГ
Краснопресненская наб., 12 253 24 58

«Шисс», ФРГ
Краснопресненская наб., 12 253 24 60

«Шмиттер-гмбх», ФРГ
Краснопресненская наб., 12 253 12 07

17 Кроссво́рд. Wenn Sie das Rätsel gelöst haben (nur senkrecht), erhalten Sie in einer der waagrechten Zeilen einen aus zwei Wörtern bestehenden Begriff, der mit der Geschichte Russlands untrennbar verbunden ist.

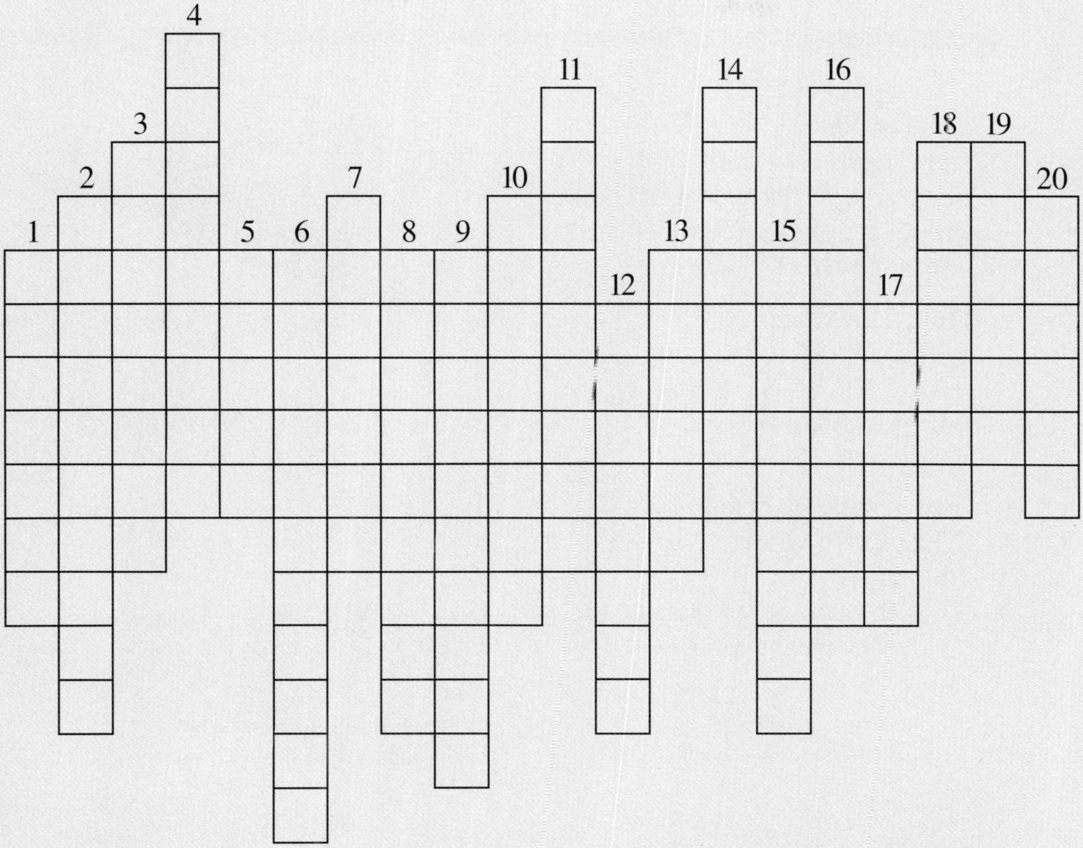

1 … сто́ит биле́т?
2 herrlicher
3 В на́шей … три ко́мнаты.
4 wiederholen
5 Мы осма́тривали Каза́нский …
6 Kreuzung
7 две́сти + три́ста = …
8 Там, где живу́т тури́сты.
9 zeigen
10 Schriftsteller
11 echt, wirklich

12 Тури́сты бы́ли в Петро-па́вловской …
13 Из Москвы́ в Петербу́рг госпожа́ Ште́йнер е́дет на …
14 Gespräch
15 besonderer
16 richtiger
17 lieben
18 Polizei
19 unterer
20 шесть + три = …

▶ AB 1–8

11 В гостинице

А

1 Господи́н Хохштрассер, представи́тель неме́цкой фи́рмы «Металл А.Г.», прие́хал в Санкт-Петербу́рг. Он выхо́дит из ваго́на и идёт к стоя́нке такси́.

– Такси́ свобо́дно?
– Да, сади́тесь, пожа́луйста.
– Пожа́луйста, в гости́ницу «Европе́йская».

* * *

– Вот и ва́ша гости́ница.
– Спаси́бо. Ско́лько с меня́?
– 98 рубле́й.
– Пожа́луйста. Сда́чи не на́до.
– Спаси́бо. Всего́ хоро́шего!

2 Э́то вы зна́ете.

1. В каку́ю гости́ницу е́дет господи́н Хохштрассер?
2. Ско́лько сто́ит пое́здка в такси́?

▶ AB 1

3 Вы хоти́те пое́хать на такси́ в Эрмита́ж.

Б

▶ AB 2/3

1 В гости́нице «Европе́йская». Stellen Sie fest, mit wem Herr Hochstrasser spricht.

– До́брое у́тро! Для меня́ заброни́рован но́мер. Моя́ фами́лия Хохштрассер, Эрвин Хохштрассер.
– Одну́ мину́ту. Соверше́нно ве́рно, господи́н Хохштрассер. Ваш но́мер 402. Запо́лните, пожа́луйста, анке́ту. (…) Спаси́бо. Вот ваш ключ.
– Спаси́бо. А где я могу́ поза́втракать?
– На пе́рвом этаже́ сле́ва рестора́н. Он рабо́тает с 10 до 2 часо́в но́чи. На тре́тьем этаже́ есть буфе́т: он рабо́тает с 7 до 20 часо́в. По́чта, телегра́ф, обме́нный пункт на пе́рвом этаже́ спра́ва. Они́ рабо́тают с 8 до 20 часо́в.
– Большо́е спаси́бо.

2 Aber Herr Hochstrasser kehrt bald in die Rezeption zurück.

– Извини́те, пожа́луйста, мой но́мер 402. Я был там.
– Ну и что? Вам он не нра́вится?
– Не в э́том де́ло. Вы зна́ете, там окно́ выхо́дит на у́лицу. О́чень шу́мно.
– Зна́чит, вы хоти́те друго́й но́мер. Я пра́вильно вас по́нял?
– Да, е́сли мо́жно.
– Хорошо́. Есть ещё оди́н но́мер на четвёртом этаже́. О́кна выхо́дят в парк.
– Прекра́сно. Большо́е спаси́бо.

3 Э́то вы зна́ете.

1. На како́м этаже́ но́мер господи́на Хохштрассера?
2. Ему́ нра́вится э́тот но́мер или нет? Почему́?
3. Где в гости́нице мо́жно поза́втракать?
4. Где нахо́дится обме́нный пункт?

▶ AB 4–6

4 Э́ту анке́ту заполня́ет господи́н Хохштрассер:

Гостиница «Европейская»

1. Фамилия, имя, отчество ______________________
2. Гражданство ______________________
3. Дата рождения ______________________
4. Место рождения ______________________
5. Номер паспорта ______________________
   Дата и место выдачи ______________________
6. Срок проживания в гостинице ______________________

Дата заполнения ______________________

Подпись ______________________

Россия, 451773 С.-ПЕТЕРБУРГ, ул. Ломоносова, 14, ст. метро «Гостиный двор»,
тел.: (812) 37 21 48, факс: (812) 37 21 44.

5 Sie haben in Moskau im Hotel «Росси́я» ein Zimmer vorbestellt. Erkundigen Sie sich an der Rezeption danach.

B

▶ AB 7

1 В буфе́те

– До́брый день. Что у вас есть на за́втрак?
– Пожа́луйста, есть соси́ски, я́ичница, варёные я́йца, бутербро́ды с колбасо́й, сы́ром, ветчино́й, тво́рог, смета́на, кефи́р.
– А ко́фе есть?
– Да, коне́чно.
– Тогда́, пожа́луйста, я́ичницу с ветчино́й, кефи́р и ко́фе. И да́йте ещё два куска́ чёрного хле́ба, пожа́луйста.
– Пожа́луйста, с вас 112 500 рубле́й.
– Спаси́бо.

2 Что берёт господи́н Хохштрассер на за́втрак?

3 Прейскура́нт буфе́та гости́ницы «Европе́йская».

Прейскурант

Холодные блюда и напитки

Бутерброд с колбасой		2.10 руб.
Бутерброд с сыром		1.90 руб.
Бутерброд с ветчиной		3.60 руб.
Сметана	100 гр.	2.00 руб.
Творог со сметаной	200 гр.	4.20 руб.
Кефир	1 ст.	1.50 руб.
Вода минеральная	1 бут.	4.10 руб.
Сок яблочный	200 гр.	3.30 руб.
Хлеб чёрный	1 кус.	0.20 руб.
Хлеб белый	1 кус.	0.40 руб.

Горячие блюда и напитки

Сосиски молочные	1 шт.	0.40 руб.
Яичница с ветчиной		6.40 руб.
Яйца варёные	1 шт.	2.20 руб.
Кофе чёрный	50 гр.	3.10 руб.
Кофе с молоком	50 гр.	4.20 руб.
Чай с лимоном	150 гр.	2.60 руб.

▶ AB 8–10

4 Wählen Sie Ihr Frühstück und bezahlen Sie.

5 Sie möchten im Büfett des Hotels «Европе́йская» zu Abend essen. Wofür entscheiden Sie sich?

6 Вы хоти́те поза́втракать в но́мере и звони́те в рестo'ран. Bestellen Sie das Frühstück.

– Алло́, это рестора́н?
– Да, слу́шаю вас.
– Я хоте́л бы заказа́ть за́втрак в но́мер.
– …

Г

1 Вот какое письмо́ написа́л господи́н Хохштрассер свои́м друзья́м в Москву́.

С.-Петербург, 18.5.

Дорогие друзья!

Сегодня утром приехал в Петербург и сразу же поехал в гостиницу „Европейская". Но номер, который был для меня забронирован, мне не понравился: окно выходило на улицу и было очень шумно. Но сейчас всё нормально: были ещё свободные номера и я получил другой. Теперь я очень доволен. Гостиница, кажется, очень хорошая, прекрасный буфет, где я сразу же позавтракал.

Вот пока и все мои новости.

Ваш
Эрвин

▶ AB 11

Так говорят русские

■ Sie haben ein Zimmer vorbestellt:	Для меня́ заброни́рован но́мер. На моё и́мя заброни́рован но́мер.
■ Sie fragen nach dem Preis:	Ско́лько с меня́?
■ Sie erfahren den Preis:	С вас 200 рубле́й.
■ Sie verzichten auf das Wechselgeld:	Сда́чи не на́до.
■ Sie fragen, ob ein Taxi frei ist:	Такси́ свобо́дно?
■ Sie sagen, dass es um etwas anderes geht:	Не в э́том де́ло.
■ Sie fragen, ob Sie etwas richtig verstanden haben:	Я пра́вильно вас по́нял/поняла́?
■ Sie erkundigen sich, ob etwas möglich ist:	Е́сли мо́жно.

1 Grundzahlwörter: Gen.

Die Grundzahlwörter werden im Russischen dekliniert. Der häufigste Fall (Kasus) neben dem Nominativ ist der Genitiv:

Nom.	оди́н / одно́	одна́	два	три	четы́ре
Gen.	одн**ого́**	одн**о́й**	дв**ух**	тр**ёх**	четыр**ёх**

Alle Grundzahlwörter auf **-ь** bilden den Genitiv auf **-и.**

пять	→	пят**и́**	де́сять	→	десят**и́**
шесть	→	шест**и́**	оди́ннадцать	→	оди́ннадцат**и**
семь	→	сем**и́**	двена́дцать	→	двена́дцат**и**
во́**се**мь	→	во**сьм**и́	трина́дцать	→	трина́дцат**и**
де́вять	→	девят**и́**	два́дцать	→	двадцат**и́**

Die Präpositionen **с** (von) und **до** (bis) verlangen den Genitiv, auch vom Grundzahlwort. Das dazugehörige Substantiv steht immer im Genitiv Plural:

Магази́н рабо́тает **с** семи́ **до** двадцати́ часо́в.

Ausnahme: с ча́су (von ein Uhr), до ча́су (bis ein Uhr)

Кио́ск рабо́тает **с ча́су** до восьми́ часо́в.	Der Kiosk ist von ein Uhr bis acht Uhr geöffnet.
Кио́ск рабо́тает **до ча́су.**	Der Kiosk ist bis ein Uhr geöffnet.

2 Reflexives Verb: Präteritum

Reflexive Verben erkennen Sie an der Endung **-ся** bzw. **-сь**. Steht vor der Endung ein Konsonant, lautet die Endung **-ся**. Steht davor ein Vokal, wird **-ся** zu **-сь** reduziert.

находи́ться				
находи-**л**	+	**ся**	→	он находи́лся
находи-**ла**	+	**сь**	→	она́ находи́лась
находи-**ло**	+	**сь**	→	оно́ находи́лось
находи-**ли**	+	**сь**	→	они́ находи́лись

Его́ но́мер находи́лся на тре́тьем этаже́, а мой – на пя́том.
Вчера́ она́ о́чень ра́но верну́лась домо́й.
Мы встре́тились в во́семь часо́в.

3 Verbalaspekt: Präteritum

Wie im Futur (siehe Seite 83/84) spielen auch im Präteritum die Verbalaspekte eine zentrale Rolle.

Сего́дня у́тром он **прие́хал** в Петербу́рг и сра́зу же **пое́хал** в гости́ницу «Европе́йская».	Vollendeter Aspekt, weil in beiden Fällen das Resultat im Mittelpunkt steht. Es handelt sich um aufeinanderfolgende Handlungen: Zuerst musste er in Petersburg angekommen sein, danach konnte er erst ins Hotel fahren. Alle Handlungen, auch die letzte, müssen im vollendeten Aspekt stehen.
Но́мер ему́ не **понра́вился**.	Vollendeter Aspekt, weil das Resultat, die Unzufriedenheit mit dem Zimmer, im Mittelpunkt steht.
Но́мер ему́ не понра́вился: окно́ **выходи́ло** на у́лицу и бы́ло о́чень шу́мно.	Unvollendeter Aspekt, weil der Zustand im Mittelpunkt steht: Dieses Zimmer geht (immer) zur Straße hinaus.
Но сейча́с всё норма́льно: бы́ли ещё свобо́дные номера́, и он **получи́л** друго́й.	Vollendeter Aspekt, weil das Resultat im Mittelpunkt steht: Er hat inzwischen das andere Zimmer erhalten.

4 Imperativ: Bildung

Sie wissen bereits, dass der Imperativ verschiedene Endungen haben kann (siehe Seite 76). Zur Bildung des Imperativs gehen Sie von der 3. Person Pl. des Verbs aus und streichen die Endung. Diese Form endet nun entweder auf einen Vokal oder auf einen Konsonanten.

1. Nach einem Vokal lautet die Imperativendung **-й:**

Infinitiv	*3. Pers. Pl.*	*Imperativ Sg./Pl.*
чита́ть	чита́-ют	чита́**й**!/чита́**йте**!
зака́зывать	зака́зыва-ют	зака́зыва**й**!/зака́зыва**йте**!
осма́тривать	осма́трива-ют	осма́трива**й**!/осма́трива**йте**!
занима́ться	занима́-ются	занима́**й**ся!/занима́**йте**сь!

2. Nach einem Konsonaten lautet die Imperativendung **-и,** wenn die 1. Person Sg. endbetont ist.

Infinitiv	*3. Pers. Pl.*	*1. Pers. Sg.*	*Imperativ Sg./Pl.*
смотре́ть	смо́тр-ят	смотрю́	смотр**и́**!/смотр**и́те**!
говори́ть	говор-я́т	говорю́	говор**и́**!/говор**и́те**!
ждать	жд-ут	жду́	жд**и**!/жд**и́те**!
писа́ть	пи́ш-ут	пишу́	пиш**и́**!/пиш**и́те**!

3. Nach einem Konsonanten lautet die Imperativendung **-ь,** wenn die 1. Pers. Sg. nicht endbetont ist.

Infinitiv	*3. Pers. Pl.*	*1. Pers. Sg.*	*Imperativ Sg./Pl.*
гото́вить	гото́в-ят	гото́влю	гото́в**ь**!/гото́в**ьте**!
знако́миться	знако́м-ятся	знако́млюсь	знако́м**ься**!/знако́м**ьте**сь!

Ausnahme: е́хать/пое́хать → поезжа́**й**!/поезжа́**йте**!

1 Sie sind in Moskau angekommen, werden aber nicht abgeholt. Erkundigen Sie sich, wo der Taxistand ist. Nehmen Sie ein Taxi und fahren Sie in Ihr Hotel.

2 Sie haben ein Hotelzimmer vorbestellt. Nun kommen Sie ins Hotel und wollen Ihr Zimmer beziehen. Sie haben Sorge, dass es kein ruhiges Zimmer ist.

3 Man hat für Sie im Hotel ein Zimmer bestellt. Das reservierte Zimmer gefällt Ihnen aber nicht. Bitten Sie um ein anderes.

4 Sie wollen schnell im Büfett frühstücken. Bestellen Sie anhand der Speisekarte (siehe Seite 103).

5 Erkundigen Sie sich, ob und wo es im Hotel eine Post gibt und ob die Möglichkeit besteht, im Hotel Geld zu wechseln. Fragen Sie nach den Öffnungszeiten.

6 Когда́ господи́н Хохштрассер выхо́дит из ваго́на в Санкт-Петербу́рге, он слы́шит объявле́ния. Како́е из них его́ интересу́ет?

7 Schreiben Sie Ihren russischen Freunden vom Hotel aus eine Ansichtskarte und berichten Sie über Ihre Unterbringung.

▶ AB 12/13

Вы это уже знаете?

Im Hotel kann man außer im рестора́н auch im буфе́т essen. Im буфе́т ist Selbstbedienung, die Auswahl an Speisen und Getränken ist kleiner als im рестора́н. Gewöhnlich werden dort keine alkoholischen Getränke angeboten. Буфе́ты gibt es nicht nur in Hotels, sondern auch in den meisten Betrieben, Firmen, Universitäten, auf Bahnhöfen, Flughäfen usw.

Für eilige Gäste gibt es mit Selbstbedienung die столо́вая, die заку́сочная, die пельме́нная oder die бли́нная. Eine столо́вая ist ein einfaches Selbstbedienungsrestaurant mit kleinem Speisenangebot. In der заку́сочная, пельме́нная oder бли́нная werden in der Regel zwei bis drei Speisen angeboten, die man oft im Stehen isst.

Eine кафете́рий ist eine Caféteria, d.h. ein Selbstbedienungscafé, in dem man – meist stehend – eine Kleinigkeit zum Kaffee essen kann. Ein russisches кафе́ ist kein Café im Sinne eines Wiener Kaffeehauses, sondern ein einfaches Speiserestaurant.

12 В Се́верной Вене́ции

A

▶ AB 1

1 По́сле за́втрака в гости́нице господи́н Хохштрассер звони́т на фи́рму «Се́вер».

– До́брый день! Мо́жно попроси́ть господи́на Доброво́льского?
– А кто его́ спра́шивает?
– Моя́ фами́лия Хохштрассер, из фи́рмы «Металл А.Г.».
– Одну́ мину́ту, господи́н Хохштрассер.

* * *

– Здра́вствуйте, господи́н Хохштрассер. Доброво́льский говори́т.
– Здра́вствуйте, господи́н Доброво́льский. Вы получи́ли мой факс?
– Да, коне́чно, господи́н Хохштрассер. Мы ра́ды бу́дем сотру́дничать с ва́ми. Когда́ мы смо́жем встре́титься?
– Мо́жно сего́дня.
– Хорошо́. Я вас приглаша́ю на у́жин. Мой колле́га зае́дет за ва́ми в гости́ницу в 17 часо́в. Э́то вам удо́бно?
– Вполне́. Я в гости́нице «Европе́йская».
– Хорошо́. А в како́м но́мере?
– В 407-м.
– Хорошо́. До ве́чера, господи́н Хохштрассер.
– Всего́ до́брого, господи́н Доброво́льский.

2 Welche Aussagen entsprechen dem Telefonat?

1. Господи́н Доброво́льский звони́т господи́ну Хохштрассеру.
2. Господи́н Доброво́льский не получи́л факс от господи́на Хохштрассера.
3. Господи́н Хохштрассер предлага́ет встре́титься за́втра ве́чером.
4. Господи́н Хохштрассер живёт в гости́нице «Европе́йская» в 704 но́мере.
5. Господи́н Доброво́льский зае́дет за господи́ном Хохштрассером в 16 часо́в.

▶ AB 2–5

3 Rufen Sie Ihre russische Bekannte an. Sie haben Kinokarten für heute Abend und könnten sie mit dem Auto abholen.

4 Sie rufen in Ihrer russischen Partnerfirma an und bitten, mit Frau Соколо́ва verbunden zu werden.

5 Sie teilen Frau Соколо́ва mit, dass Sie ihr Fax erhalten haben und an einer Zusammenarbeit sehr interessiert sind. Erkundigen Sie sich, wann Sie sich mit ihr treffen könnten.

6 Как вы ду́маете, кто звони́т в гости́ницу?

– Гости́ница «Европе́йская».
– До́брый день. Мо́жно попроси́ть господи́на Хохштрассера?
– Одну́ мину́ту. (…) Его́, к сожале́нию, сейча́с нет. Ему́ что́-нибудь переда́ть?
– Да, пожа́луйста. Переда́йте ему́, что Ерёмин Па́вел Петро́вич зае́дет за ним не в 17 часо́в, а то́лько в 18 часо́в.
– Хорошо́. Ерёмин Па́вел Петро́вич зае́дет за господи́ном Хохштрассером не в 17, а в 18 часо́в.
– Спаси́бо, до свида́ния.
– Пожа́луйста.

▶ AB 6/7

Б

▶ AB 8

1 Господи́н Доброво́льский и господи́н Хохштрассер вхо́дят в рестора́н.

– Прошу́ вас, господи́н Хохштрассер.
– Куда́ мы ся́дем?
– Вот там, у окна́.
– Извини́те, э́тот стол за́нят. Прошу́ вас сюда́. Здесь вам нра́вится?
– Пожа́луй, ничего́.
– До́брый ве́чер. Что бу́дете зака́зывать?
– Я ду́маю, на пе́рвое, сала́т.
– Так, два сала́та. Горя́чее?
– Господи́н Хохштрассер, что вы предпочита́ете, ры́бу или мя́со?
– Я бо́льше люблю́ мя́со.
– Тогда́ котле́ты по-ки́евски. И что вы посове́туете на десе́рт?
– Возьми́те моро́женое-ассорти́.
– Хорошо́, две по́рции, пожа́луйста, и два ко́фе.
– Вино́ бу́дете зака́зывать?
– Да, пожа́луйста, буты́лку «Мукуза́ни». Ну, господи́н Хохштрассер, как вам нра́вится петербу́ргская пого́да?
– Открове́нно говоря́, я роди́лся о́сенью и люблю́ о́сень, да́же когда́ идёт дождь.
– А я бо́льше люблю́ зи́му: снег, лы́жи, коньки́ …
– О, нет, нет, это не для меня́ … Но, как у вас говоря́т: На вкус, на цвет това́рища нет.

* * *

– Де́вушка, счёт, пожа́луйста.
– Пожа́луйста, с вас 425 рубле́й.
– Пожа́луйста, сда́чи не на́до.

2 Welche Aussagen entsprechen dem Gespräch?

1. Господи́н Хохштрассер и господи́н Доброво́льский сидя́т у окна́.
2. Они́ беру́т сала́т, котле́ты по-ки́евски, моро́женое, ко́фе и буты́лку вина́.
3. Господи́ну Хохштрассеру нра́вится петербу́ргская пого́да, потому́ что он сам роди́лся о́сенью.
4. Господи́ну Доброво́льскому бо́льше нра́вится зима́.
5. За у́жин они́ пла́тят 450 рубле́й.

▶ AB 9/10

3 Что вы зака́жете на у́жин? Wählen Sie aus der Speisekarte.

МЕНЮ  MENU

Первые блюда

Салат «Деликатесный рыбный»	5.00
Салат «Паллада»	5.00
Салат «Овощной букет»	3.00
Икра зернистая	16.00
Крабы натуральные	8.00
Язык отварной	4.00
Ассорти рыбное	10.00
Борщ московский	4.00
Суп-лапша с курицей	3.00
Бульон с пельменями	2.50
Кокот из шампиньонов	3.00
Хачапури	5.00
Лаваш	0.30
Талма по-кавказски	3.00

Горячие блюда

Осетрина на вертеле	31.00
Шашлык из вырезки	16.00
Бифштекс натуральный из вырезки	27.00
Эскалоп из свинины	33.00
Антрекот	38.00
Цыпленок табака	14.00
Стейк по-калифорнийски	42.00
Цыпленок по-моравски	18.00

Десерт

Пирожное (в ассортименте)	11.00
Мороженое	6.00
Чай с лимоном	3.50
Кофе по-турецки	4.50
Фрукты	2.80

Зав. производством Туркия Р.М.

B

1 Herr Hochstrasser hatte beschlossen, seine Sprachkenntnisse zu vervollständigen und während seines Russlandaufenthalts nur Russisch zu sprechen, zu lesen und zu schreiben, sogar in seinem Tagebuch (дневни́к). Вот что он записа́л в пе́рвый день своего́ пребыва́ния в Петербу́рге.

понедельник, 28 марта

В 8 часов приехал в Санкт-Петербург. В поезде хорошо отдохнул. С вокзала сразу на такси поехал в гостиницу. Номер, который был забронирован, не понравился. Получил другой. Позавтракал в буфете по-русски: яичница с ветчиной, кефир, кофе, черный хлеб. Заплатил 11 рублей.

После завтрака позвонил на фирму-партнер и поговорил с господином Добровольским. Он получил мой факс. Мы договорились лично познакомиться сегодня вечером. Он пригласил меня на ужин в ресторан „Нева". (Уличное движение было очень большое). Мы прекрасно провели вечер. Добровольский, мне кажется, очень симпатичный человек, хорошо знает свое дело.

Будет интересно с ним сотрудничать.

► AB 11/12

Так говорят русские

Sie äußern einen Wunsch:	Я хоте́л / хоте́ла бы пригласи́ть / заказа́ть … Я хочу́ пригласи́ть / заказа́ть …
Sie machen einen Vorschlag:	Дава́й / Дава́йте пойдём в / на …! Возьми́те (котле́ты по-ки́евски)!
Sie äußern eine Vermutung:	А это, наве́рное, (университе́т)? Каже́тся, начина́ется (дождь)!
Sie drücken ein Gefühl aus:	Открове́нно говоря́, … С удово́льствием.
Sie bevorzugen ein bestimmtes Gericht:	Я бо́льше люблю́ суп. Я предпочита́ю ры́бу.
Sie bitten um die Rechnung:	Де́вушка / Молодо́й челове́к, счёт, пожа́луйста!
Sie fragen nach dem Preis:	Ско́лько с меня́?
Sie verzichten auf das Wechselgeld:	Сда́чи не на́до.
Sie erkundigen sich nach dem Namen eines Anrufers:	Кто его́ спра́шивает?
Sie fragen, ob Sie etwas ausrichten sollen:	(Ему́/Ей) что́-нибудь переда́ть?
Sie holen Ihre Bekannten um 19 Uhr ab:	Я зае́ду за ва́ми в 19 часо́в.

1 Verbalaspekt: Präteritum

Stellen Sie sich vor, Sie sollen zwei Zeichnungen anfertigen. Das erste Thema lautet: »Die Jäger jagten Hasen.« Das zweite: »Die Jäger erlegten die Hasen.« Die erste Zeichnung wird die Jäger darstellen, wie sie mit der Jagd beschäftigt sind. In der zweiten Zeichnung wird die Aufmerksamkeit auf die erlegten Hasen, also auf dem Ergebnis der Jagd, liegen. Damit ist die zentrale Funktion des russischen Verbalaspekts beschrieben.

unvollendeter Aspekt

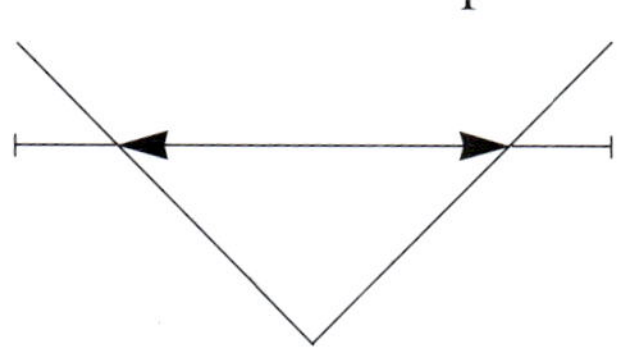

1. Die Handlung wird als Prozess, in ihrem Verlauf gesehen.
2. Es handelt sich um eine wiederholte Handlung.

vollendeter Aspekt

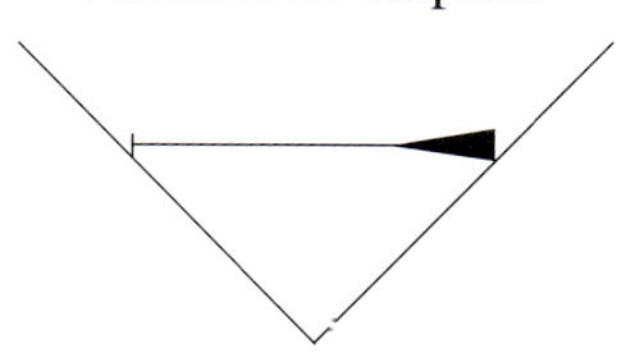

3. Die Handlung wird als Gesamtheit gesehen, wobei das Ergebnis im Mittelpunkt steht.

Da es im Russischen nur drei Zeitformen (Präsens, Präteritum, Futur) gibt, werden Zeitverhältnisse wie Gleichzeitigkeit (*Während er las, lief das Radio.*) und Vorzeitigkeit (*Nachdem er die Zeitung gelesen hatte, schaltete er das Radio ein.*) mit Hilfe der Verbalaspekte zum Ausdruck gebracht.

Vergleichen Sie die Sätze und beachten Sie die unterschiedlichen Bedeutungen der Konjunktion »когда́«.

1. **Когда́** он **е́хал** в Санкт-Петербу́рг, он **разгова́ривал** с пассажи́ром. (Когда́ … unvoll. Verb … unvoll. Verb.)	Zwei parallel verlaufende Handlungen: Gleichzeitigkeit.
2. **Когда́** он **прие́хал** в Санкт-Петербу́рг, он сра́зу же **пое́хал** в гости́ницу. (Когда́ … voll. Verb … voll. Verb.)	Zwei aufeinanderfolgende Handlungen (Handlungskette): Vorzeitigkeit.
3. **Когда́** он **е́хал** в Санкт-Петербу́рг, он **познако́мился** с интере́сным.пассажи́ром. (Когда́ … unvoll. Verb … voll. Verb.)	In den Verlauf einer Handlung ist eine zweite Handlung eingeschlossen.

Zum Ausdruck der Gleichzeitigkeit zweier oder mehrerer Handlungen wird когда́ mit *während, als* wiedergegeben, zum Ausdruck der Vorzeitigkeit aber mit *nachdem (als)* übersetzt.

2 Bildung der Verbalaspekte

Ausgehend von den Verben des unvollendeten Aspekts werden die vollendeten Aspekte meist durch Präfigierung (проси́ть/попроси́ть) oder Suffigierung (получа́ть/получи́ть, осма́тривать/осмотре́ть) gebildet. Nur selten gibt es zwei verschiedene Verben.

Eindeutige Regeln, wie der vollendete Aspekt vom unvollendeten Aspekt gebildet wird, gibt es nicht. Sie müssen beide Aspektformen lernen.

3 Reflexives Possessivpronomen: «свой, своя, своё; свои́»

Das reflexive Possessivpronomen свой, своя́, своё; свои́ wird wie мой und твой dekliniert und mit dem folgenden Wort übereingestimmt.

Свой, своя́, своё; свои́ wird verwendet, wenn das Subjekt des Satzes auch der »Besitzer« ist. Ist das Subjekt nicht der »Besitzer« steht его́, её; их.

Die Aussage »Irina spricht mit ihrem Bruder.« ist im Deutschen nicht eindeutig:

Ири́на говори́т со свои́м бра́том.	Irina spricht mit ihrem (eigenen) Bruder.
Ири́на говори́т с её бра́том.	Irina spricht mit ihrem (= deren) Bruder, d. h. mit dem Bruder einer anderen Frau.

4 Personalpronomina

Nom.	я	ты	он / оно́	она́	мы	вы	они́
Gen.	меня́	тебя́	его́*	её*	нас	вас	их*
Dat.	мне	тебе́	ему́*	ей*	нам	вам	им*
Akk.	меня́	тебя́	его́*	её*	нас	вас	их*
Instr.	мной	тобо́й	им*	ей*	на́ми	ва́ми	и́ми*
Präp.	мне	тебе́	нём	ней	нас	вас	них

* Steht vor einem Personalpronomen der 3. Person eine Präposition, so erfolgt ein **н**-Vorschlag: у **н**его́, к **н**ей, с **н**и́ми, … Vor zwei oder mehr Konsonanten werden die Präpositionen, die auf einen Konsonanten enden, erweitert: со мно́й, обо мне́

5 Familiennamen: Deklination

Russische Familiennamen, die auf eine Adjektivendung auslauten (Доброво́льский, Доброво́льская), werden auch wie ein Adjektiv dekliniert.

Die Deklination der Familiennamen auf **-ин / -ина**, **-ов / -ова**, **-ев / -ева**, **-ёв/-ёва** lautet:

	maskulin	*feminin*	*Plural*
Nom.	Ермако́в	Ермако́в**а**	Ермако́в**ы**
Gen.	Ермако́в**а**	Ермако́в**ой**	Ермако́в**ых**
Dat.	Ермако́в**у**	Ермако́в**ой**	Ермако́в**ым**
Akk.	Ермако́в**а**	Ермако́в**у**	Ермако́в**ых**
Instr.	Ермако́в**ым**	Ермако́в**ой**	Ермако́в**ыми**
Präp.	Ермако́в**е**	Ермако́в**ой**	Ермако́в**ых**

Мы ви́дели	господи́на Доброво́льского. господи́на Ермако́ва. Ермако́вых.	госпожу́ Доброво́льскую. госпожу́ Ермако́ву. Доброво́льских.
Я говори́ла	с господи́ном Доброво́льским. с господи́ном Ермако́вым. с Ермако́выми.	с госпожо́й Доброво́льской. с госпожо́й Ермако́вой. с Доброво́льскими.

1 Dieses Lied hören Herr Hochstrasser und Herr Доброво́льский im Restaurant. Wenn es Ihnen gefällt, singen Sie mit.

Ещё не ве́чер

Му́зыка: Р. Па́улса
Стихи́: И. Ре́зника

Ещё не ве́чер,
Ещё не ве́чер,
Ещё светла́ доро́га и я́сны глаза́.
Ещё не ве́чер,
Ещё не ве́чер,
Ещё иду́ я ря́дом с тобо́ю безогля́дно.
Пусть говоря́т, что приближа́ется гроза́,
Пусть говоря́т, что лгут и се́рдце и глаза́,
То́лько не бу́ду ве́рить я таки́м слова́м,
Никому́ тебя́ я не отда́м.

Ещё не ве́чер,
Ещё не ве́чер,
Ещё в запа́се вре́мя есть у нас с тобо́й.
Ещё не ве́чер,
Ещё не ве́чер,
Ещё откры́ты две́ри наде́жде и дове́рью.
Пусть говоря́т, что стал с года́ми тру́ден путь,
Пусть говоря́т, было́го сча́стья не верну́ть,
То́лько не бу́ду ве́рить я таки́м слова́м,
Никому́ тебя́ я не отда́м.

Ещё не ве́чер,
Ещё не ве́чер,
Оши́бок про́шлых мы уже́ не повтори́м.
Ещё не ве́чер,
Ещё не ве́чер,
Продли́тся день счастли́вый для нас с тобо́й, люби́мый,
Пусть говоря́т, ничто́ не ве́чно под луно́й,
Пусть говоря́т, что мы расста́немся с тобо́й,
То́лько я в плен не сда́мся бу́дущим года́м,
Никому́ тебя́ я не отда́м.

2 Вы прие́хали в гости́ницу и звони́те в фи́рму-партнёр, что́бы договори́ться о встре́че (um ein Treffen zu vereinbaren).

3 Sie haben die Leiterin Ihrer Partnerfirma in ein Restaurant eingeladen. Wählen Sie gemeinsam die Speisen aus (siehe Seite 111) und bestellen Sie.

4 Herr Hochstrasser beschreibt seine ersten Eindrücke von St. Petersburg in einem Brief an seine Moskauer Freunde.

5 Nach einer Russlandreise bereiten Sie Ihren Bericht vor. Da die russischen Kollegen eine Kopie erhalten sollen, schreiben Sie ihn auf Russisch.

Вы это уже знаете?

Nach der Oktoberrevolution 1917 wurden in Russland viele geographische Bezeichnungen geändert. Nach der перестро́йка (1986–1991), die mit dem Namen des ersten und gleichzeitig letzten Präsidenten der Sowjetunion, Михаи́л Серге́евич Горбачёв, untrennbar verbunden bleiben wird, gab es eine neue Welle der Umbenennung von sowjetischen Bezeichnungen in die alten, »vorrevolutionären«:

Ленингра́д	→	Санкт-Петербу́рг
Го́рький	→	Ни́жний Но́вгород
Кали́нин	→	Тверь
Заго́рск	→	Се́ргиев Поса́д
пло́щадь Дзержи́нского	→	Лубя́нка
проспе́кт Кали́нина	→	Но́вый Арба́т
ст. Го́рьковская	→	ст. Тверска́я
ст. Проспе́кт Ма́ркса	→	ст. Охо́тный ряд

13 Город Белых ночей

А

1 Господи́н Хохштрассер хо́чет обменя́ть де́ньги в обме́нном пу́нкте в гости́нице.

– До́брый день! Я хоте́л бы обменя́ть неме́цкие ма́рки.
– До́брый день! Пожа́луйста. Ско́лько вы хоти́те обменя́ть?
– Две́сти ма́рок.
– Пожа́луйста.
– Ско́лько сего́дня сто́ят неме́цкие ма́рки?
– 2 850 рубле́й. Вот, пожа́луйста, пятьдеся́т, сто, сто пятьдеся́т, две́сти, две́сти пятьдеся́т ты́сяч, две́сти шестьдеся́т, две́сти се́мьдесят, две́сти во́семьдесят ты́сяч и ещё пять ты́сяч: две́сти во́семьдесят пять ты́сяч рубле́й. Так вас устро́ит?
– Да, спаси́бо. Скажи́те, пожа́луйста, как вы рабо́таете?
– Ежедне́вно с восьми́ до шести́ часо́в ве́чера.
– Ежедне́вно до шести́ часо́в?
– Да, и в воскре́сенье то́же. Пожа́луйста, ва́ша квита́нция.
– Прости́те, ещё оди́н вопро́с. Здесь есть по́чта?
– Да, на второ́м этаже́.
– Большо́е спаси́бо. До свида́ния.
– Всего́ до́брого!

2 Вы, коне́чно, по́няли разгово́р.

1. Ско́лько ма́рок хо́чет обменя́ть господи́н Хохштрассер?
2. Ско́лько сто́ит сего́дня неме́цкая ма́рка?
3. Как рабо́тает обме́нный пункт?
4. В гости́нице есть по́чта?
5. В гости́нице есть апте́ка?

3 В обме́нном пу́нкте виси́т курс обме́на валю́ты. Ско́лько сто́ит валю́та ва́шей страны́ в э́тот день?

▶ АВ 1 / 2

№ 39 СЕНТЯБРЬ 1999 9

ОФИЦИАЛЬНЫЙ ОБМЕННЫЙ КУРС РУБЛЯ К ВАЛЮТАМ СТРАН — ВЕДУЩИХ ВНЕШНЕЭКОНОМИЧЕСКИХ ПАРТНЕРОВ РОССИЙСКОЙ ФЕДЕРАЦИИ*

	Валюта	18—20.09	21.09	22.09	23.09	24.09
1	австралийский доллар	16.5100	16.3500	16.3600	16.4500	16.4100
10	австрийских шиллингов	19.1400	19.2500	19.1300	19.3100	19.1900
1	англ. фунт стерлингов	41.0900	41.2300	41.0900	41.3000	41.2400
1000000	белорусских рублей	79.0600	79.0500	78.7900	78.8200	78.6600
100	бельгийских франков	65.3000	65.6500	65.2500	65.8800	65.4600
1000	греческих драхм	80.7500	81.4900	80.8200	81.3500	81.1000
10	датских крон	35.4500	35.6400	35.4100	35.7700	35.5500
1	доллар США	25.4100	25.4000	25.3400	25.3100	25.2900
1	евро	26.3400	26.4800	26.3200	26.5800	26.4100
1	ирландский фунт	33.4500	33.6300	33.4200	33.7400	33.5300
100	исландских крон	34.6800	34.8400	34.7700	35.0700	34.8900
100	испанских песет	15.8300	15.9200	15.8200	15.9700	15.8700
1000	итальянских лир	13.6000	13.6800	13.5900	13.7300	13.6400
100	казахских тенге	18.6700	18.6500	18.5500	18.5000	18.3800
1	канадский доллар	17.2500	17.2400	17.1800	17.1800	17.1900
1	немецкая марка	13.4700	13.5400	13.4600	13.5900	13.5000
1	нидерландский гульден	11.9500	12.0200	11.9400	12.0600	11.9800
10	норвежских крон	32.0000	32.2300	32.1500	32.3700	32.1700
100	португальских эскудо	13.1400	13.2100	13.1300	13.2600	13.1700
1	сдр	35.0300	34.8700	34.7300	34.9200	35.0000
1	сингапурский доллар	15.0100	14.9800	14.9200	14.8200	14.7700
1000000	турецких лир	55.4400	55.3400	55.0700	55.1800	54.9500
10	украинских гривен	56.7300	56.8100	57.2000	56.9000	56.4300
10	финляндских марок	44.3100	44.5400	44.2700	44.7000	44.4100
10	французских франков	40.1600	40.3700	40.1300	40.5100	40.2600
10	шведских крон	30.5200	30.7500	30.6700	30.8500	30.6400
1	швейцарский франк	16.4500	16.5000	16.3900	16.5900	16.4700
100	японских иен	23.8600	23.5600	23.7800	24.1800	24.3500

** Курсы установлены без обязательств Банка России покупать или продавать указанные валюты по данному курсу.*

РИА «РосБизнесКонсалтинг»

Подготовила Т. Чеканова

Б

1 Господи́н Хохштрассер на по́чте хо́чет отпра́вить телегра́мму.

– До́брый день, где мо́жно взять бланк для телегра́ммы?
– Посмотри́те на столе́.
– Спаси́бо. … Вот, пожа́луйста, телегра́мма в Москву́.
– С вас 85 рубле́й.
– Пожа́луйста. А когда́ телегра́мма бу́дет в Москве́?
– Че́рез час. Получи́те сда́чу.
– Спаси́бо, до свида́ния.

2 Отве́тьте на вопро́сы.

1. Куда́ господи́н Хохштрассер отправля́ет телегра́мму?
2. Когда́ телегра́мма бу́дет в Москве́?
3. Ско́лько сто́ит телегра́мма?

▶ AB 3/4

3 Э́ту телегра́мму господи́н Хохштрассер отправля́ет в Москву́.

МИНИСТЕРСТВО СВЯЗИ РФ

ТЕЛЕГРАММА

№______

______сл.______го______ч.______м.

ПЕРЕДАЧА

______го______ч.______м.

Номер рабочего места

Автоответ пункт приема

Передал______

Служебные отметки

Категория и отметки особого вида

Куда, кому **117437 МОСКВА ПРОФСОЮЗНАЯ 9 ФИРМА МОСТОРГ**

БУДУ МОСКВЕ ЧЕТЫРНАДЦАТОГО ПОЕЗД ВТОРОЙ
ВАГОН ПЯТЫЙ ВСТРЕЧАЙТЕ

ХОХШТРАССЕР

Фамилия и адрес отправителя (не оплачивается и по связям не передается)

Претензии принимаются в течении 1-месяца со дня подачи

4 Was fällt Ihnen an der sprachlichen Ausführung des Telegramms auf?

5 Sie wollen Ihren Bekannten telegrafisch das Datum Ihrer Ankunft in St. Petersburg mitteilen. Gehen Sie zur Post und geben Sie das Telegramm auf. Schreiben Sie den Text vorher auf.

B

1 Господи́н Хохштрассер хо́чет пое́хать на авто́бусную экску́рсию по Санкт-Петербу́ргу. Он гото́вится к э́той экску́рсии и чита́ет в кра́тком проспе́кте о Санкт-Петербу́рге.

Санкт-Петербург основал царь Петр I в начале 18 века в дельте реки Невы. И скоро Санкт-Петербург стал столицей страны.

Санкт-Петербург нередко называют «Северной Венецией», так как он расположен на 101 острове. Самый большой из них – «Васильевский». В Санкт-Петербурге очень много рек, каналов и мостов.

Самый большой музей города и один из самых богатых музеев мира – Эрмитаж. Он находится в Зимнем дворце (архитектор В. Растрелли, 18 век). В нем увидите прекрасные образцы искусства всех стран и эпох.

В Русском музее вы найдете образцы русского искусства всех эпох. Перед зданием Русского музея находится памятник А.С. Пушкину.

Петропавловская крепость – начало Санкт-Петербурга.

Исаакиевский собор – образец архитектуры начала 19 века.

Невский проспект – главная улица Санкт-Петербурга. На нем расположен Казанский собор, памятник архитектуры 19 века. На нем найдете самый большой универмаг города – Гостиный двор – и много прекрасных дворцов.

2 По́сле обе́да господи́н Хохштрассер е́дет на авто́бусную экску́рсию по Санкт-Петербу́ргу. Вот что расска́зывает экскурсово́д.

3 Господи́н Хохштрассер пра́вильно по́нял экскурсово́да?

1. Са́мый большо́й о́стров – «Васи́льевский».
2. В Зи́мнем дворце́ нахо́дится Ру́сский музе́й.
3. Санкт-Петербу́рг – го́род «Бе́лых ноче́й».
4. Гла́вная у́лица го́рода называ́ется Не́вский проспе́кт.

▶ AB 5/6

4 Sie zeigen Ihrer russischen Kollegin Ihre Heimatstadt. Sie macht sich während der Stadtrundfahrt Notizen.

Г

1 Господи́н Хохштрассер звони́т администра́тору гости́ницы.

– Алло́, администра́тор?
– Да, слу́шаю вас.
– Пожа́луйста, разбуди́те меня́ за́втра в семь часо́в.
– В како́м но́мере вы живёте?
– В 407.
– Хорошо́, за́втра в семь часо́в утра́, но́мер 407.

2 Вы всё по́няли?

1. Когда́ господи́н Хохштрассер про́сит разбуди́ть его́ у́тром?
2. В како́м но́мере он живёт?

▶ AB 7

3 Попроси́те администра́тора разбуди́ть вас у́тром в шесть часо́в (7 ч., 7.30 ч.).

Д

▶ АВ 8

1 Ве́чером господи́ну Хохштрассеру звони́т его колле́га из моско́вского о́фиса.

– Да, слу́шаю.
– Приве́т, Эрвин, э́то Серге́й.
– Вот так сюрпри́з!
– Эрвин, ты хорошо́ устро́ился в гости́нице? Всё норма́льно?
– Да, всё прекра́сно.
– И что ты де́лал сего́дня, уже́ встреча́лся с Доброво́льским?
– Да, пе́рвый раз. Но перегово́ры начнём за́втра. А сего́дня осма́тривал го́род.
– Ну и как, расска́зывай!
– Ну, Серёжа, ты же зна́ешь, что я стара́юсь обща́ться то́лько по-ру́сски. Поэ́тому был на авто́бусной экску́рсии по го́роду. Всё бы́ло по-ру́сски. Экску́рсию на́чали на на́бережной Невы́ у Зи́мнего дворца́ и уви́дели са́мые интере́сные достопримеча́тельности «Се́верной Вене́ции».
– А Петропа́вловскую кре́пость осма́тривали?
– Нет, то́лько ви́дели из авто́буса, но экскурсово́д расска́зывал о её исто́рии.
– И ты всё по́нял?
– Не всё, коне́чно, но представле́ние получи́л.
– Молоде́ц. Но Эрмита́ж, коне́чно, осмотре́ли?
– Да, коне́чно. Я про́сто в восто́рге!
– Ну что ж, я о́чень рад за тебя́. Жела́ю тебе́ ещё хорошо́ провести́ вре́мя в Пи́тере и больши́х успе́хов на перегово́рах.
– Спаси́бо, Серёжа, передава́й приве́т колле́гам. Всего́ хоро́шего!
– До встре́чи в Москве́, Эрвин.

▶ АВ 9–12

2 Ihre russische Bekannte, die etwas Deutsch spricht, hat heute eine Stadtrundfahrt in Ihrer Heimatstadt mitgemacht. Unterhalten Sie sich mit ihr über ihre Eindrücke.

Так говорят русские

▪ Sie möchten Geld wechseln:	Я хоте́л/хоте́ла бы обменя́ть (неме́цкие ма́рки).
▪ Sie fragen nach den Öffnungszeiten:	Как вы рабо́таете?
▪ Sie erkundigen sich, ob etwas recht ist:	Так вас устро́ит?
▪ Sie fragen nach dem Preis:	Ско́лько сто́ит …?
▪ Sie erhalten Wechselgeld zurück:	Получи́те сда́чу!
▪ Sie bitten darum, geweckt zu werden:	Пожа́луйста, разбуди́те меня́ в (семь) часо́в.
▪ Sie sind gut untergebracht:	Я хорошо́ устро́ился/устро́илась.

1 Verbalaspekt: Infinitiv

Für den Aspektgebrauch im Infinitiv gelten die bereits bekannten Grundregeln:

Он хóчет **обменя́ть** дéньги. Он хóчет **послáть** телегрáмму в Москвý. Где мóжно **взять** бланк для телегрáммы? Онá хóчет **поéхать** на экскýрсию. Он прóсит **разбуди́ть** егó в 7 часóв. Желáю тебé хорошó **провести́** врéмя в Пи́тере.	Vollendeter Aspekt, wenn das Resultat einer Handlung im Mittelpunkt steht.
Я старáюсь **общáться** на рýсском языкé. Мы óчень лю́бим **говори́ть** по-рýсски.	Unvollendeter Aspekt, wenn der Verlauf oder die Wiederholung der Handlung im Mittelpunkt steht.

2 Verb: »heißen«

Fragt man nach dem Namen von Belebtem, verwendet man: «Как вас зовýт?»
Die Frage nach Unbelebtem lautet dagegen: «Как э́то называ́ется?»

Как зовýт вáшего партнёра? Как называ́ются э́ти гóры?

3 Zeitangabe

1. Steht die Tageszeit nach der Stunde, so steht sie im Genitiv.

ýтром, в шесть часóв	→	в шесть часóв утр**á**
днём, в час	→	в час дн**я**
вéчером, в вóсемь часóв	→	в вóсемь часóв вéчер**а**
нóчью, в час	→	в час нóч**и**

2. Beachten Sie den Bedeutungsunterschied nach den Präpositionen:

чéрез час (in einer Stunde)	в час (um ein Uhr)
(чéрез + Akk.)	(в + Akk.)
чéрез два часá чéрез недéлю чéрез две недéли	в два часá

4 Substantiv: -o-/-e- Einschub und »flüchtiges« -o-/-e-

1. Bei einigen femininen und neutralen Substantiven kommt es im Gen. Pl. zu einem Einschub von **-o-** bzw. **-e-**.

Nom. Sg.	*Nom. Pl.*	*Gen. Pl.*
ма́рка	ма́рк**и**	ма́р**ок**
откры́тка	откры́тк**и**	откры́т**ок**
сестра́	сёстр**ы**	сест**ёр**
студе́нтка	сту́дентк**и**	студе́нт**ок**
окно́	о́кн**а**	о́к**он**
письмо́	пи́сьм**а**	пи́с**ем**

2. Einige maskuline Substantive auf **-ок** und **-ец** verlieren dagegen das **-o-** bzw. **-e-**.

Nom.	*Gen.*	*Dat.*	*Akk.*	*Instr.*	*Präp.*
кус**о́к**	куска́	куску́	кусо́к	куско́м	куске́
пода́р**ок**	пода́рка	пода́рку	пода́рок	пода́рком	пода́рке
напи́т**ок**	напи́тка	напи́тку	напи́ток	напи́тком	напи́тке
перекрёст**ок**	перекрёстка	перекрёстку	перекрёсток	перекрёстком	перекрёстке
переу́л**ок**	переу́лка	переу́лку	переу́лок	переу́лком	переу́лке
от**е́ц**	отца́	отцу́	отца́	отцо́м	отце́

5 Unbestimmte Zahlwörter: «мно́го, ма́ло, ско́лько» + Gen.

Nach мно́го, ма́ло, ско́лько steht das dazugehörige Wort im Genitiv. Handelt es sich bei dem Substantiv um einen zählbaren Begriff, wird der Gen. Pl. verwendet, handelt es sich um einen Sammelbegriff, steht der Gen. Sg. (viel seltener!).

Ско́лько дней вы бу́дете в Москве́? Ско́лько вре́мени вы бу́дете в Москве́?
Там мно́го рек и кана́лов. У него́ ма́ло вре́мени.

▶ AB 13–15

1 Während Ihres Aufenthaltes in Moskau müssen Sie morgens um acht Uhr in der Firma sein. Bitten Sie die Hotelrezeption, Sie um sechs Uhr zu wecken und für sieben Uhr ein Taxi zu bestellen.

2 Sie gehen zur Bank, um Geld in Rubel zu wechseln. Erkundigen Sie sich nach dem heutigen Kurs und wechseln Sie DM 300,– (siehe Wechselkurstabelle, Seite 119).

3 Während Ihres Aufenthalts in St. Petersburg wollen Sie Ihren Freunden telegrafisch mitteilen, dass Sie gut in Petersburg angekommen und in einem angenehmen Hotel untergebracht sind. Schreiben Sie das Telegramm und geben Sie es in der Post auf.

4 Прослу́шайте объявле́ния по ра́дио в гости́нице в Москве́. На каку́ю экску́рсию вы хоти́те пое́хать?

5 Ве́чером господи́н Доброво́льский звони́т господи́ну Хохштрассеру. Он спра́шивает, как у него́ дела́. Пото́м он говори́т, что за́втра у́тром в де́вять часо́в господи́н Ерёмин зае́дет за господи́ном Хохштрассером. Перегово́ры на фи́рме у господи́на Доброво́льского начина́ются в де́сять часо́в.

6 Sie rufen die Hotelrezeption an und bitten, Sie um 8 Uhr zu wecken.

Вы это уже знаете?

Die Gründung von St. Petersburg war die Folge des mehr als 20 Jahre dauernden Krieges gegen die Schweden (Се́верная война́) um den Zugang zur Ostsee (Балти́йское мо́ре). Zur Unterstreichung der strategischen Bedeutung wurde die 1703 gegründete Stadt bereits 1713 Hauptstadt Russlands. Die Folge war ein Bauboom, der Architekten aus Ost und West zusammenführte (Трезини, Растрелли, Кваренги, Земцов, Коробов, Еропкин, Старов, ...).
Ausgangspunkt für die Bebauung war die strategisch bedeutsame Peter-Paul-Festung (Петропа́вловская кре́пость) auf einer kleinen Insel der Newa. Die Peter-Paul-Kirche war für lange Zeit das höchste Gebäude der Stadt und überragte sogar das höchste Moskauer Bauwerk, den Glockenturm «Ива́н Вели́кий». Als die Peter-Paul-Festung ihre strategische Bedeutung verlor, wurde sie bereits 1717 zu einem Gefängnis, in dem die berühmtesten »Staatsgefangenen« inhaftiert wurden: die Dekabristen (декабри́сты), die Schriftsteller Черныше́вский, Ф.М. Достое́вский, М. Го́рький, ...
Im Gegensatz zu vielen mehr oder weniger zufälligen Stadtentwicklungen dieser Zeit gab es in Petersburg bereits einen Stadtentwicklungsplan und ein Planungsbüro. Um der Stadt, die auf sumpfigem Gebiet lag, eine dauerhafte Entwicklung zu gewährleisten, wurde per ука́з (Erlass, staatliche Anordnung) der Bau von Holzgebäuden untersagt. Darüber hinaus wurde für alle anderen Teile Russlands der Bau mit Stein verboten. Jeder, der nach Petersburg kam, musste als eine Art Zoll eine bestimmte Menge Steine abliefern, mit denen die Stadt befestigt und die Gebäude errichtet wurden.

14 Приятные встречи

A

1 Эрвин Хохштрассер звони́т свои́м друзья́м.

– Алло́.
– До́брый день! Бу́дьте добры́, Вита́лия Григо́рьевича, пожа́луйста!
– Одну́ мину́ту.
– Я слу́шаю.
– Здра́вствуй, Вита́лий. Э́то Эрвин.
– Эрвин, вот так сюрпри́з! Ты отку́да?
– Я в Петербу́рге в командиро́вке.
– Ско́лько мы не ви́делись? Го́да два?
– Да, ско́лько лет, ско́лько зим!
– Эрвин, каки́е у тебя́ пла́ны на сего́дняшний ве́чер?
– Пока́ никаки́х.
– Отли́чно. Тогда́ приходи́ сего́дня к нам. У моей жены́ день рожде́ния.
– С удово́льствием.
– А́дрес по́мнишь?
– Да, коне́чно.
– Тогда́ ждём тебя́ в шесть.
– Спаси́бо. До ве́чера.
– До ве́чера.

2 Вы, коне́чно, по́няли разгово́р. Каки́е выска́зывания соотве́тствуют (entsprechen) разгово́ру по телефо́ну?

1. Эрвин Хохштрассер звони́т Вита́лию Григо́рьевичу домо́й.
2. Эрвин Хохштрассер говори́т с жено́й Вита́лия Григо́рьевича, потому́ что Вита́лия Григо́рьевича нет до́ма.
3. Эрвин Хохштрассер и Вита́лий Григо́рьевич давно́ не ви́делись.
4. Вита́лий Григо́рьевич пригла́шает господи́на Хохштрассера на ве́чер в семь часо́в.
5. У Вита́лия Григо́рьевича сего́ндя день рожде́ния.

3 Reagieren Sie auf die folgenden Äußerungen.

1. Бу́дьте добры́, Вита́лия Григо́рьевича, пожа́луйста!
2. Здра́вствуй! Э́то Серге́й.
3. Ско́лько мы не ви́делись? Го́да два?
4. Каки́е у тебя́ пла́ны на сего́дняшний ве́чер?
5. Тогда́ приходи́ сего́дня к нам! У моей жены́ день рожде́ния.

▶ AB 1

4 Nach längerer Zeit ruft Sie Ihre russische Bekannte an. Da Sie heute Geburtstag feiern, laden Sie sie ein.

Б

▶ AB 2/3

1 Эрвин Хохштрассер в гостях у Серёгиных.

– До́брый ве́чер, Эрвин. Ра́да вас ви́деть.
– До́брый ве́чер, госпожа́ Серёгина.
– Называ́йте меня́ про́сто Ве́ра. Раздева́йтесь, пожа́луйста.
– Ве́ра, от души́ поздравля́ю вас с днём рожде́ния. Э́то вам.
– О, большо́е спаси́бо. Проходи́те, пожа́луйста! Друзья́, знако́мьтесь: это наш друг из Берли́на Эрвин Хохштрассер. Эрвин, сади́тесь, пожа́луйста, угоща́йтесь!
– Спаси́бо. Я хоте́л бы снача́ла подня́ть э́тот бока́л за имени́нницу, за вас, Ве́ра, и пожела́ть вам сча́стья и здоро́вья. За ва́ше здоро́вье.
– Спаси́бо, Эрвин, большо́е спаси́бо. А сейча́с вы должны́ э́то попро́бовать. Пельме́ни – моё фи́рменное блю́до.
– О́чень вку́сно. Вы мо́жете дать мне реце́пт? Мы с жено́й о́чень лю́бим гото́вить.
– С удово́льствием. Вла́дик, дай мне бума́гу и ру́чку.
– Вот, ма́ма.
– Спаси́бо.

▶ AB 4/5

2 Sie sind zu Gast bei russischen Freunden. Bringen Sie einen Toast auf deren neue Wohnung aus.

▶ AB 6/7

3 За столо́м господи́н Хохштрассер разгова́ривает со Вла́диком и Све́той.

– Вла́дик, Све́та, как у вас дела́? На како́м ку́рсе ты у́чишься, Вла́дик? На тре́тьем?
– Нет, уже́ на после́днем, на пя́том.
– На пя́том? Как бы́стро лети́т вре́мя. Кем ты бу́дешь рабо́тать?
– Я ещё не то́чно зна́ю. Снача́ла я хоте́л рабо́тать учи́телем англи́йского языка́ в шко́ле, а тепе́рь … не зна́ю. Мо́жет быть, бу́ду рабо́тать на предприя́тии, пла́тят о́чень хорошо́.
– Ну да, специали́сты с хоро́шим зна́нием иностра́нного языка́ сейча́с о́чень нужны́. А как ду́мают твои́ однoку́рсники?
– Они́ то́же не зна́ют, как да́льше.
– Э́то действи́тельно тру́дный вопро́с. У Све́ты э́то ещё впереди́.
– Но зато́ я должна́ реши́ть, куда́ поступа́ть по́сле шко́лы. Там, куда́ я хочу́ поступи́ть, огро́мный ко́нкурс. Все сейча́с хотя́т поступи́ть и́ли на экономи́ческий и́ли на юриди́ческий факульте́т. Но я во вся́ком слу́чае попро́бую поступи́ть.
– А твои́ однокла́ссники, Све́та?
– Одни́ по́сле шко́лы хотя́т зараба́тывать де́ньги. А други́е – как и я – гото́вятся к вступи́тельным экза́менам. Почти́ все мои́ однокла́ссники хотя́т поступи́ть на экономи́ческий факульте́т.

– Све́та, ты говори́шь, что гото́вишься к вступи́тельным экза́менам. Как э́то поня́ть?
– Что́бы поступи́ть в институ́т, нужны́ специа́льные зна́ния, кото́рые шко́ла не даёт. Поэ́тому я хожу́ на ку́рсы, кото́рые гото́вят нас к э́тим экза́менам.
– Э́то ку́рсы при шко́ле?
– Нет, за них роди́тели пла́тят.
– И ско́лько раз в неде́лю ты хо́дишь на ку́рсы?
– Три ра́за по два часа́.
– Здо́рово!

▶ AB 8/9

4 Вы по́няли разгово́р? Stimmen diese Aussagen mit dem Gespräch überein? Stellen Sie falsche Aussagen richtig.

Вла́дик – студе́нт. Он у́чится на после́днем ку́рсе. Ско́ро он бу́дет рабо́тать учи́телем англи́йского языка́ в шко́ле.

Све́та – учени́ца. Она́ у́чится в после́днем кла́ссе и хо́чет поступи́ть на экономи́ческий факульте́т. Но там о́чень большо́й ко́нкурс. Нужны́ специа́льные зна́ния, поэ́тому она́ гото́вится к вступи́тельным экза́менам. Она́ посеща́ет ку́рсы три ра́за в неде́лю.

B

1 Господи́н Хохштрассер хо́чет посети́ть знамени́тый Мари́инский теа́тр в Санкт-Петербу́рге. Он звони́т по телефо́ну, что́бы узна́ть репертуа́р. Ему́ отвеча́ет автоотве́тчик.

2 Вы всё по́няли, что сказа́л автоотве́тчик?

1. В Мари́инском теа́тре идёт спекта́кль …
2. Компози́тор: ...
3. Нача́ло спекта́кля в ... часо́в.
4. Би́леты мо́жно приобрести́ в ... и́ли по ...
5. Биле́ты мо́жно заказа́ть по телефо́ну: ...

3 О чём идёт речь в э́том разгово́ре? Stellen Sie fest, wer mit wem worüber spricht.

– Мари́инский теа́тр.
– Я хоте́л бы заказа́ть на сего́дня ве́чером оди́н биле́т.
– Пожа́луйста. У меня́ есть ещё оди́н биле́т в парте́ре, за 55 000 рубле́й.
– Отли́чно, я его́ возьму́.
– На чьё и́мя?
– Хохштрассер, Эрвин Хохштрассер.
– Вы говори́те Хохштрассер, да?
– Да, Эрвин Хохштрассер. Спаси́бо, до свида́ния.
– До свида́ния.

4 Вы всё по́няли? Stimmen diese Aussagen? Stellen Sie die falschen Aussagen richtig.

1. Господи́н Хохштрассер звони́т в Большо́й теа́тр.
2. Господи́н Хохштрассер зака́зывает два биле́та.
3. Биле́т в парте́ре сто́ит 55 000 рубле́й.
4. Он зака́зывает биле́т на фами́лию Соколо́в.

5 У ка́ссы

– Здра́вствуйте. Я зака́зывал биле́т на сего́дня.
– На чьё и́мя?
– Хохштрассер, Эрвин Хохштрассер.
– Сейча́с … Нет, на э́то и́мя у меня́ нет биле́та.
– Не мо́жет быть! Бу́дьте добры́, посмотри́те ещё раз. Биле́т на и́мя Хохштрассер, в парте́ре, за 55 000 рубле́й … Я его́ зака́зывал по телефо́ну сего́дня в час, …
– А вот он. Да, в парте́ре. С вас 55 000 рубле́й.
– Большо́е спаси́бо.

6 Вы всё по́няли? Stimmen diese Aussagen? Stellen Sie die falschen Aussagen richtig.

1. В ка́ссе господи́ну Хохштрассеру говоря́т, что на его́ и́мя нет биле́та.
2. Господи́н Хохштрассер покупа́ет но́вый биле́т в амфитеа́тр за 40 000 рубле́й.

7 Bestellen Sie telefonisch Karten für die Oper und holen Sie sie später ab.

8 В зри́тельном за́ле

– Извини́те, пожа́луйста, како́е э́то ме́сто?
– Два́дцать пя́тое.
– Стра́нно. У меня́ то́же два́дцать пя́тое.
– Мо́жно посмотре́ть ваш биле́т?
– Пожа́луйста.
– Всё поня́тно. У вас парте́р, тре́тий ряд, два́дцать пя́тое ме́сто, а э́то амфитеа́тр.
– О, извини́те, я оши́бся.

9 Э́то ваш биле́т. Но на э́том ме́сте уже́ сиди́т челове́к.

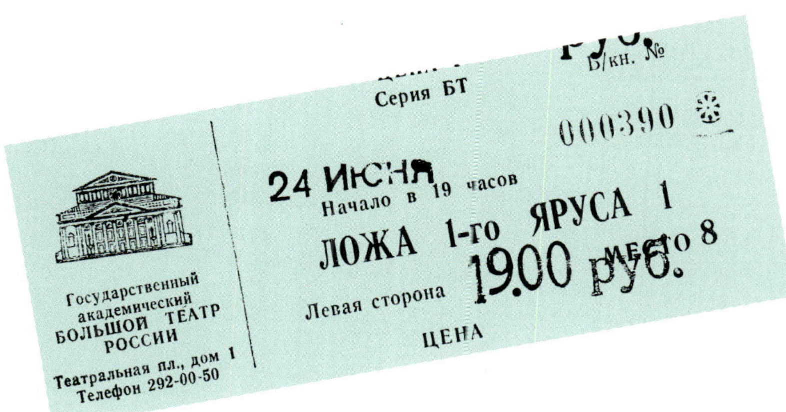

10 Э́ту програ́мму господи́н Хохштрассер купи́л в теа́тре.

Мариинский театр

211-й сезон

Пятница, 11 марта 1994 года
11-й спектакль со дня первого исполнения
(5 марта 1993 года)

Николай РИМСКИЙ-КОРСАКОВ

САДКО

Опера-былина в 7 картинах
(Спектакль идет с двумя антрактами)
Либретто по мотивам былин
создано композитором совместно с **В. И. Бельским**
Декорации восстановлены по эскизам
Константина КОРОВИНА
постановки 1920 года

Дирижер — заслуженный артист Татарстана
Сергей КАЛАГИН

Дирижер-постановщик **Валерий ГЕРГИЕВ**
Режиссер-постановщик **Алексей СТЕПАНЮК**
Художник **Вячеслав ОКУНЕВ**
Главный хормейстер —
заслуженный артист России **Валерий ВОРИСОВ**
Хормейстеры —
заслуженный артист России **Леонид Тепляков,**
Сергей Иньков
Балетмейстер и постановщик танцев
в картине «Подводное царство» **Олег ИГНАТЬЕВ**
Ответственный концертмейстер —
дипломант Международного конкурса **Ирина Соболева**
Художник по свету **Владимир Лукасевич**
Ассистенты режиссера:
Наталия Самосуд, Мария Бонч-Осмоловская,
Михаил Ромашин

Так говорят русские

■ Sie sind überrascht:	Вот так сюрпри́з!
■ Sie haben jemanden lange nicht gesehen:	Ско́лько мы не ви́делись?/ Ско́лько лет, ско́лько зим!
■ Sie möchten mit dem Vornamen angesprochen werden:	Называ́йте меня́ про́сто (Ве́ра).
■ Sie wünschen zum Geburtstag Glück, Gesundheit und Erfolg:	Поздравля́ю вас с днём рожде́ния и жела́ю вам сча́стья, здоро́вья и успе́хов.
■ Sie bringen einen Toast auf das Geburtstagskind aus:	Я хоте́л(а) бы снача́ла подня́ть э́тот бока́л за имени́нницу, за вас, (Ве́ра), и пожела́ть вам сча́стья и здоро́вья. / За ва́ше здоро́вье.
■ Sie sagen, dass ein Gericht Ihre Spezialität ist:	(Пельме́ни) – моё фи́рменное блю́до.
■ Sie entschuldigen sich für einen Fehler:	Извини́те, я оши́бся/оши́блась.

1 Verbalaspekt: Präteritum

Wenn Sie ausdrücken möchten, dass eine Handlung stattgefunden hat, sie aber in keiner Verbindung zu einer anderen Handlung steht, verwenden Sie in der Regel den unvollendeten Aspekt.

Я **зака́зывал** биле́ты.	Ich habe Karten vorbestellt.
И что ты **дела́л** сего́дня, уже́ **встреча́лся** с Доброво́льским?	Und was hast du heute gemacht, war das Treffen mit Dobrowolski schon?
Сего́дня **осма́тривали** го́род.	Heute haben wir die Stadt besichtigt.
А Петропа́вловскую кре́пость **осма́тривали**?	Haben Sie die Peter-Paul-Festung besichtigt?

2 Ungefähre Mengenangabe

Zur Angabe von ungefähren Mengenbegriffen werden häufig nur das Zahlwort und das Substantiv umgestellt:

Они́ отдыха́ли четы́ре неде́ли.	→	Они́ отдыха́ли неде́ли четы́ре.
Э́то сто́ит де́сять ты́сяч рубле́й.	→	Э́то сто́ит рубле́й де́сять ты́сяч.

3 Ordnungszahlwörter

Die russischen Ordungszahlwörter werden wie Adjektive dekliniert.

1. пéр**вый**	11. оди́ннадцат**ый**	30. тридцáт**ый**
2. втор**óй**	12. двенáдцат**ый**	40. сороков**óй**
3. трéт**ий***	13. тринáдцат**ый**	50. пятидеся́т**ый**
4. четвёрт**ый**	14. четы́рнадцат**ый**	60. шестидеся́т**ый**
5. пя́т**ый**	15. пятнáдцат**ый**	70. семидеся́т**ый**
6. шест**óй**	16. шестнáдцат**ый**	80. восьмидеся́т**ый**
7. седьм**óй**	17. семнáдцат**ый**	90. девянóст**ый**
8. восьм**óй**	18. восемнáдцат**ый**	100. сóт**ый**
9. девя́т**ый**	19. девятнáдцат**ый**	
10. деся́т**ый**	20. двадцáт**ый**	

* Beachten Sie die Besonderheit in der Deklination von трéтий:

	maskulin / neutrum	*feminin*
Nom.	трéт**ий** / трéт**ье**	трéт**ья**
Gen.	трéт**ьего**	трéт**ьей**
Dat.	трéт**ьему**	трéт**ьей**
Akk.	Nom./Gen.	трéт**ью**
Instr.	трéт**ьим**	трéт**ьей**
Präp.	трéт**ьем**	трéт**ьей**

In zusammengesetzten Zahlwörtern ist nur die letzte Ziffer ein Ordnungszahlwort, die vorausgehenden sind Grundzahlwörter: двáдцать четвёртый (der 24.). Nur das Ordnungszahlwort wird mit dem folgenden Substantiv übereingestimmt:

Мы живём в 421 (четы́реста двáдцать пéрвом) нóмере.

4 Verben: «есть» und «пить»

Beachten Sie die unregelmäßigen Konjugationen der beiden Verben есть (essen) und пить (trinken).

	есть	пить
я	ем	пью
ты	ешь	пьёшь
он / онá	ест	пьёт
мы	еди́м	пьём
вы	еди́те	пьёте
они́	едят	пьют

5 Modalverb: »müssen«

на́до/ну́жно + Inf.

Ему́ на́до/ну́жно купи́ть биле́т.	Er muss eine Karte kaufen. (*wörtlich:* Ihm nötig ist zu kaufen eine Karte.)
Ему́ на́до/ну́жно бы́ло купи́ть биле́т.	Er musste eine Karte kaufen. (*wörtlich:* Ihm nötig war zu kaufen eine Karte.)
Ему́ на́до/ну́жно бу́дет купи́ть биле́т.	Er wird eine Karte kaufen müssen. (*wörtlich:* Ihm nötig wird sein zu kaufen eine Karte.)

до́лжен, должна́; должны́ + Inf.

Он до́лжен (был/бу́дет) купи́ть биле́т.	Er muss (musste/wird müssen) eine Karte kaufen. (*wörtlich:* Er verpflichtet ist (war/wird sein) zu kaufen eine Karte.)
Она́ должна́ (была́ / бу́дет) купи́ть биле́т.	Sie muss (musste/wird müssen) eine Karte kaufen.
Они́ должны́ (бы́ли / бу́дут) купи́ть биле́т.	Sie müssen (mussten/werden müssen) eine Karte kaufen.

6 Modalverb: »brauchen«

ну́жен, нужна́, ну́жно + Subst. Sg.; **нужны́** + Subst. Pl.

Мне ну́жен биле́т.	Ich brauche eine Karte. (*wörtlich:* Mir nötig ist eine Karte.)
Мне нужна́ ви́за.	Ich brauche ein Visum.
Мне ну́жно э́то письмо́.	Ich brauche diesen Brief.
Мне нужны́ биле́ты.	Ich brauche Karten.
Мне ну́жен был биле́т.	Ich brauchte eine Karte. (*wörtlich:* Mir nötig war eine Karte.)
Мне нужна́ была́ ви́за.	Ich brauchte ein Visum.
Мне нужны́ бы́ли биле́ты.	Ich brauchte Karten.
Мне ну́жен бу́дет биле́т.	Ich werde eine Karte brauchen. (*wörtlich:* Mir nötig wird sein eine Karte.)
Мне ну́жно бу́дет э́то письмо́.	Ich werde diesen Brief brauchen.
Мне нужны́ бу́дут биле́ты.	Ich werde Karten brauchen.

▶ AB10–17

1 Э́то реце́пт ру́сских пельме́ней.
Vielleicht haben Sie Lust, es einmal auszuprobieren?

РУССКИЕ ПЕЛЬМЕНИ

мука́	Mehl
лук	Zwiebel
соль, -и	Salz
пе́рец, пе́рца	Pfeffer
те́сто	Teig
у́ксус	Essig

Приятного аппетита!

500 грамм муки, одно яйцо и полчайной ложки соли. Всё перемешать. Полученное тесто поставить на несколько минут в холодильник. В 500 грамм мясного фарша добавить соли, лука, перца и всё перемешать. Взять из холодильника полученное тесто, раскатать его и нарезать стаканом отдельные кружочки, в которые положить маленькие порции фарша. Полученные пельмени бросить в кипящую воду. Пельмени едят обычно с маслом, сметаной или уксусом.

halber Teelöffel
verrühren
Hackfleisch, hinzufügen
ausrollen, ausstechen, Glas
Kreis
werfen, kochend, Wasser

2 Э́ти телегра́ммы Ве́ра Ермако́ва получи́ла от свои́х друзе́й. Отку́да они́?

1. Дорогая Верочка. Поздравляем днем рождения, желаем счастья, радости, успехов. Целуем Твои Мурманчане.

2. Милая Верочка. Будь этот день веселой счастливой красивой Мысленно тобой. Обнимаем столичные жители.

3. С днем рожения поздравляем,
Долгих лет тебе желаем,
Рады будем видеть вас
В Нижнем Новгороде у нас.

3 У ва́шего знако́мого сего́дня день рожде́ния. Позвони́те ему́ и поздра́вьте его́.

4 У ва́шей ру́сской знако́мой день рожде́ния. Напиши́те ей поздрави́тельную откры́тку (Glückwunschkarte).

5 Herr Schuster ließ telefonisch Karten bestellen. Da er kein Russisch spricht, bittet er Sie, mit ihm gemeinsam die Karten an der Konzertkasse abzuholen.

6 Вы хоти́те пойти́ в кинотеа́тр «Росси́я» и слу́шаете автоотве́тчик. Hinterlassen Sie Ihrer Bekannten eine kurze schriftliche Nachricht. Teilen Sie ihr mit, welcher Film heute im Kino «Росси́я» läuft und wann die Vorstellungen beginnen. Für den Fall, dass sie mit Ihnen ins Kino gehen möchte, möge sie Sie anrufen.

7 Spielen Sie die folgende Situation (*Teilnehmer*: Sie, das Geburtstagskind und Ihre beiden Tischnachbarn):

1. Einladung zur Geburtstagsfeier,
2. Begrüßung,
3. Glückwünsche zum Geburtstag und Überreichen des Geschenks,
4. Bekanntmachen mit den anderen Gästen,
5. Aufforderung, Platz zu nehmen,
6. Tischgespräche (Smalltalk: Wetter heute besonders gut, um Geburtstagskind eine Freude zu machen; Lob des guten Essens; Sie als Ausländer(in) werden über Ihre Familie, Arbeit, Wohnung befragt und geben Auskunft).

8 Sie haben sich im Theater im Platz geirrt. Entschuldigen Sie sich.

Вы это уже знаете?

Die Entwicklung Russlands hat ihre geistigen Wurzeln in Petersburg (Hauptstadt von 1717 bis 1918) und Moskau (Hauptstadt bis 1717 und ab 1918). Ein Großteil der weltberühmten Künstler Russlands ist mit beiden Städten eng verbunden, und diese Städte bilden nicht selten den Hintergrund ihrer Werke.
Einige der bekanntesten Werke, die mit Petersburg eng verbunden sind: das Poem Puschkins «Ме́дный вса́дник» (»Der eherne Reiter«, das Denkmal Peters I in Petersburg), Gogols «Петербу́ргские по́вести» und Dostojewskis Roman «Преступле́ние и наказа́ние» (»Schuld und Sühne«).

15 Повторение – мать учения

1 Вы прие́хали в Санкт-Петербу́рг, но, к сожале́нию, вас не встре́тили. Возьми́те такси́ и поезжа́йте в гости́ницу.

2 В гости́нице вам предлага́ют номера́ на вы́бор (Wahl): о́кна одного́ но́мера выхо́дят на юг, а друго́го – на восто́к. Вы́берите для себя́ но́мер.

3 Вы хоти́те пообе́дать в кафе́. Вы́берите блю́да и заплати́те в ка́ссу (смотри́ меню́, стр. 111).

4 Вы хоти́те обменя́ть де́ньги в аэропорту́. Спроси́те, где обме́нный пункт и обменя́йте де́ньги.

5 Вы пригласи́ли ва́шего ру́сского партнёра на у́жин в рестора́н. Вы́берите с ним блю́да по меню́, закажи́те их и побесе́дуйте (plaudern) с партнёром (смотри́ меню́, стр. 111).

6 Вы звони́те по телефо́ну в фи́рму-партнёр и догова́риваетесь о встре́че.

7 Вы хоти́те поздра́вить ва́шу ру́сскую знако́мую в Новосиби́рске с днём рожде́ния. Напиши́те поздрави́тельную телегра́мму и отпра́вьте её на по́чте.

8 Вы звони́те в бюро́ обслу́живания (Servicebüro) гости́ницы и зака́зываете биле́ты в теа́тр.

9 Ва́ши ру́сские друзья́ пригласи́ли вас на новосе́лье (Wohnungseinweihung). Скажи́те тост.

10 В теа́тре оди́н из зри́телей (Zuschauer) сиди́т на ва́шем ме́сте. Скажи́те ему́, что он оши́бся.

11 Вы возвраща́етесь из Росси́и домо́й. Попроща́йтесь с ва́шими партнёрами и пройди́те тамо́женный и па́спортный контро́ль в аэропорту́.

12 Вы лети́те обра́тно из Санкт-Петербу́рга в Дрезден и слы́шите в аэропорту́ сле́дующие объявле́ния. Како́е из них вас интересу́ет?

13 Вы нахо́дитесь в Санкт-Петербу́рге и за́втра хоти́те пое́хать в Петродворе́ц. Hören Sie die Wettervorhersage und entscheiden Sie, ob sich der Ausflug morgen lohnt.

14 Ва́ша ру́сская знако́мая дикту́ет (diktieren) вам номера́ телефо́нов о́бщих знако́мых. Запиши́те их. Пото́м переда́йте по телефо́ну э́ти номера́ ва́шему знако́мому.

15 В Москве́ вы хоти́те хорошо́ провести́ (verbringen) свобо́дное вре́мя. Вы́берите, куда́ вы хоте́ли бы пойти́, и закажи́те по телефо́ну сто́лик.

ресторан «Манила»

ЭКЗОТИЧЕСКИЕ ФИЛИППИНСКИЕ БЛЮДА, ИСПАНСКАЯ КУХНЯ

Наш ресторан предлагает свежие омары, королевские креветки, приготовленные поваром из Филиппин. экзотические тропические фрукты, фирменное пиво и более 100 видов спиртных и прохладительных напитков. В ресторане создана особая атмосфера для самых взыскательных посетителей.

Наш адрес: г. Москва ул. Вавилова, 81.
Телефон: 132-00-55. Факс: 938-22-85.
Оплата в СКВ, по кредитным картам и в рублях (безналичный иналичный расчет).

NIGHT • FLIGHT restorant

Уважаемые господа!

Приглашаем Вас посетить новый ресторан расположенный в самом центре Москвы, в ночном клубе **"Night Flight"**, где Вас молниеносно и недорого обслужат. Нашей отличительной особенностью стал тридцатиминутный деловой обед, удобный для бизнесменов и других людей, дорожащих своим временем и знающих толк в хорошей кухне.

Мы ждем Вас с 12 часов до 4 часов утра ежедневно, по адресу: Тверская, д. 17.

В самом центре Москвы для Вас круглосуточно работает ресторан

"АЛЕКСАНДРОВСКИЙ"

Неповторимый букет лучших французских вин, блюда русской и европейской кухни, изысканный интерьер создадут незабываемую атмосферу праздничного вечера.

Приходите! и Вам захочется посетить ресторан «Александровский» еще раз!

Наш адрес: г. Москва ул. 1-ая Тверская-Ямская, д. 17.
Телефон: 251-79-87.
Оплата в СКВ, по кредитным картам и в рублях **(безналичный и наличный расчет).**

Не проходите мимо Юзефа!

Интернешнл клуб деловых контактов! Единственный в Москве и СНГ еврейский ресторан «У Юзефа»! Только у нас вы можете почувствовать себя настоящим евреем. Только у нас уникальная музыкальная программа песни на ИВРИТЕ и ИДИШЕ! Слушая их, у вас развивается тоска по вашей второй родине. Скидка на обеды в размере 50% для инвалидов и людей, переживших ужасы тех лет.

Фирменные блюда по рецептам наших и ваших бабушек, карп, судак, сазан — цена в зависимости от веса. Не волнуйтесь не вашего! Ждем вас по адресу: Москва, ул. Дубининская, 11/17, метро «Павелецкая» (выход к Павелецкому вокзалу)

16 Напиши́те ва́шим друзья́м в Москву́ откры́тку и́ли письмо́ и расскажи́те им о свои́х впечатле́ниях (Eindruck) по́сле пое́здки в Росси́ю.

17 Ва́ши ру́сские знако́мые про́сят вас записа́ться в «Кни́гу госте́й». Напиши́те не́сколько слов.

18 Вы улета́ете (abfliegen) из Санкт-Петербу́рга во Франкфурт. Запо́лните в аэропорту́ тамо́женную деклара́цию.

Т-6

Сохраняется на все время пребывания в РФ или за границей.
При утере не возобновляется.

Сообщение неправильных сведений в таможенной декларации, а также сотруднику таможни влечет за собой ответственность на основании законодательства РФ.

ТАМОЖЕННАЯ ДЕКЛАРАЦИЯ

Фамилия, имя, отчество ____________

Гражданство ____________
Из какой страны прибыл ____________
В какую страну следует ____________
Цель поездки (деловая, туризм, личная и т. п.) ____________
Мой багаж, включая ручную кладь, предъявляемый для таможенного контроля, состоит из ____________ мест.
При мне и в моем багаже имеются:
I. Оружие всякое и боеприпасы ____________
II. Наркотики и приспособления для их употребления ____________
III. Предметы старины и искусства (картины, рисунки, иконы, скульптуры и др.) ____________
IV. Российские рубли, облигации государственных займов РФ и билеты российских лотерей ____________
V. Другая валюта (кроме российских рублей), (банкноты, казначейские билеты, монеты), платежные документы (чеки, векселя, аккредитивы и другие), фондовые ценности (акции, облигации и другие) в иностранной валюте, драгоценные металлы (золото, серебро, платина, металлы платиновой группы) в любом виде и состоянии, природные драгоценные камни в сыром и обработанном виде (алмазы, бриллианты, рубины, изумруды, сапфиры, а также жемчуг), ювелирные и другие бытовые изделия из драгоценных металлов и драгоценных камней и лом таких изделий, а также имущественные документы.

Наименование	Количество		Отметки таможни
	цифрами	прописью	
Доллары США			
Фунты стерлингов			
Французские франки			
Марки ФРГ			

VI. Принадлежащие другим лицам российские рубли, другая валюта, платежные документы, ценности и любые предметы ____________
Мне известно, что наряду с предметами, поименнованными в декларации, подлежат обязательному предъявлению для контроля: произведения печати, рукописи кинофотопленки, видео- и звукозаписи, почтовые марки, изобразительные материалы и т. п., равно как и предметы не для личного пользования.
Также заявляю, что отдельно от меня следует принадлежащий мне багаж в количестве ____________ мест. Подпись владельца ручной клади
« » ____________ 199 г. и багажа ____________

19 Sie haben gehört, dass im Kino «Росси́я» der Film «А́нна Каре́нина» läuft, den Sie sehen möchten. Spielen Sie die Situation (*Teilnehmer:* Sie, Ihre Bekannten, Telefonist(in) in der telefonischen Auskunft, Kassierer(in) am Kartenschalter, Zuschauer).

1. Sie rufen Ihre Bekannten an und fragen, ob sie mit Ihnen ins Kino gehen möchten. Grundsätzlich ja, aber es gibt Zeitprobleme. Am besten wäre heute Abend. Sie wollen versuchen, Karten zu bekommen.
2. Sie rufen die Auskunft an (09) und erkundigen sich nach der Telefonnummer des Kinos «Росси́я».
3. Sie rufen im «Росси́я» an und fragen, ob es für heute Abend noch drei Karten gibt.
4. Rückruf bei den Bekannten, Verabredung von Ort und Zeit des Treffens.
5. Sie holen die Karten ab.
6. Sie treffen Ihre Bekannten und gehen gemeinsam ins Kino. Am Büfett kaufen Sie noch Getränke.
7. Im Kino sitzt ein Zuschauer irrtümlich auf Ihrem Platz.

▶ AB 1–7

20 Кроссво́рд. Запо́лните кроссво́рд на ру́сском языке́ (то́лько вертика́льно). Тогда́ вы найдёте в одно́й из горизонта́льных строк (Zeile) и́мя, о́тчество и фами́лию изве́стного ру́сского полково́дца (Heerführer).

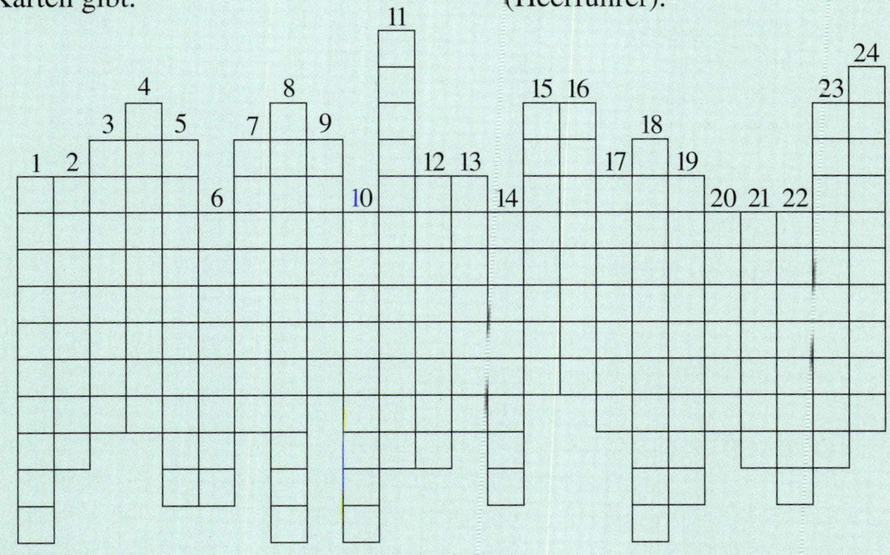

1 berühmt
2 ausgezeichnet
3 gelangen, hinfahren
4 das Umsteigen
5 richtig
6 sibirische Teigtaschen
7 zum Beispiel
8 Vergnügen
9 Wurst
10 (Speise-)Eis
11 zusammenarbeiten
12 gründen
13 Freitag
14 Passant
15 Gesundheit
16 fragen
17 anfangs
18 Kreuzung
19 Kunst
20 von dort
21 schmackhaft, lecker
22 Gespräch
23 Auskunftei
24 Verhandlungen

16 Ответный визит

A

▶ АВ 1

1 Фи́рма «Луттер» получи́ла сле́дующий факс:

СП «РосИнтер»
129085 Москва, ул. Бочкова, д. 5А
тел.: 216-9306, 216-9934, факс: 216-9906

Фирма «Луттер»
А-1040 Вена
ул. Райнергассе 26
Австрия

Москва, 19 марта 19.. г.

Уважаемые дамы и господа!

Сообщаем Вам, что представитель нашей фирмы Юрий Васильевич Волыгин прибудет в Вену для переговоров в понедельник, 16 апреля, рейсом Аэрофлота в 12.30 часов. Просим сообщить, сможете ли Вы принять Ю.В. Волыгина в это время.

В.П. Соколов
Генеральный директор
СП «РосИнтер»

2 Sie werden um die Übersetzung des Fax gebeten.

▶ AB 2–4

3 Представи́тель фирмы «Луттер» звони́т в Москву́, что́бы уточни́ть (präzisieren) да́ту встре́чи.

– РосИ́нтер.
– До́брый день, с ва́ми говори́т Эрика Виланд, фирма «Луттер», Ве́на. Бу́дьте добры́, соедини́те меня́ с господи́ном Соколо́вым.
– Мину́точку …
– Соколо́в.
– Здра́вствуйте, господи́н Соколо́в. Э́то Эрика Виланд говори́т.
– До́брый день, госпожа́ Виланд. О́чень рад вас слы́шать. Как у вас дела́?
– Благодарю́ вас, всё в поря́дке. Ча́сто вспомина́ю наши встре́чи в Москве́. А как ваши дела́?
– То́же всё в поря́дке.
– Господи́н Соколо́в, мы получи́ли ваш факс, но, к сожале́нию, не смо́жем приня́ть господи́на Волы́гина 16-го. В этот день у нас пра́здник.
– А каки́е сро́ки вы предлага́ете?
– С 23 по 27 апре́ля. А вас это устро́ит?
– Да, вполне́. Зна́чит, Ю́рий Волы́гин прибу́дет к вам 23 апре́ля тем же ре́йсом. Госпожа́ Виланд, вы не смо́жете подтверди́ть эти да́нные фа́ксом, тогда́ с австри́йской ви́зой бу́дет ле́гче.
– Коне́чно. Благодарю́ вас, господин Соколо́в. Всего́ вам до́брого.
– До свида́ния, госпожа́ Виланд. Передава́йте приве́т колле́гам.

▶ AB 5–9

4 Schicken Sie ein Fax an Herrn Соколо́в und bestätigen Sie die Einladung seines Mitarbeiters zum vereinbarten Termin.

Б

1 Ю́рий Васи́льевич Волы́гин прилета́ет в Ве́ну. В аэропорту́ его́ встреча́ет госпожа́ Виланд.

– Господи́н Волы́гин?
– Да.
– Добро́ пожа́ловать в Ве́ну. Меня́ зову́т Эрика Виланд, я из фирмы «Луттер».
– О́чень рад с ва́ми познако́миться.
– Я то́же. Наде́юсь, что вы хорошо́ долете́ли.
– Спаси́бо, о́чень хорошо́.
– Господи́н Волы́гин, …
– Называ́йте меня́ про́сто Ю́рий.
– Тогда́ я Эрика. Ю́рий, я предлага́ю сейча́с пое́хать в вашу гости́ницу.
– Да, коне́чно …

▶ AB 10

B

▶ AB 11

1 В ве́нской гости́нице

– Вот мы и прие́хали, Юрий. Это ваша гости́ница. Проходи́те, пожа́луйста. Вот сюда́, нале́во. Подожди́те мину́тку, я возьму́ бланк гости́ницы … Вот и ваш бланк, запо́лните его́, пожа́луйста.
– Прости́те, я пло́хо понима́ю по-неме́цки. Вы не могли́ бы мне помо́чь?
– Да, коне́чно. Вот сюда́ вы пи́шете свою́ фами́лию и и́мя … А сюда́ дома́шний а́дрес …, а сюда́ гражда́нство … Вот, пожа́луйста, ключ. Ваш но́мер 306, на тре́тьем этаже́. Но по-ру́сски это уже́ четвёртый. Лифт там спра́ва. Вы сейча́с отдохнёте, и мы встре́тимся с ва́ми в 2 часа́ и пообе́даем в рестора́не. Обме́нный пункт сле́ва от администра́тора. Там вы смо́жете обменя́ть де́ньги. Или вы зайдёте в банк. Там курс бу́дет наве́рное лу́чше. Кста́ти, вы, мо́жет быть, заме́тили, банк нахо́дится почти́ ря́дом с гости́ницей.
– Нет, не ви́дел, но найду́. Я хоте́л бы отпра́вить откры́тки в Москву́. Где я могу́ их купи́ть? На по́чте?
– Нет, видовы́е откры́тки вы смо́жете купи́ть в кио́ске сувени́ров там спра́ва.
– А как мне позвони́ть в Москву́?
– Это вы смо́жете сде́лать пря́мо из но́мера: вы набира́ете 0, зате́м 007 – это код Росси́и –, зате́м 095 – это код Москвы́, а зате́м моско́вский но́мер.
– Большо́е спаси́бо!
– Не́ за что. Ита́к, до встре́чи че́рез час.

2 Welche Aussagen entsprechen dem Gespräch? Stellen Sie die falschen Aussagen richtig.

1. Ю́рий Волы́гин прие́хал в гости́ницу оди́н.
2. Он заполня́ет бланк гости́ницы на ру́сском языке́.
3. Ю́рий Волы́гин и Эрика Виланд догова́риваются пообе́дать в рестора́не гости́ницы.
4. Что́бы позвони́ть в Москву́, Ю́рий Волы́гин до́лжен пойти́ на по́чту.
5. Эрика Виланд не зна́ет код Москвы́ и про́сит администра́тора гости́ницы узна́ть код.

▶ AB 12–14

3 Sie liefern Ihren russischen Geschäftspartner, der kein Deutsch spricht, im Hotel ab. Welche Hinweise geben Sie ihm? Schreiben Sie die wichtigsten Informationen auf.

4 Überprüfen Sie, ob er alle schriftlichen Informationen verstanden hat. Sprechen Sie die wichtigsten Punkte nochmals mit ihm durch.

Г

▶ AB 15

1 Госпожа́ Виланд и господи́н Волы́гин иду́т в рестора́н.

– Эрика, у меня́ вот како́й вопро́с …
– Пожа́луйста, Юрий, спра́шивайте.
– Как вы, наве́рное, зна́ете, че́рез три ме́сяца в Ве́ну на шесть ме́сяцев прие́дут два специали́ста из нашей фирмы. И наш дире́ктор попроси́л меня́ узна́ть, мо́жно ли найти́ для них кварти́ру с телефо́ном.
– Зна́ете, Юрий, с кварти́рами у нас нелегко́, они́ о́чень дороги́е.
– Вы ду́маете, что гости́ница деше́вле?
– Нет. Я уве́рена, что кварти́ра деше́вле. Я бы сказа́ла, что в сре́днем ма́ленькая кварти́ра сто́ит де́сять – пятна́дцать ты́сяч в ме́сяц.
– Ши́ллингов?
– Да, коне́чно.
– В до́лларах это бу́дет ты́сяча, ты́сяча пятьсо́т?
– Приблизи́тельно. Вот у меня́ газе́та. Посмо́трим, каки́е кварти́ры предлага́ют! Вот, наприме́р, двухко́мнатная кварти́ра на пе́рвом этаже́, это по-ру́сски второ́й эта́ж, с телефо́ном, 12 000 ши́ллингов.
– Это с ва́нной и туале́том?
– Да, коне́чно.
– А где нахо́дится кварти́ра?
– В четы́рнадцатом райо́не, это за́падная часть Ве́ны.
– А до фирмы далеко́?
– Наве́рное о́коло ча́са езды́.
– Это норма́льно. Как вы ду́маете, Эрика, ва́ша фи́рма не могла́ бы нам помо́чь в этом вопро́се?
– Коне́чно. И е́сли мы найдём подходя́щую кварти́ру, мы вам напра́вим факс.
– Прекра́сно, большо́е вам спаси́бо.

2 Entspricht diese Zusammenfassung dem Gespräch?

Господи́н Волы́гин спра́шивает госпожу́ Виланд, мо́жно ли найти́ кварти́ру в Ве́не. На отве́т госпожи́ Виланд, что с кварти́рами нелегко́, потому́ что они́ о́чень дороги́е, господи́н Волы́гин про́сит её помо́чь найти́ дешёвую кварти́ру для ру́сских специали́стов, кото́рые прие́дут в Ве́ну на шесть ме́сяцев. И как реаги́рует на это госпожа́ Виланд?

▶ AB 16

3 Besprechen Sie mit Ihrer Geschäftspartnerin den günstigsten Termin für einen Besuch der russischen Spezialisten in Ihrer Firma.

4 Schreiben Sie an die russische Firma einen Brief und teilen Sie den Terminvorschlag mit.

5 Ваш ру́сский партнёр про́сит вас рассказа́ть о ситуа́ции с кварти́рами на ва́шей ро́дине.

Так говорят русские

■ Sie möchten mit (Frau Leóntjewa) verbunden werden:	Соедини́те меня́, пожа́луйста, с (госпожо́й Лео́нтьевой).
■ Sie sagen, dass alles in Ordnung ist:	Всё в поря́дке.
■ Sie bitten, jemandem Grüße zu bestellen:	Передава́йте приве́т (на́шим о́бщим знако́мым).
■ Sie heißen jemanden herzlich willkommen:	Добро́ пожа́ловать в (Москву́)!
■ Sie bitten jemanden um Hilfe:	Вы не могли́ бы мне помо́чь?
■ Sie erkundigen sich nach dem Flug:	Как вы долете́ли?

1 Konjunktiv: «бы» + Prät.

Zum Ausdruck der verschiedenen deutschen Konjunktivformen (*er habe gesagt, er hätte gesagt, er würde sagen, …*) gibt es im Russischen nur eine Form: die Partikel **бы** zusammen mit dem Präteritum des Verbs. Die Übersetzung des russischen Konjunktivs ins Deutsche hängt vom Kontext ab.

Не могли́ бы вы …	Könnten Sie nicht …
Они́ хоте́ли бы …	Sie möchten gerne …
Она́ прие́хала бы в 18 часо́в, но по́езд опозда́л на два часа́.	Sie wäre um 18 Uhr gekommen, aber der Zug hatte zwei Stunden Verspätung.

2 Konjunktion: «ли»

Die Konjunktion **ли** steht immer direkt nach dem Verb.

Он спроси́л меня́, могу́ ли я ему́ помо́чь.	Er fragte mich, ob ich ihm helfen kann. (*wörtlich*: Er fragte mich, kann (Fragepartikel ли) ich ihm helfen.)

3 Substantivierte Adjektive

Die substantivierten Adjektive werden wie Adjektive dekliniert.

знако́м**ый**, **-ого**	der Bekannte	гости́н**ая**, **-ой**	Gästezimmer
моро́жен**ое**, **-ого**	(Speise-)Eis	ва́нн**ая**, **-ой**	Badezimmer
на́бережн**ая**, **-ой**	Uferstraße, Kai	де́тск**ая**, **-ой**	Kinderzimmer
спра́вочн**ая**, **-ой**	Auskunftei	да́нн**ые**, **-ых**	Daten

▶ AB 17

1 Вы звони́те в Санкт-Петербу́рг на ру́сскую фи́рму, что́бы договори́ться о встре́че. Но вам отвеча́ет автоотве́тчик. Вы смогли́ договори́ться о встре́че? Почему́?
По́сле сигна́ла автоотве́тчика предста́вьтесь и скажи́те, что вы хоте́ли бы договори́ться о приёме представи́телей ру́сской фи́рмы в ва́шем го́роде и что вы за́втра или по́слезавтра ещё раз позвони́те.

2 На сле́дующий день вы звони́те в Санкт-Петербу́рг, что́бы договори́ться о приёме представи́телей ру́сской фи́рмы в ва́шем го́роде.

3 Вы встреча́ете ва́шего партнёра в аэропорту́ ва́шего родно́го го́рода. Познако́мьтесь с ним! Пото́м, по доро́ге в гости́ницу вы с ним бесе́дуете.

▶ AB 18

4 Schreiben Sie Ihrem russischen Kollegen auf, was die folgenden deutschsprachigen Abkürzungen bedeuten:

EG WC DM ÖS sfr

5 Вот проспе́кт гости́ницы, в кото́рой ваш ру́сский гость бу́дет жить. Расскажи́те ему́ немно́го о гости́нице.

HOTEL BAYERISCHER HOF

Das 1855 erbaute hochherrschaftliche Patricierhaus wurde dank liebevoller und aufwendiger Sanierung zu einem modernen Businesshotel. Es liegt im Herzen von Dresden und die bekanntesten Sehenswürdigkeiten sind problemlos zu Fuß erreichbar. Ein hoteleigener großer Parkplatz steht den Gästen zur Verfügung.

Das gemütliche und sehr geschmackvoll eingerichtete Restaurant mit seinen bayerischen und sächsischen Spezialitäten hat seine warme Küche werktags von 18.00 bis 23.00 Uhr für Sie geöffnet.

6 Вот каки́е объявле́ния насчёт (betreffend) кварти́ры вы нашли́: Напра́вьте факс в Москву́ с предложе́нием кварти́р.

Wohnung im Grünen: Schicke 2-Zi.-DG-Galeriewohnung, ab sofort frei, 61 qm, Südblk., Nähe Petershausen/S 2/DB, 880,– + NK + TG. 089/53012340

Nachmieter gesucht für 76 qm, 2 1/2 ZW, Haidhausen, Parkett, Balkon, Ablöse 1.800,– DM, ab 1.8.95. 089/74954322 ab So.

Von Privat: Nähe Messeplatz, in gepflegtem Altbau, 3. OG, 2 ZW, Wohnkü. (Einbauteile, Spülmasch., Waschmasch.), Bad, WC, Parkett, Nachtspeicherhzg., 1.300,– + NK + 3 MM KT. 089/6321876

Nachmieter ges. für 2 ZW, Kü., Bad, mit Blk., Solarium, 61 qm, zum 15.6., im Lehel Isar, 1.445,– warm, + 70,– TG, auf Wunsch, Ablöse für EBK, Solarium, etc., 26.000,– VHB. 089/4561890

München-Giesing: 2-Zi.-DG-Whg., 62 qm, mit Wohnkü., ca. 14 qm, Nähe Silberhornstr., 1.150,– kalt + NK + TG, ab sofort, 2 MM Kt. 089/341256

M-Laim, Nachmieter 2-ZKB/WoKü., 50 qm, EG, Balkon, 1.100,– + NK ab 1.7. 089/905478

1 1/2 ZW mit Balkon, ohne Maklergeb.; Kleine 2 ZW für 6 MO zu vermieten. 089/296487 + 089/346783

Möbl. 2-ZW, 46 qm, Untergiesing, voll möbl. auf unbestimmte Zeit (6 Mon. bis 6 Jahre) wg. Auslandsaufenthalt, nicht an Kurzzeitmieter, unterzuvermieten, 1.200,– + ca. 150,– NK + KT. 089/76532466

Helle 2 ZW, 60 qm, ohne Prov. ruh. gr. grüner Innenhof, Westlage, Aufzug, TG, Kabelanschl., S-Bahn, Leuchtenbergring, Tram 19, extra KU, Abstellk., 6 m West-BLK, ger. Ablöse, Wasch./Spülm., KÜ-Einr., Kalt 1.200,– 089/76523465

7 Напиши́те письмо́ в росси́йскую фи́рму, где вы сообща́ете о прибы́тии (Ankunft) в Москву́ вашего представи́теля.

▶ AB 19

8 Вы хоти́те найти́ помеще́ние (Räumlichkeit) в Москве́ для о́фиса вашей фирмы. Найди́те рекла́му об этом и запиши́те но́мер телефо́на фирмы, кото́рая смо́жет вам помо́чь.

АОЗТ "МАШИ ХОЛДИНГ":
117526, г. Москва, Ленинский пр-т, 146,
Центральный дом туриста, офис № 518.
Тел.: 434-95-10, 438-55-83.
Тел./факс (095) 438-69-83.

АСБ-ХОЛДИНГ
Широкий выбор квартир и офисов в Москве
Мы поможем Вам обменять Вашу квартиру в Москве на дом или квартиру в США!
Мы гарантируем Вам строгую конфиденциальность и юридическое сопровождение сделки.

Купить	Продать	Сдать	Снять
254-07-89	299-16-74	209-46-88	290-55-66
299-93-28	299-57-52	200-08-71	209-03-03

Наличные рубли и $.
Валютные контракты.
Короткие сроки.
Скидка постоянным клиентам.
Любые договоры.
Полная конфиденциальность.
Тел. 127–77–08.

Вы это уже знаете?

Праздники в России

В настоящее время в российских календарях красным цветом отмечены следующие государственные праздники:
1 января – Новый год,
7 января – Рождество Христово,
8 марта – Женский день,
1 мая – Праздник Весны и Труда,
9 мая – День Победы,
12 июня – День принятия Декларации о государственном суверенитете Российской Федерации.
Эти дни в России являются нерабочими.

Сейчас стали также отмечаться праздники Пасхи и Троицы, хотя они и не являются пока государственными. В России для религиозных праздников действует не Грегорианский календарь, как в Европе, а Юлианский календарь, поэтому даты Рождества, Пасхи и Троицы в Европе и в России не совпадают. Кроме государственных и религиозных праздников в России много личных и семейных праздников: день рождения, свадьба («серебряная» – 25 лет, «золотая» – 50 лет), новоселье, окончание школы и университета, защита диссертации и другие.

Самым семейным праздником по традиции является Новый год. Близкие собираются вместе, чтобы пожелать друг другу счастья, здоровья, успехов в наступающем году. А дети, конечно, больше всего радуются новогодней ёлке, долгожданным подаркам Деда Мороза и Снегурочки. В школах и Дворцах молодёжи проходят праздники новогодней ёлки и балы. «Главный» праздник проходит в Кремле. Попасть на ёлку или бал в Кремль – мечта каждого молодого человека или девушки.

Gegenwart
Farbe, ausgewiesen
Weihnachten
Frühling, Arbeit
Sieg
Annahme der Erklärung der Souveränität
Ostern, Pfingsten, obwohl
gilt
zusammenfallen
Hochzeit
Verteidigung der Dissertation
Neujahrsfichte
Väterchen Frost
Schneeflocke

17 Первые впечатления

A

▶ AB 1/2

1 Госпожа Виланд встреча́ет господина Волы́гина в гостинице. Они вме́сте е́дут в машине на фирму.

– Доброе утро, Эрика!
– Здравствуйте, Юрий. Вы хорошо́ отдохну́ли?
– Да, отли́чно. Гостиница очень хоро́шая.
– Вы уже́ поза́втракали?
– Да, только что. В ресторане шведский стол, так что мне да́же не на́до бы́ло говори́ть по-неме́цки.
– Зна́чит, всё в поря́дке и мы мо́жем е́хать.
– Да.
– Кста́ти, Юрий, вчера́ я забы́ла вас спроси́ть. Вы в Вене первый раз?
– Да, первый.
– Зна́чит, с Веной вы ещё не знако́мы. Поэ́тому у вас будет больша́я культу́рная программа. Но ко́е-что я покажу́ вам по доро́ге в фирму. Вот сейча́с мы е́дем по Рингу. Это пе́рвое кольцо́ вокру́г це́нтра Вены.
– Как у нас Садо́вое кольцо?
– Соверше́нно ве́рно.
– Аэрофло́т?!
– Да, это представи́тельство Аэрофло́та. А сейча́с справа – у́лица Кернтнерштрассе и Венская госуда́рственная о́пера …
– Я много чита́л о ней и с больши́м удово́льствием посети́л бы её.
– На суббо́ту у нас уже́ есть билеты на о́перу Мо́царта «Волше́бная фле́йта».
– Прекра́сно, большо́е спаси́бо … Если я не ошиба́юсь, то сейчас спра́ва знамени́тый Венский Хофбург …
– С не ме́нее знамени́той шко́лой Испа́нской верхово́й езды́ … Юрий, я думаю, что вы споко́йно смо́жете уже́ проводи́ть экску́рсии по Вене.
– А сле́ва зда́ние парла́мента.
– Соверше́нно ве́рно. Здесь мы повернём нале́во и пое́дем наза́д. Мы с вами сде́лали небольшу́ю экску́рсию по Рингу.
– Большо́е спасибо. Эрика, вы прекра́сно говори́те по-русски. Где вы изуча́ли русский язы́к, е́сли не секре́т?
– Коне́чно, нет. Снача́ла на интенси́вных ку́рсах, а пото́м в Экономи́ческом университе́те здесь в Вене. Ну вот, Юрий, мы уже прие́хали. Вот наша фирма.

▶ AB 3–7

2 Вы заезжа́ете за вашим русским го́стем в гостиницу, а затем пока́зываете ему го́род.

Б

▶ AB 8/9

1 Этот отры́вок из «Незави́симой газе́ты» Юрий Волы́гин показа́л госпо́же Виланд. Она с больши́м интере́сом прочита́ла текст. Познако́мьтесь с текстом и вы́пишите достопримеча́тельности А́встрии, о кото́рых в нём говори́тся.

Любители европейской культуры получат огромное наслаждение от недельной поездки в Австрию. Туристы осмотрят важнейшие архитектурные памятники, в том числе императорский дворец Хофбург – огромный ансамбль, который строился в течение пяти столетий. Посетят участники поездки и не менее известный дворцовый комплекс – Верхний и Нижний Бельведер, а также дворец, построенный в XVII веке в качестве загородной резиденции для знаменитого австрийского полководца Евгения Савойского.

В свободное время можно самостоятельно погулять по Грабену – ныне самой фешенебельной торговой улице Вены. Но за покупками, пожалуй, стоит направиться на улицу Мария Хильферштрассе: товары здесь добротные, но значительно дешевле, чем на Грабене. На площади Святого Стефана можно сесть в фиакр и неспешно проехать по узким улочкам средневековой части Вены. По кольцевой улице Ринг, что проложена на месте бывшей крепостной стены, окружавшей старую Вену, рекомендуем проехать на трамвае – это дешевая увлекательная экскурсия по старым и современным кварталам австрийской столицы.

Кроме Вены, в маршрут входит посещение города Зальцбурга – старинной резиденции архиепископов, где можно осмотреть дом-музей Моцарта, а также знаменитый Грац – один из старейших и красивых городков Европы.

удовольствие
inklusive
im Laufe, Jahrhundert
nicht weniger
als, außerhalb der Stadt, Heerführer
сегодня
Geschäfts-
Ware, bedeutend
Stephans-platz, nicht eilig
eng, mittelalterlich
verläuft
die umgeben hat
unterhaltsam
Erzbischof

Во всех городах туристы размещаются в двух-, трехзвездных гостиницах, в номерах на два человека со всеми удобствами. Что касается питания, все зависит от аппетита: можно заказать поездку с трехразовым питанием в ресторанах, с полупансионом (завтрак и обед или ужин по выбору) или только с завтраком. Такая поездка (гостиница с завтраком, основные экскурсии и полет самолетом Москва – Вена – Москва) обойдется примерно в 520 американских долларов (Цены ВАО «Интурист» на обслуживание за границей не будут меняться в течение всего 1996 года. Стоимость же поездки может изменяться за счет изменения тарифа на авиабилеты.) (...) Подробно с каталогом поездок москвичи могут ознакомиться как в главной конторе ВАО «Интурист» (ул. Мархлевского, дом 13/1), где расположена фирма «Загранинтур», или в ее филиале (Кантемировская ул., д. 17). Жители других городов могут обратиться в отделение ВАО «Интурист» или в местные фирмы-партнеры «Интуриста». В случае затруднений с получением информации на местах можно позвонить в Москву по телефонам: (095) 923-92-40, 923-88-27, 924-65-30 или получить рекомендации, где удобнее и ближе к месту проживания можно приобрести путевку.

untergebracht sein
-Sterne
mit allem Komfort
Essen, abhängen
Halbpension, nach Wahl
kostet
ungefähr
Betreuung
sich ändern
sich ändern auf Grund einer Tarifänderung, ausführlich
Abteilung
näher
Reisearrangement

2 Здесь всё пра́вильно?

1. «Интури́ст» предлага́ет двухнеде́льные пое́здки в А́встрию.
2. «Интури́ст» предлага́ет осмотре́ть важне́йшие достопримеча́тельности Вены, Зальцбурга и Граца.
3. В Вене «Интурист» предлага́ет осмотре́ть дворцы́ «Хофбург», «Бельведер» и «Шенбрун».
4. «Интурист» сове́тует, где мо́жно сде́лать поку́пки.
5. «Интурист» не сообща́ет (mitteilen), в каки́х гостиницах тури́сты будут жить.
6. Така́я пое́здка сто́ит 520 американских до́лларов.
7. «Интурист» сообща́ет, куда́ мо́жно обрати́ться за информа́цией.

▶ AB 10

3 Каку́ю информа́цию вы получи́ли из текста?

1. Какой дворе́ц стро́ился пять столе́тий?
2. Как называ́ется за́городная резиде́нция Евге́ния Саво́йского.
3. На како́й у́лице лу́чше делать поку́пки?
4. Почему́ лу́чше е́хать по Ри́нгу на трамва́е?
5. Где нахо́дится дом-музе́й Моцарта?

4 Какие достопримеча́тельности вашего го́рода вы пока́жете русскому го́стю, который прие́хал к вам только на оди́н день.

5 Stellen Sie für Ihren russischen Gast ein kleines Merkblatt mit den wichtigsten Sehenswürdigkeiten Ihrer Heimatstadt zusammen. Notieren Sie dazu einige relevante Daten. Schreiben Sie ihm auch auf, wo er am besten einkaufen kann.

B

1 Госпожа Виланд прочита́ла текст из газеты.

– Юрий, большо́е спаси́бо за этот текст. Я его с больши́м интере́сом прочита́ла. Я думаю, что по́сле возвраще́ния в Москву вы должны́ написа́ть письмо в эту газету. Вы должны́ им сказать, что в этом тексте есть одна́ нето́чность.
– Пра́вда? Кака́я?
– То, что каса́ется Бельведера и Евге́ния Саво́йского. Вот посмотри́те, что здесь напи́сано: «Посетя́т уча́стники поéздки и не ме́нее изве́стный дворцо́вый ко́мплекс – Ве́рхний и Ни́жний Бельведер, а та́кже дворе́ц, постро́енный в XVII ве́ке в ка́честве за́городной резиде́нции для знамени́того австри́йского полково́дца Евге́ния Саво́йского.» Это зна́чит, что есть Бельведер, а кро́ме того, есть дворе́ц Евге́ния Саво́йского. Де́ло в том, что Бельведер и есть дворе́ц Евге́ния Саво́йского. А этот за́городный дворе́ц, наве́рное, Шенбрун.
– Я то́же удиви́лся, что здесь ничего́ нет о Шенбруне. Тепе́рь мне всё я́сно.

▶ AB 11

2 Какую нето́чность госпожа Виланд нашла́ в тексте?

3 Напиши́те для вашего русского го́стя информа́цию о достопримеча́тельностях вашего го́рода.

Г

1 На обéде

Übernehmen Sie die Rolle des Dolmetschers. Dazu brauchen Sie die folgenden Wörter:

сотрýдник	Mitarbeiter
сотрýдничество	Zusammenarbeit
впечатлéние	Eindruck
бýдущий	zukünftig
шаг	Schritt

Lutter: Herr Volygin, ich freue mich sehr, mit Ihnen bekannt zu werden.
Вы: …
Волыгин: Я тóже óчень рад с вами познакóмиться, господин Луттер. Разрешúте мне передáть вам сердéчный привéт от дирéктора нашего предприя́тия, господина Соколóва.
Вы: …
Lutter: Ich hoffe, Herr Volygin, Sie sind gut untergebracht?
Вы: …
Волыгин: Да, спасибо, господин Луттер, я устрóился в óчень хорóшей гостинице.
Вы: …
Lutter: Meine Damen und Herren, bitte nehmen Sie Platz. Herr Volygin, ich möchte Sie gerne mit meinen Mitarbeitern bekannt machen: Frau Kahn, Herr Hofmann. Frau Wieland kennen Sie schon.
Вы: …
Волыгин: Очень рад с вами познакóмиться.
Вы: …
Lutter: Ich bin überzeugt, dass Frau Wieland Ihnen schon die Firma gezeigt hat und Sie einen ersten Eindruck von Ihrem zukünftigen Geschäftspartner bekommen haben.
Вы: …
Волыгин: Да, госпожа Виланд мне ужé показáла ваше предприя́тие. Впечатлéние прекрáсное!
Вы: …
Lutter: Das freut mich.
Вы: …
Lutter: Sehr geehrter Herr Volygin. Ich freue mich, dass wir den ersten Schritt zu einer Zusammenarbeit gemacht haben. Ich möchte nun mein Glas erheben und uns Erfolg wünschen. Auf Ihr Wohl, Herr Volygin!
Вы: …

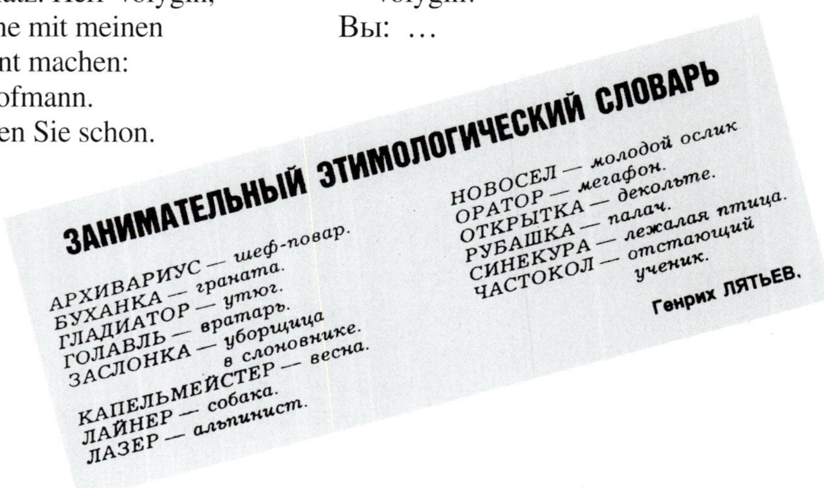
ЗАНИМАТЕЛЬНЫЙ ЭТИМОЛОГИЧЕСКИЙ СЛОВАРЬ

АРХИВАРИУС — шеф-повар.
БУХАНКА — граната.
ГЛАДИАТОР — утюг.
ГОЛАВЛЬ — вратарь.
ЗАСЛОНКА — уборщица в слоновнике.
КАПЕЛЬМЕЙСТЕР — весна.
ЛАЙНЕР — собака.
ЛАЗЕР — альпинист.
НОВОСЕЛ — молодой ослик
ОРАТОР — мегафон.
ОТКРЫТКА — декольте.
РУБАШКА — палач.
СИНЕКУРА — лежалая птица.
ЧАСТОКОЛ — отстающий ученик.

Генрих ЛЯТЬЕВ.

Так говорят русские

■ Sie würden sich über einen Opernbesuch sehr freuen:	Я с больши́м удово́льствием посети́л(а) бы о́перу.
■ Für Samstag haben Sie schon Opernkarten:	На суббо́ту у нас уже́ есть биле́ты в о́перу.
■ Sie haben Karten für die Oper »Die Zauberflöte«:	У меня́ есть биле́ты на о́перу «Волше́бная фле́йта».
■ Sie sind in einem guten Hotel untergebracht:	Я устро́ился/устро́илась в хоро́шей гости́нице.
■ Sie erheben Ihr Glas auf das Wohl von (Frau Ladygina):	Я хоте́л(а) бы подня́ть бока́л за ва́ше здоро́вье, (госпожа́ Лады́гина).

1 Wortbildung

1. Suffixe zur Bildung von Substantiven

Suffix	*Substantiv*	*abgeleitet von*	*dt. Entsprechung*
-ение/-ание	приглаше́ние	приглаша́ть/пригласи́ть	-ung
	зна́ние	знать	Subst. Inf. (das Wissen)
-ость	но́вость	но́вый	-heit, -keit
-тель	учи́тель	учи́ть (lehren, lernen)	(Person, die etwas tut)
-к-а	поку́пка	покупа́ть	feminin
-очка/-ечка	мину́точка	мину́та	feminin, Diminutiv
	А́ннечка	А́нна	
-о-к	городо́к	го́род	maskulin, Diminutiv

2. Suffixe zur Bildung von Adjektiven

-н + ый	дипло́мный	дипло́м	
-ск + ий	ру́сский	Русь	
	де́тская	де́ти	
-ов-/-ев- + ый	дворцо́вый	дворе́ц	
	кольцево́й	кольцо́	
-е́йший	старе́йший	Adj. + -е́йший	Superlativ

3. Wortzusammensetzungen

столе́тие	сто + лет (год)	Jahrhundert
двухнеде́льный	двух (два, две) + неде́ля	zweiwöchig
трехра́зовый	трёх (три) + раз	dreimalig

2 Adjektiv: Kurzform

Neben den bekannten Adjektivformen gibt es im Russischen noch eine Kurzform, die in prädikativer Funktion verwendet wird. Sie wird mit dem Subjekt übereingestimmt.

Он знако́м с Са́шей.	Er ist mit Sascha bekannt.
Она́ знако́ма с Са́шей.	Sie ist mit Sascha bekannt.
Они́ знако́мы с Са́шей.	Sie sind mit Sascha bekannt.
Aber: Э́то мой знако́мый.	Das ist mein Bekannter.

	Singular		Plural	
maskulin	*neutrum*	*feminin*		
Ø-Endung	**-о**	**-а**	**-ы**	
до́лжен	должн**о́**	должн**а́**	должн**ы́**	müssen
ну́жен	ну́жн**о**	нужн**а́**	нужн**ы́**	brauchen
добр*	добр**о́***	добр**а́***	до́бр**ы́***	gut sein
дово́лен	дово́льн**о**	дово́льн**а**	дово́льн**ы**	zufrieden sein
знако́м	знако́м**о**	знако́м**а**	знако́м**ы**	bekannt sein
рад	—	ра́д**а**	ра́д**ы**	froh sein
располо́жен	располо́жен**о**	располо́жен**а**	располо́жен**ы**	gelegen sein
уве́рен	уве́рен**о**	уве́рен**а**	уве́рен**ы**	überzeugt sein

* In den Wendungen: Будь добр! Будь добра́! Бу́дьте добры́! Добро́ пожа́ловать!

3 Konjugation: Verben auf -авать

Sie kennen bereits die Konjugation der Verben mit dem Suffix -овать (siehe «сове́товать», 9. Lektion, Seite 92). Eine entsprechende Veränderung im Stamm haben die Verben auf -авать:

дава́ть	
я	даю́
ты	даёшь
он	даёт
мы	даём
вы	даёте
они́	даю́т

Genauso konjugiert werden:

продава́ть (verkaufen),
узнава́ть (erfahren; erkennen)
u. a.

1 Вы встре́тили ваших русских госте́й в аэропорту́. Побесе́дуйте (unterhalten) с ними по дороге из аэропо́рта в го́род.

2 Покажи́те вашим гостя́м из Росси́и ваш город: проведи́те для них небольшую экскурсию.

3 Напиши́те вашим гостя́м из Росси́и, как им пройти́ / прое́хать от гостиницы до вашей фирмы.

4 В аэропорту́ вашего города вы слы́шите разгово́р двух челове́к, которые то́лько что прилете́ли (ankommen) из Росси́и. Вы смо́жете им помо́чь?

5 Verwenden Sie diesen Auszug aus einem Prospekt über Berlin und erstellen Sie ein entsprechendes Programm über Ihre Heimatstadt auf Russisch.

In der spannendsten Kulturszene Europas

Es braut sich wieder was zusammen. In der Stadt, die keine Sperrstunden kennt, die bunt, schrill, avantgardistisch, multikulturell und dennoch auf liebenswerte Weise preußisch ist. Berlin zeigt sich Ihnen heute spannender, lebendiger und anziehender denn je. Mit neuem Gesicht, das geprägt ist von Künstlern, Geschäftemachern, Kreativen und Chaoten, die den gigantischen Kunstdschungel bevölkern.

KULTUR RUND UM DIE UHR

Drei Opernhäuser, 40 Theater und fast 400 freie Theatergruppen machen für Sie die berühmten Berliner Nächte zum Tag. Freuen Sie sich auf prickelnde Revues im Friedrichstadtpalast, auf einen unvergesslichen Abend in der Staatsoper. Besuchen Sie eine der schönsten Berliner Sprechbühnen, Deutsches Theater und Kammerspiele. Genießen Sie das „schönste Varieté Europas“, das Wintergarten Varieté. Erleben Sie eine klassische Aufführung der Schaubühne am Lehniner Platz. Und halten Sie sich unbedingt einen Abend für den Besuch im Theater des Westens frei. Und wenn Ihnen das noch nicht genügt, warten noch über 100 Kinos und 65 Museen auf Ihren Besuch.

ALLES WAS IN IST …

… treffen Sie im E-Werk in der Leipziger Straße. Oder im derzeit angesagtesten Jazz-Soul-Laden, dem Delicious Doughnuts. Im Exil trifft sich die Intellektuellen-Szene Berlins. Und in Kreuzberg treffen Sie alles und jeden. Wenn es Spaß macht, schlagen Sie sich eine lange quirlige Nacht um die Ohren und frühstücken danach auf dem Kurfürstendamm. Hier finden Sie elegante Boutiquen mit Namen wie Jil Sander, Versace und Chanel. Weniger edel, dafür um so origineller geht es auf dem Flohmarkt am S-Bahnhof Friedrichstraße zu.

Вы это уже знаете?

Обычно семья в России имеет двух- (20–25 кв. м. жилой площади), трёх- (35–45 кв. м.) или реже четырёхкомнатную (45–50 кв. м.) квартиру, включающую гостиную, спальню, детскую, кухню (6–12 кв. м.), ванную, туалет, которые иногда совмещены, прихожую и балкон-лоджию (часто крытую). Комнаты обычно небольшие, часто спальня является одновременно и кабинетом. Кухня используется обычно как столовая, где семья собирается вместе за ужином или за чаем.

Если раньше все квартиры принадлежали государству, то в настоящее время в России каждый гражданин имеет право приватизировать государственную или кооперативную квартиту, т. е. бесплатно получить её в частную собственность. Приватизированную квартиру он может продать, передать по наследству, сдать в пользование другому лицу и т. д. Переезд на новую квартиру – всегда большой праздник в жизни каждой семьи, и своей радостью она старается поделиться с родными и друзьями. Поэтому старинной традицией в России является празднование новоселья. Родственники, друзья, коллеги собираются вместе за праздничным столом, чтобы разделить радость новосёлов, пожелать им счастья, успехов.

На новоселье принято дарить подарки. Обычно стараются подарить то, что может пригодиться в хозяйстве. Родные и коллеги нередко делают коллективные подарки – сразу от нескольких человек или коллектива. При этом стараются узнать вкусы новосёлов.

Некоторые семьи до сих пор живут в так называемых «коммуналках», в которых одновременно живут в отдельных комнатах две, три семьи, имея общие кухню, ванную и туалет.

haben
inklusive
gehören
Staat, Gegenwart
Bürger, Recht
kostenlos
Privateigentum
verkaufen
vererben, vermieten
Übersiedelung
Verwandte
Wohnungseinweihung
schenken, Geschenk
sich bemühen
Hauswirtschaft
Geschmack
bis jetzt

18 Есть и проблемы …

A

▶ AB 1/2

1 Госпожа Виланд помогáет господину Волыгину.

– Эрика, я хотéл бы осмотрéть город самостоя́тельно. Как мне проéхать в центр?
– Сначáла вам нýжно купить талóны на городской трáнспорт. Вы мóжете это сдéлать в кассе предвари́тельной продáжи или в автомáте.
– А как пóльзоваться этими талóнами?
– Вам нýжно их прокомпости́ровать пря́мо в вагóне трамвая или в автобусе или пéред вхóдом в метрó. Юрий, я думаю, лýчше вам купи́ть недéльный проезднóй билéт на все ви́ды трáнспорта.
– Большое спасибо, Эрика. Ещё оди́н вопрóс: как звони́ть по телефону-автомáту в городе?
– Почти́ так же, как у вас. Для этого вам нужны́ монеты в оди́н, пять или дéсять шиллингов. Сначала вы снимáете трýбку, потом бросáете монету и набирáете номер. Если слы́шите корóткие гудки́, то это знáчит, что номер зáнят. Если дли́нные – жди́те ответа.
– А где я могý узнать номер телефона?
– В кáждой телефóнной бýдке есть телефóнная книга.
– Всё ясно. Большое спасибо, Эрика.
– Пожалуйста, Юрий, не стóит.

2 Это вéрно?

1. Господин Волыгин хóчет осмотрéть город самостоя́тельно.
2. Эрика Виланд даёт ему талóны на городской трáнспорт.
3. Господин Волыгин знает, как звони́ть по телефону-автомáту в городе.

▶ AB 3

3 Найди́те в диалоге отвéты на вопрóсы.

1. Как мóжно проéхать на городскóм трáнспорте?
2. Как звони́ть по телефону-автомáту в городе?

▶ AB 4

4 Erklären Sie Ihrem Gast aus Russland die Benutzung eines öffentlichen Telefons in Deutschland.

5 Помоги́те вашему гостю из России, который прие́хал к вам на два ме́сяца, запо́лнить регистрацио́нную ка́рточку (Meldezettel).

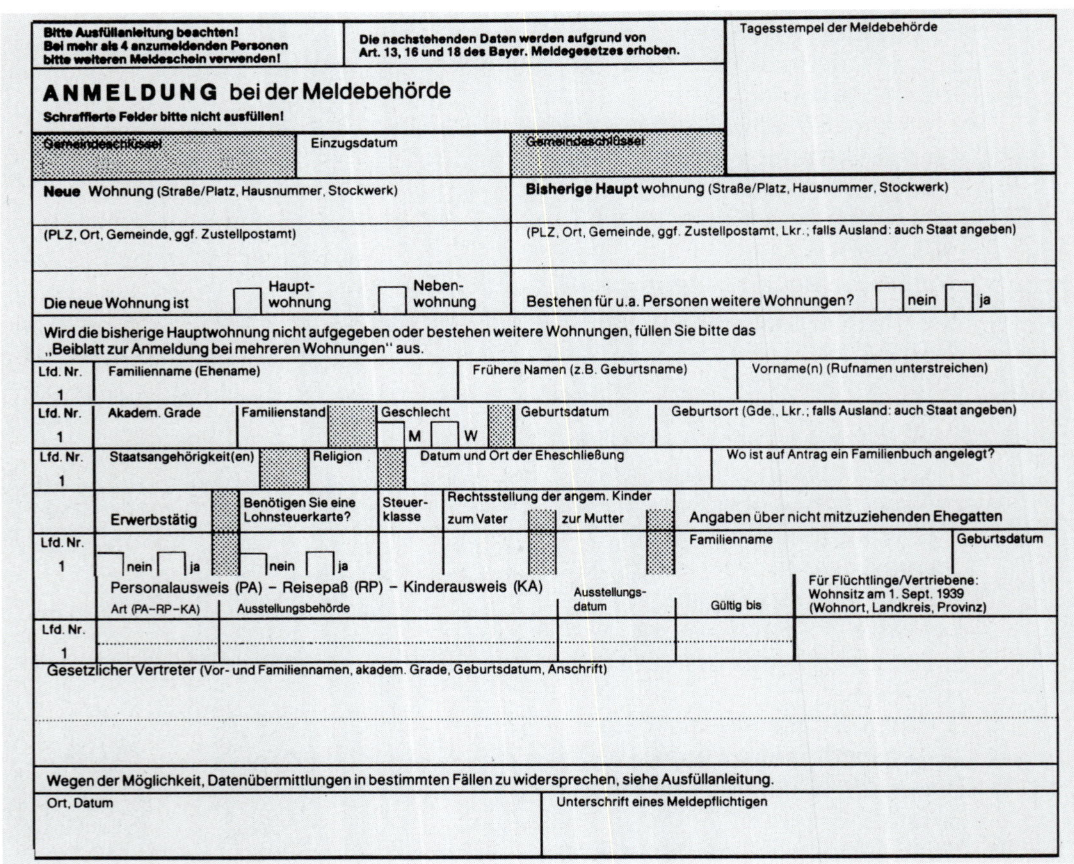

Bitte Ausfüllanleitung beachten!
Bei mehr als 4 anzumeldenden Personen bitte weiteren Meldeschein verwenden!

Die nachstehenden Daten werden aufgrund von Art. 13, 16 und 18 des Bayer. Meldegesetzes erhoben.

Tagesstempel der Meldebehörde

ANMELDUNG bei der Meldebehörde
Schraffierte Felder bitte nicht ausfüllen!

Gemeindeschlüssel | Einzugsdatum | Gemeindeschlüssel

Neue Wohnung (Straße/Platz, Hausnummer, Stockwerk)
(PLZ, Ort, Gemeinde, ggf. Zustellpostamt)

Bisherige Haupt wohnung (Straße/Platz, Hausnummer, Stockwerk)
(PLZ, Ort, Gemeinde, ggf. Zustellpostamt, Lkr.; falls Ausland: auch Staat angeben)

Die neue Wohnung ist ☐ Hauptwohnung ☐ Nebenwohnung

Bestehen für u.a. Personen weitere Wohnungen? ☐ nein ☐ ja

Wird die bisherige Hauptwohnung nicht aufgegeben oder bestehen weitere Wohnungen, füllen Sie bitte das „Beiblatt zur Anmeldung bei mehreren Wohnungen" aus.

Lfd. Nr. 1 | Familienname (Ehename) | Frühere Namen (z.B. Geburtsname) | Vorname(n) (Rufnamen unterstreichen)

Lfd. Nr. 1 | Akadem. Grade | Familienstand | Geschlecht ☐ M ☐ W | Geburtsdatum | Geburtsort (Gde., Lkr.; falls Ausland: auch Staat angeben)

Lfd. Nr. 1 | Staatsangehörigkeit(en) | Religion | Datum und Ort der Eheschließung | Wo ist auf Antrag ein Familienbuch angelegt?

Lfd. Nr. 1 | Erwerbstätig ☐ nein ☐ ja | Benötigen Sie eine Lohnsteuerkarte? ☐ nein ☐ ja | Steuerklasse | Rechtsstellung der angem. Kinder: zum Vater, zur Mutter | Angaben über nicht mitzuziehenden Ehegatten: Familienname, Geburtsdatum

Lfd. Nr. 1 | Personalausweis (PA) – Reisepaß (RP) – Kinderausweis (KA): Art (PA–RP–KA), Ausstellungsbehörde, Ausstellungsdatum, Gültig bis | Für Flüchtlinge/Vertriebene: Wohnsitz am 1. Sept. 1939 (Wohnort, Landkreis, Provinz)

Gesetzlicher Vertreter (Vor- und Familiennamen, akadem. Grade, Geburtsdatum, Anschrift)

Wegen der Möglichkeit, Datenübermittlungen in bestimmten Fällen zu widersprechen, siehe Ausfüllanleitung.

Ort, Datum | Unterschrift eines Meldepflichtigen

Б

▶ AB 5

1 Ве́чером Юрий Волыгин почу́вствовал себя́ пло́хо.

– Юрий, вы очень нева́жно вы́глядите. Что случи́лось?
– Вы знаете, Эрика, у меня на́сморк, боли́т голова́, го́рло то́же боли́т, да́же о́чень.
– А вы измеря́ли температу́ру?
– Да ...
– И ско́лько?
– 39.
– О, это высо́кая, да, очень высо́кая температу́ра. Вы, наве́рное, простуди́лись.
– Бою́сь, что вы пра́вы.
– Дава́йте вы́зовем врача́.
– Да, но у вас для этого, ка́жется, нужна́ медици́нская страхо́вка?
– Соверше́нно ве́рно, но мы офо́рмили для вас такую страхо́вку.

2 Вы по́няли, что случи́лось с Юрием Волы́гиным?
Stellen Sie die falschen Aussagen richtig.

1. У Юрия Волы́гина боли́т голова́.
2. Юрий Волы́гин ещё не измеря́л температуру.
3. У Юрия Волыгина боли́т рука́.
4. У Юрия Волы́гина высо́кая температу́ра, 38.
5. У Юрия Волы́гина нет медици́нской страхо́вки.

▶ AB 6–10

3 Помоги́те Юрию Волы́гину объясни́ться с врачо́м.

Врач: Guten Abend. Nun, was fehlt Ihnen?
Вы: …
Волыгин: Здравствуйте, доктор. У меня́ на́сморк, о́чень боли́т голова́ и го́рло.
Вы: …
Врач: Haben Sie Temperatur gemessen?
Вы: …
Волыгин: Да, 39.
Вы: …
Врач: Machen Sie bitte den Mund auf. Danke. Machen Sie sich frei. Ich muss Sie abhorchen. Tief atmen! Jetzt bitte nicht atmen! Danke. Rauchen Sie?
Вы: …
Волыгин: Да. Ну, как мои́ дела́, до́ктор?
Вы: …
Врач: Sie haben eine Erkältung. Hier ist ein Rezept. In zwei, drei Tagen sind Sie wieder gesund. Und viel trinken und schlafen. Aber bitte keine Zigaretten und keinen Alkohol.
Вы: …
Волыгин: Большо́е спаси́бо, до́ктор.
Вы: …
Врач: Gern geschehen. Auf Wiedersehen und gute Besserung!
Вы: …
Волыгин: Всего доброго! Ещё раз: большое спасибо, доктор!

▶ AB 11

В

1 Во вре́мя вашего пребыва́ния в Росси́и вы почу́вствовали себя́ нева́жно: у вас заболе́ла голова́. Какие из сле́дующих табле́ток могли́ бы вам помо́чь?

противовоспали́тельное де́йствие (entzündungshemmende Wirkung); боль, -и (Schmerz); пищевари́тельный (Verdauungs-); болеутоля́ющее де́йствие (schmerzstillend)

Церукал
Является регулятором двигательной функции пищеварительного тракта. Рекомендуется принимать при болях в желудке по 1 таблетке 3 раза в день после еды.

Стрептоцид
Оказывает противовоспалительное действие. Принимать при болях в горле по 1 таблетке каждые 3 часа.

Анальгин
Оказывает болеутоляющее действие. Рекомендуется принимать при головных болях по 1 таблетке 3 раза в день.

2 Das ist der Beipacktext für Aspro-Brausetabletten. Da Ihr russischer Gast starke Kopfschmerzen hat, schreiben Sie ihm auf, wie er die Tabletten zu nehmen hat.

ASPRO
BRAUSETABLETTEN

Dosierung
Soweit nicht anders verordnet,

	Erwachsene	Kinder ab 3 Jahre
Einzeldosis	1–2 Brausetabletten	1/2–1 1/2 Brausetabletten
Tagesdosis	bis 8 Brausetabletten	bis 1–4 Brausetabletten

Art der Anwendung
Die Brausetabletten in einem Glas Wasser vollständig auflösen und trinken. Die besondere Qualität von Aspro Brausetabletten wird durch eine Spezialfolie geschützt.
Hinweis: Aspro Brausetabletten soll nach Ablauf des angegebenen Verfalldatums nicht mehr angewandt werden.
Nicht über 25 °C lagern.

Arzneimittel für Kinder unzugänglich aufbewahren!

Г

▶ АВ 12

1 Этот разговор г-н Волыгин и г-жа Виланд услы́шали, когда́ е́хали в Венском метро.

2 Здесь всё пра́вильно?

1. В трамвае говоря́т два русских.
2. Оди́н из них уже́ очень хорошо́ говорит по-немецки, другой – очень пло́хо.
3. Они думают, что немецкий язык самый тру́дный, а венский диале́кт – это вообще́ кошма́р!

▶ АВ 13

3 Согла́сны (einverstanden sein) ли вы с тем, что немецкий язык – один из са́мых тру́дных в ми́ре?

Так говорят русские

■ Sie fragen, was Sie mit den Fahrkarten tun sollen:	Как по́льзоваться э́тими тало́нами?
■ Sie werden nach Ihren Beschwerden gefragt:	На что вы жа́луетесь?
■ Man bemerkt, dass Sie krank aussehen:	Вы о́чень нева́жно вы́глядите.
■ Man drückt Genesungswünsche aus:	Поправля́йтесь!
■ Sie haben Schnupfen:	У меня́ на́сморк.
■ Sie haben Kopf- und Halsschmerzen:	У меня́ боли́т голова́ и го́рло.
■ Sie haben sich erkältet:	Я простуди́лся/простуди́лась.
■ Sie haben Fieber gemessen:	Я измеря́л/измеря́ла температу́ру.

1 **Unpersönliches »man«**

In unpersönlichen Fragesätzen des Typs »Wie macht man das?« wird nur der Infinitiv verwendet:

Как купи́ть тало́н на городско́й тра́нспорт?	Wie kauft man einen Fahrschein? (*Wie (ist) zu kaufen ein Fahrschein?*)
Как по́льзоваться проездны́ми тало́нами?	Wie verwendet man Netzkarten? (*wörtlich:* Wie (sind) zu verwenden Netzkarten?)
Как по́льзоваться телефо́ном-автома́том?	Wie benützt man ein Telefon? (*wörtlich:* Wie (ist) zu verwenden ein Telefon?)

Vergleichen Sie diese Konstruktion mit den unpersönlichen man-Sätzen des Typs «Здесь говоря́т по-ру́сски.» (siehe Seite 48).

2 Rektion der Verben

Eine Reihe von russischen Verben zieht einen anderen Fall (Kasus) nach sich als im Deutschen.

Genitiv		
жела́ть/по~ (кому)	**чего́**	Я жела́ю тебе́ сча́стья, здоро́вья и успе́хов.
Dativ		
звони́ть/по~	**кому́**	Она́ звони́ла мне вчера́ ве́чером.
Akkusativ		
ждать/подо~	**что (чего́)**	Я жду трамва́й (*seltener:* трамва́я).
	кого́	Я жду Та́ню.
		Я жду Серге́я.
Instrumental		
занима́ться	**чем**	Она́ занима́ется му́зыкой.
	с кем	Она́ занима́ется со студе́нтами.
интересова́ться	**чем**	Мы интересу́емся му́зыкой.
	кем	Мы интересу́емся э́тим актёром.
станови́ться/стать	**кем**	– Кем ты хо́чешь стать?
		– Я хочу́ стать инжене́ром.
по́льзоваться	**чем**	Они́ по́льзуются проездны́ми тало́нами.

▶ AB 14

3 Mehrfachverneinung

Bei allen Verneinungen mit **ни-** muss auch das Verb zusätzlich mit **не** verneint werden. Das Objekt steht nach dieser Verneinung nicht, wie zu erwarten, im Akkusativ, sondern im Genitiv.

Что ты чита́ешь?	Я **ничего́ не** чита́ю.

In der einfachen Verneinung bleibt das Objekt unverändert:

Я не чита́ю.	Я не чита́ю э́ту кни́гу.

4 **Reflexivpronomen**

Da sich ein Reflexivpronomen immer auf das Subjekt des Satzes bezieht, gibt es im Nom. keine Form. Das Reflexivpronomen ist für alle Personen gleich.

Nom.	—
Gen.	себя́
Dat.	себе́
Akk.	себя́
Instr.	собо́й
Präp.	о себе́

Он взял с собо́й план.	Er hat den Plan mitgenommen. (*wörtlich:* Er hat den Plan mit sich genommen.)
Она́ спра́шивает себя́.	Sie fragt sich.
Aber:	
Я спра́шиваю себя́.	Ich frage mich.
Мы спра́шиваем себя́.	Wir fragen uns.

1 Ваши русские го́сти хотя́т самостоя́тельно осмотре́ть ваш город, в котором они впервы́е (zum ersten Mal). Помоги́те им сориенти́роваться в новых для них усло́виях (Bedingung): транспорт, телефон и т. д.

2 Помоги́те вашим русским гостя́м поня́ть, какие мероприя́тия (Veranstaltungen) предлага́ются.

3 Помоги́те вашим русским гостя́м вы́брать интересное мероприя́тие.

4 Это отры́вок (Ausschnitt) из информацио́нной програ́ммы «Изве́стия» Моско́вского радио. Что вы узна́ли из него́
- о планах трёх америка́нских учителе́й,
- о де́тских кинотеатрах в Москве?

Sa 1.7. (20 Uhr)
8. Abonnementkonzert D
der Münchner Philharmoniker
Philharmonie im Gasteig
Werke von Richard Strauss
Leitung: Horst Stein;
Solisten: Martha Argerich und Edgar Krapp
(Vorverkauf ab 10.6.)

Sa 1.7. und So 2.7.
„Rock over Germany 1995"
Open Air Festival
Olympiastadion
1.7.: Rod Stewart, Joe Cocker, Eros Ramazzotti, The Black Crowes, Six Was Nine, America, und Doc Lawrence

Sa 1.7. (20 Uhr)
Bell'Arte Musikalischer Sommer
Freiluftkonzerte im Brunnenhof der Residenz
(2. Abend)
„The Road of the Gipsy"
Zigeunermusik aus Rußland und Ungarn – Die Gruppen Kalyi Jag (Schwarzes Feuer) und Loyko aus André Hellers „Magneten"
Brunnenhof der Residenz
(bei Regen im Herkulessaal)

Sa 1.7. (19.30 Uhr)
Sommerkonzerte
Schloß Dachau (1. Abend)
Clemente Trio
Renaissancesaal Schloß Dachau
Werke von Beethoven, Grieg und Schubert

Вы это уже знаете?

В городах России существует широкая сеть общественного транспорта: автобусы, трамваи, троллейбусы, которые работают с 5 часов утра до 2 часов ночи.

Netz
öffentlich

В Москве, Санкт-Петербурге и других крупных городах страны с населением более миллиона жителей особенно популярно метро – самый комфортабельный вид транспорта. Оно работает с 6 часов утра до 1 часа ночи. Цена билета в городском транспорте не зависит от дальности поездки. Билеты на автобус, трамвай и троллейбус можно купить в специальных киосках или в подземных переходах, иногда – у водителя.

Bevölkerung
Fahrtlänge
шофёр

Карточки на метро продаются в кассах метро. Эти карточки вставляют в автоматы в вестибюле метро и проходят через специальные турникеты. Если вы часто пользуетесь транспортом, можно приобрести месячные проездные билеты на какой-то один вид транспорта, например, автобус, или «единый» на все виды транспорта.

verkaufen
einstecken
benützen
купить
Monatskarten

19 В гостях у друзей

А

1 Когда Юрий Волыгин был ещё в Москве, он получи́л от свои́х друзе́й из Мюнхена письмо.

Мюнхен, 25 февраля

Дорогой Юрий!

Наконец-то у нас время, чтобы написать тебе. Мы очень счастливы: два месяца назад мы купили дом с небольшим садом. Теперь у нас достаточно места. В доме пять комнат. Особенно счастливы дети. У них теперь своя комната. Но мы, конечно, тоже очень довольны. Расположение дома прекрасное, и он не очень дорогой. Недалеко от дома - лес и озеро, так что можно хорошо проводить свободное время, если оно есть.

Ждем тебя к нам в гости. Обязательно приезжай! Кстати, теперь у нас есть специальная комната для гостей.

С сердечным приветом, твои Клаудия и Отмар

2 Übersetzen Sie den Brief.

▶ AB 1 – 3

3 Напиши́те свои́м друзья́м в Росси́и письмо, что у вас есть новая квартира, и вы приглаша́ете их в го́сти.

Б

▶ AB 4

1 Юрий Волыгин хóчет навестúть своих друзéй в Мюнхене. Для этого он прóсит госпожу Виланд помóчь ему.

– Эрика, у меня к вам большáя прóсьба. В суббóту и воскресéнье я хотел бы навестúть моих друзéй в Мюнхене. Для этого мне нужно узнать, когда идут поездá на Мюнхен. Кроме тогó, мне нужно купить билет.
– О, это не проблема. Я сейчас же позвоню́ и узнáю, когда идут поездá. Вы когда хотúте поехать? Утром?
– Нет, я хотел бы поехать в пя́тницу пóсле пятú. А как будет с билетом?
– Его я тоже сейчас закажý. Вам, знáчит, нýжен билет тудá и обрáтно?
– Да.
– Первый класс?
– Нет, можно второй.
– Хорошо. Я бы́стренко запишý: один билет тудá и обрáтно, второй класс, после шестú часóв …
– Можно уже после пятú!
– Ах, да. Плацкáрту закажý на пя́тницу … это какое число? … пя́тница – это двáдцать, двáдцать, …, да, двáдцать шестóе.
– А где я получý билет?
– На вокзале, там, где вы обы́чно покупаете билеты.
– И когда?
– В пя́тницу, до вашего отъéзда.
– Большое вам спасибо, Эрика.
– Не стóит. Пожалуйста. Кстати, Юрий, у вас ужé есть вúза в Германию?
– Да, есть.
– Тогда всё в поря́дке.

2 Это вéрно? Stellen Sie die falschen Aussagen richtig.

1. Юрий Волы́гин хóчет навестúть своúх друзей в пя́тницу и суббóту.
2. Егó друзья́ живýт в Мюнхене.
3. Он хóчет поéхать в Мюнхен в пя́тницу ýтром.
4. Он уже знáет, когдá идýт поездá на Мюнхен.
5. Емý нýжен билет тудá и обрáтно.
6. Он хóчет éхать в пéрвом клáссе.
7. Плацкáрта емý не нужнá.
8. Госпожá Штейнер закáзывает билéт по телефóну.
9. У негó ещё нет вúзы в Гермáнию.
10. Он полýчит билéты по пóчте.

▶ AB 5–6

3 Вы нахóдитесь в Москве и хотúте поехать в Санкт-Петербург. Купите билет в железнодорóжной кассе.

4 Sie hinterlassen Ihren russischen Freunden eine kurze Mitteilung, dass Sie für sie zwei Bahnkarten 1. Klasse München – Dresden (mit Platzkarten) für Donnerstag bestellt haben. Der Zug fährt um 13.30 Uhr, die Karten sind am Schalter hinterlegt.

B

▶ AB 7

1 У друзе́й в Мюнхене

– Добро́ пожа́ловать, Юрий! Пожалуйста, проходи́! Раздева́йся!
– Спасибо. Это цветы́ для вас, Клаудиа, это тебе, а компакт-диск – для детей.
– О, большое спасибо – настоя́щее Кры́мское шампа́нское. Я его ещё никогда́ не пила.
– Ну, тогда́ уже пора́ попро́бовать! Отмар, вы с женой прекрасно вы́глядите. Ви́дно, что вы отли́чно отдохну́ли. Кста́ти, где вы отдыхали?
– В Италии в гора́х.
– Ну и как?
– Нам всем там очень понра́вилось. Прекрасная панора́ма, отли́чная пого́да, хоро́ший снег. А итальянская кухня и итальянское вино́ – про́сто восто́рг!
– А гостиница?
– Мы снима́ли ма́ленькую квартиру. Когда мы е́здим с детьми́, это о́чень удо́бно.
– А как с языко́м? Вы говорите по-итальянски?
– Мы так часто е́здили в Италию, что уже без проблем обща́емся по-итальянски. Да́же наш Андреас – ему 16 лет – уже дово́льно много понимает.
– Вы ката́лись на лы́жах?
– Да, но не только. Мы и осматривали достопримеча́тельности, а их там много. А когда у тебя начнётся отпуск?
– К сожалению, только че́рез четыре ме́сяца.
– Юрий, всегда, когда я смотрю́ на тебя, я думаю, что ты настоя́щий спортсмен. Каким ви́дом спорта ты занимаешься, е́сли не секрет?
– Пла́ванием. Два раза в неделю хожу на трениро́вки. А ты?
– Ну, я не такой уж спортсме́н. Зимо́й ката́юсь на лы́жах, а ле́том – даже не знаю, каким спортом я занима́юсь. Ра́ньше играл в те́ннис и вообще́ люби́л все и́гры в мяч.
– Раньше я тоже бо́льше занима́лся спортом: лёгкой атле́тикой, альпини́змом, зимо́й ходи́л на лы́жах, ката́лся на конька́х … Но: Ино́е вре́мя – ино́е бре́мя.

2 Вы, конечно, по́няли разговор. Соотве́тствуют (entsprechen) ли все выска́зывания разговору? Stellen Sie die falschen Aussagen richtig.

1. В Мюнхене идёт дождь.
2. Отмар и Клаудиа Биндер отдыхали на о́зере в Швейца́рии.
3. Пого́да была очень плоха́я.
4. Они поехали туда́, чтобы осмотре́ть все достопримеча́тельности.
5. Вся семья́ хорошо́ знает итальянский язы́к.
6. Господин Биндер отличный спортсме́н.
7. Юрий Волыгин очень лю́бит играть в те́ннис.

▶ AB 8–9

3 Расскажите партнёрам по группе о том, как вы любите отдыхать.

▶ AB 10–11

4 Расскажите вашим коллегам, каким ви́дом спорта вы любите заниматься летом, а каким зимой.

5 Вы верну́лись из о́тпуска, который вы провели́ в России, вместе с семьёй. Ваш русский коллега, с которым вы работаете вместе на фирме, интересу́ется (sich interessieren), как вы провели́ о́тпуск.

Г

1 Dieses Lied ist auf der CD, die Юрий mitgebracht hat.

Пе́сенка о голубо́м ша́рике

(Була́т Окуджа́ва)

Де́вочка пла́чет: ша́рик улете́л, — sie weint, Luftballon
Её утеша́ют — а ша́рик лети́т. — man tröstet sie

Де́вушка пла́чет: жениха́ всё нет. — Bräutigam
Её утеша́ют — а шарик летит.

Же́нщина плачет: муж ушёл к другой.
Её утешают — а шарик летит.

Плачет стару́ха: мало пожила́. — alte Frau
А шарик вернулся — а он голубой. — blau

Так говорят русские

■ Sie wenden sich an jemanden mit einer Frage:	Прости́те, пожа́луйста, … Скажи́те, пожа́луйста, … Вы не ска́жете, … Вы не могли́ бы …? У меня́ к вам вопро́с/про́сьба.
■ Sie möchten sich schnell etwas notieren:	Я бы́стренко запишу́ э́то.
■ Sie möchten eine Hin- und Rückfahrkarte ■ nach …:	Пожа́луйста, оди́н биле́т в (Москву́) и обра́тно.

1 Zeitangaben

1. че́рез две неде́ли		in/nach zwei Wochen *(nach Ablauf einer Zeitspanne)*
Они́ прие́дут **че́рез** две неде́ли. Они́ прие́хали **че́рез** две неде́ли.		Sie werden **in** zwei Wochen kommen. Sie kamen **nach** zwei Wochen.
че́рез неде́лю че́рез ме́сяц	че́рез три неде́ли че́рез два ме́сяца	че́рез пять неде́ль че́рез пять ме́сяцев
2. две неде́ли наза́д		vor zwei Wochen *(vor einer Zeitspanne)*
Они́ прие́хали две неде́ли **наза́д**.		Sie kamen **vor** zwei Wochen
неде́лю наза́д ме́сяц наза́д	три неде́ли наза́д три ме́сяца наза́д	пять неде́ль наза́д пять ме́сяцев наза́д
3. до отъе́зда		vor der Abfahrt *(vor einem Zeitpunkt)*
с пе́рвого до тре́тьего апре́ля		vom ersten bis zum dritten April *(bis zu einem Zeitpunkt)*
Auch: до на́шего до́ма		bis zu unserem Haus *(bis zu einem Ort)*

2 Pronomen: «весь, вся, всё; все»

maskulin/neutrum	*feminin*	*Plural*
весь/всё	вся	все
всего́	всей	всех
всему́	всей	всем
Nom./Akk.	всю	Nom./Akk.
всем	всей	все́ми

3 «мы с жено́й»

Wenn die Gemeinsamkeit des Handelns besonders hervorgehoben werden soll, wird die Struktur мы с жено́й – meine Frau und ich (*wörtlich:* wir mit der Frau), вы с жено́й – deine Frau und du/Ihre Frau und Sie (*wörtlich:* ihr mit der Frau) verwendet: Вчера ве́чером мы с жено́й бы́ли в теа́тре.

мы с тобо́й	du und ich (*wörtlich:* wir mit dir)
мы с ним	er und ich (*wörtlich:* wir mit ihm)

1 Ваш русский гость хо́чет поéхать в Дрезден. Вот расписа́ние поездо́в (Fahrplan). Helfen Sie Ihrem Gast bei der Auswahl des richtigen Zuges und besprechen Sie mit ihm seine Wünsche, um alles telefonisch bestellen zu können.

München Hbf
→ Dresden Hbf

DB

ab	Zug	Umsteigen	an	ab	Zug	an
4.53	IC 804	Nürnberg Hbf	6.29	6.39	IR 2661	**11.53**
6.57	IR 2063					**14.01**
8.49	IC 706	Leipzig Hbf	14.18	14.25	IR 2635	**15.53**
8.57	IR 2161	Hof Hbf	12.34	12.38	IR 2665	**16.03**
10.57	IR 2065					**18.01**
12.57	IR 2602	Reichb.(V) o Bf	17.40	17.45	IR 2669	**19.53**
14.28	D 1667					**21.57**
14.57	IR 2067					**22.03**
23.08	D 1961					**7.02**

2 Ваших друзей интересу́ют маршру́ты в Гре́цию. Просмотри́те сле́дующую газе́тную отры́вку и найди́те объявле́ния о том, где можно провести́ о́тпуск. Запиши́те для них а́дрес и но́мер телефона тех аге́нств, где они смогли́ бы купи́ть путёвку (Reisearrangement).

● РЕКЛАМА

МОСКВА-ТУР

103051, Москва, Петровские линии, 2/18, г-ца "Будапешт".
Факс: 928-14-59, 921-32-42.
Телекс: 411197 MMF SU.
Тел.: 921-50-12 (24-25).
В С.-Петербурге: 234-26-37 (28-32),
в Казани: 32-05-55,
в Н. Новгороде: 37-61-00, 33-17-75,
в Воронеже: 50-92-14,
в Екатеринбурге: 55-69-71.

ОТДЫХ НА СРЕДИЗЕМНОМ МОРЕ
921-89-54, 928-30-16.

ФРАНЦИЯ - A/R FRANCE - Париж - 7 дн., 2* супер - 795 $. Ницца - 11 дн., 3 * - от 1045$, Ницца (7 дн. 3*) + Париж (4 дн., 2 * супер) - от 1295 $.
921-45-58 (33-49), 928-54-04 (81-11).

ИТАЛИЯ - Римини - 7 дн.. 3-5 * - от 495 $. Сицилия - 7 дн.. 2-4 * - от 545 $. Рим. Венеция. Сан-Марино.
921-12-48 (13-36).

ИСПАНИЯ - Коста дель Сол - 10 дн. - от 645$. Малага + Севилья + Кордова + Гранада + Нерха + Малага. 11 дн. - от 1095 $. Канары - 7. 14 дн. - от 795 $.
921-89-55, 928-49-47.

ТУРЦИЯ - Анталья - 7. 14 дн.. 3-5 * - от 475 $.
921-53-80.

ГРЕЦИЯ, о. Крит - 7, 11 дн., 3-5 * - от 665 $, о. Крит (7 дн.) + Афины (3 дн.) - от 995 $, Афины - от 525 $, Салоники - 395 $.

КИПР - Лимассол - 7 дн., 3-5 * - от 595 $.
921-85-80.

ТУНИС + МАЛЬТА - 10 дн., 4 * - от 795 $,
921-64-20.

ОТДЫХ НА КРАСНОМ И ЧЕРНОМ МОРЕ
921-53-41 (06-02), (22-28), 928-71-79 (30-89).

ЕГИПЕТ, ХУРГАДА, 2-5 * - 295-695 $, Хургада + Каир, Круиз по Нилу (7 дн.) + Хургада (3 дн.) - от 695 $.
921-95-87.

БОЛГАРИЯ, Албена, Золотые пески, лучшие отели 1 и 2-й линии - 14 дн., 2, 3* - от 445 $.

ЮГО-ВОСТОЧНАЯ АЗИЯ
921-95-87.

МАЛЬДИВЫ - 7, 14 дн.. 4. 5 * - от 795 $.
ШРИ-ЛАНКА - 7, 14 дн. от 595 $.
ТАИЛАНД - Бангкок. Паттайя - 8 дн. - от 695 $. **СИНГАПУР - МАЛАЙЗИЯ** - 1295 $.
928-75-12.

СИРИЯ - Дамаск. Алеппо. Латакия - 5. 8 дн.. 3 * - от 430 $.
ЛИВАН - Бейрут - 8 дн., 3 * - 490 $.

МОРСКИЕ КРУИЗЫ ПО СТРАНАМ ЗАПАДНОЙ ЕВРОПЫ И СРЕДИЗЕМНОМОРЬЮ
928-51-15, 921-33-43 (22-88).

3 Ваша русская знакомая, с которой вы работаете вместе на предприятии в Москве, вернулась из отпуска. Она провела́ его у вас на родине (Heimat). Побеседуйте с ней об этом.

4 Вы получи́ли письмо от ваших знакомых из России. Они про́сят вас рассказать о вашей квартире. Отве́тьте им на письмо.

Вы это уже знаете?

У русских не принято приглашать в гости письменно и заранее. Обычно они приглашают по телефону за два – три дня. Как правило, это обычно бывает ужин – часов в шесть, семь. С пустыми руками у русских не принято приходить в гости. Обычно хозяйке дома приносят цветы, а хозяину – бутылку чего-нибудь спиртного.

üblich
leer
Hausfrau
Blumen
Alkoholisches

Пришедшие гости сразу же садятся за стол, на котором стоят все напитки. Угощение, как правило, включает три смены: закуска (салаты, грибы, соленья, селёдка, рыба, колбаса, ветчина), горячее (мясо или рыба с каким-нибудь гарниром, птица) и чай, к которому подают сладкие пироги и торты, которые хозяйка печёт сама. Из напитков на столе будет и водка, и вино, и коньяк, минеральная вода или лимонад.
У русских обязательны тосты (за гостей, за хозяев, за детей, за благополучие в семье). Тот, кто произносит тост, обычно встаёт. Такой ужин продолжается в очень весёлой атмосфере три – четыре часа.

Bewirtung
Gang, Vorspeise
Pilz, Eingesalzenes, Hering
süß, Piroggen
backen
Wohlergehen

20 Повторение – мать учения

1 В московской газете вы нашли́ эту рекламу. Вас заинтересова́ло предложе́ние об организа́ции рекла́мной компа́нии. Вы звони́те в Москву, чтобы догово-ри́ться о встрече, но вашего партнёра пло́хо слы́шно, и вы вы́нуждены всё время переспра́шивать.

МНОГОПРОФИЛЬНАЯ ХОЛДИНГОВАЯ КОМПАНИЯ

ПРИГЛАШАЕТ ВАС ПРИНЯТЬ УЧАСТИЕ В КОНКУРСЕ НА ЗАМЕЩЕНИЕ ВАКАНТНЫХ ДОЛЖНОСТЕЙ

АДМИНИСТРАТИВНОЕ УПРАВЛЕНИЕ

зам. генерального директора по персоналу	мужчина 30–45 лет, образование высшее + подготовка по управлению человеческими ресурсами, опыт работы на руководящих должностях в крупных СП или российских филиалах инофирм около 2 лет
директор пресс-службы	мужчина или женщина 30–40 лет, высшее экономическое либо гуманитарное образование, опыт работы в отделах связей с общественностью, желателен опыт публичных выступлений, наличие публикаций по экономической тематике в центральных средствах массовой информации

ФИНАНСОВОЕ УПРАВЛЕНИЕ

заведующий планово-экономическим	специализация – экономика и отделом планирование врешнеторговой деятельности, розничной торговли товарами широкого потребления, оптовой валютной и рублевой торговли, операции с недвижимостью. Требования – мужчина 30–45 лет, стаж руководства планово-экономическими службами не менее 3 лет
главный бухгалтер	мужчина 35–45 лет, опыт работы в крупных коммерческих организациях или банках не менее 10 лет, стаж работы главным бухгалтером не менее 5 лет. Стаж работы в СП или российских филиалах инофирм желателен, опыт ведения компьютерного бухучета

ТОРГОВОЕ УПРАВЛЕНИЕ

ведущие специалисты импортного	мужчины 25–40 лет, образование отдела и отдела экспортно-бартерных высшее техническое, операций экономическое или юридическое, стаж работы в крупных СП или российских филиалах инофирм не менее 3 лет, разговорный английский
эксперт-консультант отдела экспортно-бартерных операций	мужчины 40-60 лет со стажем работы на руководящих должностях среднего и высшего руководящего звена предприятий или министерств, специализирующихся на производстве продукции экспортной группы

УПРАВЛЕНИЕ ЦЕННЫХ БУМАГ

директор депозитария	мужчина 30–40 лет, образование высшее техническое, финансовое или экономическое, опыт работы по внедрению компьютерных банковских систем, практический опыт по разработке и проведению крупных эмиссионных проектов
главный специалист по страхованию	мужчина или женщина 28–35 лет, образование высшее техническое, экономическое или финансовое, стаж экспертной работы в страховом бизнесе около 2 лет, стажировка за рубежом желательна

Для участия в конкурсе Вам необходимо направить по адресу: 115407, г. Москва, а/я 109, пакет документов, включающий в себя:

1. Фотографию, сделанную в 1995-96 годах.
2. Копии документов, подтверждающих Ваше образование и/или квалификацию.
3. Подробную автобиографию с указанием основных этапов Вашего образования и последующей служебной карьеры о указанием характера выполняемой работы и достигнутых успехов.

2 В ваш город приéхала группа российских специалистов из фирмы-партнёра. Проведи́те для них автобусную экскурсию по городу.

3 Во время вашего пребывáния в России вы останови́лись в гостинице. Расспроси́те вашего российского партнёра, как пóльзоваться телефоном, где купить открытки, талоны на городской трáнспорт, как пóльзоваться метро, автóбусом и т.д. В этом вам помóжет слéдующая инфомáция:

> телефон: автомат или переговорный пункт (междугородний разговор), жетóны на почте или заказ разговора на переговорном пункте;
>
> открытки и марки: в газетных киосках или на почте;
>
> талоны на городской транспорт: в специальных киосках, в киосках «Спорт-лото» или прямо у водителя, а также в метро (жетоны);
>
> единый месячный проездной билет на все виды транспорта;
>
> пользование транспортом: автобус, троллейбус, трамвай: компостирование талонов в вагоне; метро: опустить (einwerfen) жетон

4 После подписáния договóра в Москве вы прису́тствуете на обéде в ресторане с руководи́телем российской фирмы. Побесéдуйте с ним и произнесите тост.

5 Во время вашего пребывáния в России вы почу́вствовали себя плохо. Ваши русские партнёры вы́звали врачá. Расскажи́те ему, на что вы жáлуетесь.

6 Во время вашей командирóвки в Россию вы хоти́те навести́ть своих друзéй в Одессе. Узнайте расписáние самолётов и закажите билет в авиакáссе.

ТРАНСАЭРО
АВИАЦИОННАЯ КОМПАНИЯ

РАСПИСАНИЕ

из Москвы
в Москву

БЕРЛИН	**4J309**	14.20	15.00	Б757	-
1.3.5.7	**4J310**	15.50	20.15	CY	
ВЛАДИВОСТОК	**4J111**	22.30	14.05	Б757	-
1234567	**4J112**	15.30	17.30	CY	
ЕКАТЕРИНБУРГ	**4J109**	01.50	06.20	Б737	-
1234567	**4J110**	07.35	08.00	CY	
КИЕВ	**4J201**	09.10	09.50	Б737	-
1.3....	**4J202**	11.30	14.00	CY	
НИЖНЕВАРТОВСК	**4J105**	01.00	06.30	Б737	-
1234567	**4J106**	07.30	09.20	CY	
НОВОСИБИРСК	**4J107**	00.30	07.40	Б737	-
1234567	**4J108**	09.00	10.30	CY	
НОРИЛЬСК	**4J101**	01.30	09.20	Б757	-
1.34567	**4J102**	11.00	11.10	CY	
ОДЕССА	**4J221**	11.50	12.50	Б737	-
.2.456.	**4J222**	13.40	16.35	CY	
ОДЕССА	**4J221**	17.30	18.30	Б737	-
1.3...7	**4J222**	19.30	22.25	CY	
РИГА	**4J217**	18.40	19.10	Б737	-
.2.4...	**4J218**	20.10	22.50	CY	

НОВЫЕ НАПРАВЛЕНИЯ

БЕРЛИН
ФРАНКФУРТ

26 МАРТА - 15 ИЮНЯ
1 9 9 5

7 Ваши друзья́ из Омска провели́ о́тпуск там, где вы тоже много раз отдыхали. Побесе́дуйте с ними об этом.

8 Во время посеще́ния Кремля́ вы слушаете объяснения с магнитофона. Что вы узнали нового об этих достопримеча́тельностях?

9 В ваше отсу́тствие на ваш автоотве́тчик поступи́л телефона́т. Прослу́шайте его и скажите, кто вам звони́л и что он вам предложи́л?

10 Вы хоти́те приня́ть уча́стие в междунаро́дной вы́ставке в вы́ставочном центре в Москве. Пошли́те туда факс и сообщи́те о своём прибы́тии на вы́ставку.

11 Вы хоти́те найти́ квартиру для своего́ о́фиса в Екатеринбу́рге. Напиши́те объявление об этом в ме́стную газету по образцу́:

> Семья (... человека) снимет ...– комнатную квартиру с телефоном вблизи станции метро на ... лет. Звонить после .... часов: 334 82 24, Аркадий Петрович.

12 Пошли́те телеграмму свои́м друзья́м в Калинингра́д о том, что вы не смогли́ прие́хать к ним из-за боле́зни (wegen einer Krankheit).

13 Вы нахо́дитесь на о́тдыхе в Испа́нии. Пошли́те откры́тку своим друзья́м в Москву.

▶ AB 1–10

14 Для усоверше́нствования своих зна́ний русского языка́ вы реши́ли поработать оди́н год в России. Найди́те в сле́дующих рекла́мах работу, которая вас устро́ила бы.

БИРЖА ТРУДА

РАБОЧИЕ СПЕЦИАЛЬНОСТИ

1. **Повара, водители-экспедиторы на груз. а/м (до 35 л.).** АООТ "Черкизовский мясоперерабатывающий завод", **т. 162-32-78.**

2. **Высококвалифицированные асфальтобетонщики, машинисты: мотокатка, экскаватора, тракторного погрузчика, от 900 тыс. руб.** Строительная организация (р-н Тушино), **т. 497-90-45.**

3. **Электрик, слесарь, сантехник.** Пансионат № 9 для ветеранов труда, **т. 494-85-16.**

4. **Слесари по рем. а/м, газоэлектросварщики, жестянщики, мотористы.** АО "Рейс", **т.: 187-32-19, 187-82-29.**

СПЕЦИАЛИСТЫ И СЛУЖАЩИЕ

1. **Торговые представители (жен., прож. в Москве, график раб. своб.).** Аргентинская косметическая компания "Виа-Вальросса", **т. 207-34-11** (с 10.00 до 18.00).

2. **Начальник котельной (муж., до 35 л., с опытом раб.), агенты коммерческого отдела, бухгалтер.** АООТ "Черкизовский мясоперерабатывающий завод", **т. 162-32-78.**

3. **Печатники высокой и плоской печати, от 200 тыс. руб., переплетчики от 450 тыс. руб., вахтер** (сутки ч/трое), **130 тыс. руб.** Типография издательства МГУ, **т.: 939-28-71, 939-32-91.**

4. **На конкурсной основе: конструкторы, портные, продавцы.** Дом моды женской одежды, **т. 921-01-01.**

5. **Главный бухгалтер** (опыт раб. в торговле, знан. ПК). МП "Элен", **т. 116-32-97** (12.00-14.00).

6. **Страховые представители** (обуч. беспл.). Страховая акционерная компания, **т. 195-60-56.**

7. **Дилеры популярных в России программ** (опыт раб. с IBM PC). "Руна ЛТД", **т.: 264-38-66, 235-96-88.**

8. **Страховые представители** (обуч. беспл., трудоустройство). Ресо "Гарантия", **т.: 250-36-00, 250-38-43.**

Департамент труда и занятости правительства Москвы

Переговоры

П1 Начало бизнеса

▶ AB 1

1 Господин Крюгер звонит Вале́рии Серге́евне Митрофа́новой.

– Алло.
– Госпожа Митрофа́нова?
– Да.
– Здравствуйте, госпожа Митрофанова. Это говорит новый представи́тель фирмы «Баукран АГ». Меня зовут Свен Крюгер.
– Здравствуйте, господин Крюгер. Очень рада с вами познакомиться.
– И я очень рад. Вале́рия Сергеевна, я хотел бы с вами лично познакомиться. Мы не могли бы встретиться?
– Конечно. Когда вы предлагаете?
– Вас устроит пятница, скажем, в 11 часов?
– Да, вполне. Вы к нам приедете?
– Если вас не затруднит, я хотел бы пригласить вас к нам в наш новый офис. И после разговора я хотел бы пригласить вас в новый итальянский ресторан. Он почти рядом с нашим офисом.
– В таком слу́чае я с удово́льствием приеду к вам.
– Вале́рия Серге́евна, наш сотрудник, господин Вебер, заедет за вами в 10.30.
– Прекрасно! До свидания, господин Крюгер.
– Всего доброго, Валерия Сергеевна.

2 Вы все по́няли?

1. Кто такой Свен Крюгер?
2. Почему он звони́т госпоже Митрофа́новой?
3. Когда и где они встре́тятся?

▶ AB 2/3

3 Вы хотите лично познакомиться с вашим новым партнером и звоните ему по телефону.

4 Вам звонит из Москвы представитель фирмы-партнера, чтобы договориться о встрече в Москве.

▶ AB 4

5 Господин Крюгер принимает госпожу Митрофа́нову.

– Добрый день, Вале́рия Серге́евна! Очень рад вас видеть. Пожалуйста, раздевайтесь, проходите!
– Я тоже очень рада с вами лично познакомиться.
– С господином Вебером вы уже знакомы. А это госпожа Чистяко́ва.
– Здравствуйте.
– Здравствуйте.

– Вале́рия Серге́евна, садитесь, пожалуйста. Кофе или чай?
– Спасибо. Кофе, если можно.
– Вы ку́рите, Вале́рия Серге́евна?
– Нет, бро́сила.
– Поздравляю вас. Пожалуйста, сахар, молоко. Я знаю, что русские обычно пьют кофе с сахаром.
– Вы абсолютно правы. Но я, в таком случае, исключение: пожалуйста, без сахара и без молока. Господин Крюгер, вот что я хотела еще у вас спросить. Сколько сотрудников сейчас работает на фирме «Баукран АГ»?
– Тысяча человек.
– И вы прежде всего работаете на немецком рынке?
– Не только. Почти 50 процентов нашей продукции мы экспортируем в страны западной Европы. Наши основные партнеры – Австрия и Италия.
– А с восточной Европой у вас есть контакты?
– С 1992 года мы сотрудничаем с Чехией, Словакией и Польшей. А с прошлого года у нас есть представительство здесь в Москве.

6 Здесь все верно?

1. Господин Крюгер уже давно лично знаком с госпожой Митрофановой.
2. Госпожа Митрофанова не курит.
3. Она пьет кофе без сахара и без молока.
4. На фирме «Баукран АГ» работает восемьсот человек.
5. Фирма «Баукран АГ» экспортирует почти 50 процентов своей продукции.
6. Основные партнеры фирмы «Баукран АГ» – Австрия и Швейцария.

▶ AB 5–9

7 Вале́рия Серге́евна гото́вит докладну́ю запи́ску (Aktenvermerk) о фирме «Баукран АГ» для своего́ нача́льника (Chef). Что она́ запи́сывает?

Баукран АГ

представитель в Москве ______
____
сотрудники ___________________
____
экспорт ______________________
____
основные партнеры ____________
____
восточная Европа _____________
____
Россия _______________________
____

8 Вы встречаете нового представителя российской фирмы у себя. Познако́мьтесь с ним, расскажите немного о вашей фирме. Он тоже рассказывает о своей фирме и вручает (überreichen) вам свою визитную карточку.

9 Вы звоните на фирму-партнер в Москву, но вам отвечает автоответчик. Прореагируйте на просьбу автоответчика.

В. ЛУГОВКИН

КАК БЫСТРО РАСТУТ ДЕТИ

[1]мойдоды́р – (Anspielung auf eine Erzählung von К. Чуко́вский, *hier:* Babykram, Kinderkram, *wörtlich:* Wasche bis zu den Löchern!) [2]ска́зка – Märchen

1 Abweichung im Gen. Pl.

Ein abweichender Genitiv Plural nach Zahlwörtern liegt bei den Substantiven челове́к und раз vor.

оди́н человек, два челове́ка → пять челове́к
оди́н раз, два ра́за → пять раз

2 Präposition: »seit«

Zur Wiedergabe der deutschen Präposition »seit« gibt es im Russischen zwei Möglichkeiten:

1. »seit« einer Zeitspanne:	Akk. ohne Präposition
Он рабо́тает на э́той фи́рме уже́ три го́да.	Er arbeitet in dieser Firma schon seit drei Jahren. (= Er arbeitet in dieser Firma schon drei Jahre.)
2. »seit« einem Zeitpunkt:	c + Gen.
Он рабо́тает на э́той фи́рме с про́шлого го́да.	Er arbeitet in dieser Firma seit dem Vorjahr.

П2 Запрос и предложение

1 Вот какой факс получила фирма «Баукран АГ»

АО СТРОЙТЕХНИКА
136 024 Москва, Ленинский пр., д. 47
тел.: 256-38-76, факс: 256-38-78

«Баукран АГ»
г-ну Крюгеру
Москва
факс: 423 36 74

Многоуважаемый господин Крюгер!

С благодарностью подтверждаем получение Ваших каталогов. Ваши приборы нас очень интересуют. Мы особенно заинтересованы в приборе типа АД-650. Но нам нужна дополнительная информация.

В ожидании Вашего скорого ответа

с уважением

В.С. Митрофанова
Директор производства

Москва, 28. 5. с.г.

2 Вас просят перевести́ факс.

▶ AB 1/2

3 Господин Крюгер звонит в фирму «Стройтехника».

– Слушаю.
– Добрый день! Моя фамилия Крюгер. Я из фирмы «Баукран АГ».
– Здравствуйте, господин Крюгер. Это Митрофанова. Очень рада вас слышать. Господин Крюгер, вы получили наше письмо?
– Да. И я хотел бы поблагодарить вас за ваш интерес к нашим приборам. Кроме того, я хотел бы передать вам дополни́тельную информацию о наших приборах. Могу ли я к вам зайти?
– Конечно. Вас устроит среда, скажем, 10 часов?
– Да, вполне. Значит, я приеду к вам в среду в 10 часов.
– Прекрасно. Всего доброго, господин Крюгер!
– До встречи, всего хорошего, Вале́рия Серге́евна!

4 Entspricht die folgende Zusammenfassung dem Telefongespräch?

Господин Крюгер звонит госпоже Митрофановой, чтобы поблагодарить ее за интерес к приборам. Кроме того, он хочет с ней встретиться, чтобы передать дополнительную информацию о приборах. Они договариваются встретиться в среду в де́сять часо́в у госпожи Митрофановой.

▶ AB 3

5 Вы получили факс от фирмы-партнера с запросом информации о ваших приборах. Позвоните на фирму-партнер и договоритесь о встрече.

▶ AB 4

6 Господин Крюгер и госпожа Митрофанова ведут переговоры в фирме «Стройтехника».

– Господин Крюгер, мы с большим интересом изучили ваши каталоги. Они, кстати, очень красиво иллюстрированы.
– Очень рад это слышать.
– Мы очень заинтересованы в ваших приборах, особенно в приборах типа АД-650. Не могли бы вы сделать нам предложение на два прибора?
– С удовольствием.
– По данным каталога мы не можем решить все вопросы. Поэтому прошу вас передать нам и подробное техническое описание этого прибора.
– Конечно. Я думаю, что смогу передать вам предложение на следующей неделе.
– Кстати, ваши приборы уже работают в России?
– Три прибора типа АК-300, а приборов АД-650 пока нет.
– Жаль, нам было бы очень интересно увидеть, как работает именно этот прибор.
– В таком случае я вам вот что предлагаю. Приборы типа АД-650 работают, конечно, у нас в Германии, два прибора – в Чехии. Можно было бы при-

гласить вашего специалиста в Германию. Тогда он мог бы познакомиться со всеми типами этого прибора и выбрать самый подходящий. Как вы смотрите на это предложение?
– Я полностью с вами согласна.
– Кстати, с нашими условиями поставки и платежа вы знакомы?
– Не очень, у нас пока только ваши каталоги. Уточните, пожалуйста, условия в своем предложении. Простите, когда вы передадите ваше предложение? На следующей неделе, вы сказали?
– Да, я постараюсь. И большое спасибо за ваш запрос.

7 Здесь все верно?

1. Каталоги не очень нравятся фирме «Стройтехника».
2. Фирма «Стройтехника» особенно заинтересована в приборах типа АД-650.
3. Фирма «Стройтехника» просит сделать предложение на десять приборов.
4. Господин Крюгер приглашает специалиста фирмы «Стройтехника» в Германию.
5. Фирма «Стройтехника» знакома с условиями поставки и платежа.
6. Господин Крюгер хочет передать предложение на следующей неделе.

▶ AB 5–7

8 Ihr Kollege, Herr Schmidt, spricht nicht Russisch. Übersetzen Sie bei den Verhandlungen.

Мака́рова: Итак, господин Шмидт, мы с большим интересом изучили ваши каталоги. Они очень красиво иллюстрированы.
Вы: …
Schmidt: Es freut mich, das zu hören.
Вы: …
Мака́рова: Мы очень заинтересованы в приборах типа Г-15. Может быть, вы сделаете нам предложение на 15 штук, на пробную партию.
Вы: …
Schmidt: Das werde ich gerne machen. Ich würde sagen, nächste Woche bekommen Sie das Angebot. Sind Sie mit unseren Liefer- und Zahlungsbedingungen einverstanden?
Вы: …
Мака́рова: В общем, да. Уточните их, пожалуйста, в своем предложении. Мы бы хотели получить приборы уже в следующем квартале.
Вы: …
Schmidt: Ich werde mein Bestes tun. Unser Angebot bekommen Sie in der nächsten Woche. Und vielen Dank für Ihre Anfrage.
Вы: …

9 Вы получили от фирмы-партнера предложение на 100 тракторов типа «Альпин». Но в предложении не говорится об условиях платежа. Позвоните вашему партнеру.

10 Вы получили от фирмы-партнера новые каталоги. Позвоните господину Мака́рову, представителю фирмы-партнера, и поблагодарите его за каталоги. Сообщите ему, что каталоги вам очень понравились и что вы особенно заинтересованы в приборах Г-100. Попросите у него дополнительную информацию об этих приборах.

11 Вы познакомились с новыми каталогами фирмы-партнера., Позвоните представителю фирмы, госпоже Лоба́новой, с просьбой сделать вам предложение. Folgende Stichpunkte haben Sie sich für das Gespräch notiert:

> neue Kataloge erhalten und gelesen;
> Anerkennung über die schöne Illustration der Kataloge;
> Interesse an den Geräten, insbesondere dem Gerät des Typs «Taiga»;
> Bitte um ein Angebot über 20 Geräte des Typs «Taiga»;
> Mitteilung, dass Sie die Geräte schon im Juli brauchen;
> Liefer- und Zahlungsbedingungen im Angebot präzisieren.

12 Прослушайте свой автоответчик. Потом позвоните госпоже Лару́шиной. Поблагодарите ее за интерес и сообщите ей, что подробное предложение вы передадите на следующей неделе.

13 Ваши русские знакомые интересуются повышением квалификации (Fortbildung). Что вы им предлагаете?

● РЕКЛАМА

Подготовка менеджеров в Германии

Прием анкет на 8-й поток в Кербер-колледж до 31 января 1995 г.

Фонд Кербера (Гамбург, ФРГ) и **Российская экономическая академия им. Г. В. Плеханова** в восьмой раз проводят набор на пятнадцатимесячную программу по обучению менеджменту в Кербер-колледже. Программа состоит из **подготовительного обучения в Москве (01.04 - 30.06.1995 г.), трехмесячного основного обучения в Гамбурге (01.07 - 30.09.1995 г.) и девятимесячной стажировки на германских предприятиях (01.10.1995 г. - 30.06.1996 г.).** После каждого этапа обучения сдается экзамен, от результата которого зависит переход на следующую ступень.

Принять участие в конкурсе могут инженеры не старше 32 лет, имеющие стаж работы на менее 3 лет в области машиностроения, электротехники, строительства, легкой и пищевой промышленности, а также базовые знания немецкого языка.

Информацию по программе и анкеты для участия в конкурсе можно получить у Елены Соловьевой по адресу: **113054, Москва, ул. Зацепа, 41, Кербер-колледж. Тел./факс 230-66-61.**

«Аргументы и факты» № 1-2`95

1 Partizipium Präteritum Passiv: Kurzform

Die Kurzform des Part. Prät. Pass. ist immer ein Prädikat. Sie erkennen es an der Endung. Die häufigste Endung lautet:

maskulin	*feminin*	*neutrum*	*Plural*
-ан	**-ана**	**-ано**	**-аны**

он иллюстри́рован	er	ist illustriert
она́ иллюстри́рован**а**	sie	ist illustriert
оно иллюстри́рован**о**	es	ist illustriert
они́ иллюстри́рован**ы**	sie	sind illustriert

Ва́ши катало́ги краси́во иллюстри́рованы.
Мы о́чень заинтересо́ваны в ва́шей проду́кции.

2 Die Fragepartikel: «ли»

Die Partikel **ли** kennen Sie bereits in der Bedeutung »ob«:

Он спроси́л, придёт ли Серге́й Петро́вич ве́чером (siehe Lektion 16, Seite 146).

Die Partikel **ли** dient daneben als Signal in einem Fragesatz ohne Fragewort:

Могу́ ли я к вам зайти́? (= Я могу́ к вам зайти́?)

Beachten Sie die Wortstellung. Wird der Fragesatz ohne Fragewort mit der Fragepartikel **ли** wiedergegeben, so steht das Verb am Satzanfang unmittelbar vor ли.

Im anderen Fall entspricht die Wortstellung des Fragesatzes der Wortstellung des Aussagesatzes. Der Unterschied liegt lediglich in der Intonation (siehe Старт 2, Seite 21).

3 Verneinte Verbalphrase: «нет»

Neben seiner Hauptfunktion als Verneinungspartikel kann **нет** auch die Verbalphrase (Verb und Objekt, Umstandsangaben) verneinen und ersetzen:

Три прибо́ра ти́па А-30 уже́ рабо́тают в Росси́и, а прибо́ры А-65 пока́ нет.	=	…, а прибо́ры А-65 пока́ не рабо́тают в Росси́и.

П3 Представление фирмы

1 Познакомьтесь со следующим рекламным объявлением немецкой фирмы в российских газетах.

Baukran AG
Stieglitzstraße 1–7
D-21543 Hamburg
Tel.: (040) 5718372-0
Fax: (040) 5718372-39

Нас знают все.

Мы знаем всех.

Мы существуем уже 50 лет.

Мы производим строительное оборудование.

Наш ноу-хау вы найдете на всех строительствах Европы.

Мы строим всё.

Наши филиалы в Австрии, Бельгии, Венгрии, Германии, Италии, Чехии и Швейцарии.

В этом году мы открываем филиал в Москве.

▶ AB 1–3

2 Во время переговоров российской и немецкой фирм корреспондент российского ТВ берет интервью у господина Шрёдера.

– Господин Шрёдер, сегодня вы подписали договор о сотрудничестве с фирмой «Сибстрой». Вы не могли бы рассказать о вашей фирме?
– С удовольствием. Наша фирма существует уже 50 лет. Ее основал мой отец. Теперь мы производим строительное оборудование и занимаемся строительством гостиниц, офисов, центров отдыха. Пять лет назад мы смогли открыть ряд филиалов в различных странах Европы. В этом году мы открываем филиал нашей фирмы в Москве.
– Сколько сотрудников работает на вашей фирме?
– Всего на фирме тысяча сотрудников.
– Каков годовой оборот вашей фирмы?
– 660 миллионов немецких марок.
– Довольно прилично. Значит, у вас крупное предприятие?
– Пожалуй, нет. Для масштабов Германии – это среднее предприятие.
– Да, в России пока несколько другие понятия. Скажите, господин Шрёдер, а как будет организовано ваше сотрудничество с фирмой «Сибстрой»?
– Российская сторона предоставит строительный материал, а мы будем заниматься строительством.
– Будут ли заняты на строительстве российские рабочие и служащие?
– Да, конечно, по договору на строительстве в России будут заняты 60% российских рабочих и служащих.
– Господин Шрёдер, я благодарю вас за интервью и от имени всех телезрителей желаю вашему совместному предприятию больших успехов. Как говорят у нас: «Ни пуха, ни пера!»
– Благодарю вас, или, как говорят русские: «К чёрту!». Мы очень надеемся на успех.

3 Правильно ли вы поняли интервью?

1. Фирма «Баукран» подписала договор о сотрудничестве с фирмой «Сибстрой».
2. Фирма «Баукран» существует уже давно.
3. Фирма занимается строительством супермаркетов.
4. Пять лет назад они открыли филиалы в России.
5. На фирме работает 500 сотрудников.
6. Годовой оборот фирмы 500 миллионов долларов.
7. На строительстве будут работать 50% рабочих и служащих из России.

▶ AB 4 – 10

4 Вы берёте интервью у менеджера крупного предприятия. Какие вопросы вы задаёте (stellen) ему?

5 Это интервью дал «Радио России» менеджер фирмы «Сибстрой» Сергей Влади́мирович Литви́нов. Прослушайте интервью и сравните фирму «Баукран» и «Сибстрой» по схеме:

	«Баукран»	**«Сибстрой»**
существует	50 лет	3 года
занимается		
количество сотрудников		
расширение производства		
годовой оборот		
организация сотрудничества с фирмой-партнером		

6 Erstellen Sie ein kurzes Dossier über Ihre Firma.

название
адрес
продукция
сотрудники
годовой оборот
филиалы
сотрудничество

7 Представьте вашу фирму (данные см. № 4) на выставке. Denken Sie dabei an die Anrede «Многоуважа́емые да́мы и господа́!» und den Schluss «Благодарю́ за внима́ние.»

8 Возьмите интервью у менеджера фирмы «Сибстрой» Серге́я Влади́мировича Литви́нова.

9 Вы даете интервью во время телепередачи Московского ТВ «Час бизнесмена».

10 Попробуйте представить свою фирму на стенде международной выставки, которая организована в Санкт-Петербурге.

1 Fragepronomen: «каќов, каковá, каковó; каковы́»

Das Fragepronomen »wie« in der Bedeutung »wie ist etwas beschaffen« wird nie mit как (wie?) wiedergegeben, sondern in der Regel mit der Kurzform какóв, каковá, каковó; каковы́: **Какóв** годовóй оборóт?

Achtung: Die Frage »Wie war das Wetter?« lautet: Какáя былá погóда?

Das Fragepronomen »wie« wird mit как wiedergegeben, wenn es in Verbindung mit einem Vollverb oder einem Adverb steht: Как он рабóтает? Как хорошó!

2 Zeitangaben

1. reiner Instrumental

Tageszeit: у́тром, днём, вéчером, нóчью
Jahreszeit: веснóй, лéтом, óсенью, зимóй

2. в + Akk. (am Tag)

в э́тот день	в срéду	в суббóту
в понедéльник	в четвéрг	в воскресéнье
во втóрник	в пя́тницу	

3. на + Präp. (in der Woche)

на э́той недéле	на прóшлой недéле	на слéдующей недéле

4. в + Präp. (im Monat/Quartal/Jahr)

в э́том (прóшлом, слéдующем) мéсяце,
в э́том (прóшлом, слéдующем) квартáле,
в э́том (прóшлом, слéдующем) году́.

3 »Jahr«: Gen.Pl. nach Zahlwörtern

оди́н год	ein Jahr	пять лет	fünf Jahre
два гóда	zwei Jahre	...	...
три гóда	drei Jahre	двáдцать лет	zwanzig Jahre
четы́ре гóда	vier Jahre		

Im Gen. Pl. nach Zahlwörtern lautet »Jahr« лет.

П4 На выставке

1 В газете «Московские новости» опубликована программа выставок в Москве. Ваша фирма работает в области компьютерной техники. В какой из этих выставок ваша фирма хотела бы участвовать?

ЧЕРЕЗ ВЫСТАВКИ И ЯРМАРКИ - К ТОРГОВЛЕ И СОТРУДНИЧЕСТВУ

ВЫСТАВОЧНЫЙ КОМПЛЕКС ЭКСПОЦЕНТРА НА КРАСНОЙ ПРЕСНЕ

ПРОГРАММА

КОНСУМЭКСПО 6-я ярмарка товаров народного потребления	18–24 января
ЕВРО. НЕДЕЛЯ ПИТАНИЯ	8–12 февраля
УПАКИТАЛИЯ	8–12 февраля
ЕВРО. КУЛЬТУРА ЖИЛИЩА И ДЕКОРАТИВНЫЙ ТЕКСТИЛЬ	1–4 марта
СПОРТ, ТУРИЗМ И ОТДЫХ	21–26 марта
ОПТИКА 6-я «Оптика на службе человека»	8–13 апреля
ЕВРО. Сувениры, школа, бюро	19–23 апреля
ДВИГАТЕЛИ	12–17 мая
ЧЕЛОВЕК И ПИТАНИЕ	30 мая–3 июня
ЛАБОРАТОРНАЯ ДИАГНОСТИКА	7–10 июня
ЕВРО. РАЗВИТИЕ ГОРОДСКОГО ХОЗЯЙСТВА	13–17 июня
БЫТ И МОДА - ярмарка товаров народного потребления	25–30 июля
МОТОР ШОУ. АВТОИНДУСТРИЯ	24–28 августа
ЭЛЕКТРОТЕХНОЛОГИЯ 4-я «Оборудование для производства электротехнических изделий»	12–17 сентября
РАББЕР 2-я «Оборудование для шинной и резино-технической промышленности»	26 сентября–1 октября
СИСТЕМОТРОНИКА, ПРИВОДЫ	24–29 октября
СОВРЕМЕННАЯ МОДА	31 октября–3 ноября
МИР ДЕТСТВА 4-я международная выставка	3–10 ноября
БАНК И ОФИС 4-я «Оборудование для оснащения банков и контор»	14–19 ноября
ЕВРО. ГРАЖДАНСКАЯ БЕЗОПАСНОСТЬ	29 ноября–2 декабря
ЗДРАВООХРАНЕНИЕ 6-я международная выставка	4–9 декабря
ЕВРО. Рождественская ярмарка	6–12 декабря

** ЕВРО – специализированные выставки с участием стран ЕС.*

Россия, Москва, 107113, Сокольнический вал, 1-а, АО «Экспоцентр»
Телефоны: 268-77-50 (международные выставки), 264-89-66 (иностранные выставки).Телефакс: (095) 288-95-37

35 EXPOCENTR

▶ АВ 1

2 Der Dolmetscher hat folgenden Brief an das «Экспоцентр» verfasst und bittet Sie um eine inhaltliche Korrektur. Ist alles in Ordnung?

Россия
Москва, 107113
Сокольнический вал, 1-а
АО «Экспоцентр»

Берн, 26 мая 19.. г.

Многоуважаемые дамы и господа!

В газете «Московские новости» мы прочитали ваше объявление о выставках и ярмарках на 1994 год.
Наша фирма работает в области компьютерной техники. Мы имеем деловые контакты почти со всеми западноевропейскими и с некоторыми восточноевропейскими странами. С российскими фирмами у нас пока еще нет деловых контактов. Ваши выставки и ярмарки дают нам возможность познакомить и российские предприятия с нашей продукцией.
Для этого нам нужна информация об условиях участия в ваших выставках и ярмарках. Нас особенно интересуют следующие выставки: «Телекинорадиотехника», «Автоматизация», «Комтек», «СЕМ»,«Электротехнология», «Информатика», «Фармацевтика и здоровье» и «Системотроника».

Просим Вас прислать нам информацию об условиях участия в выставках.

С уважением

3 Sie sind in der Nahrungsmittelbranche (в óбласти питáния) tätig und wollen auf dem russischen Markt Fuß fassen. Fragen Sie das «Экспоцентр» schriftlich nach den Teilnahmebedingungen für die Sie interessierenden Messen.

4 Пошлите факс в Москву, чтобы сообщить о вашем участии в одной из выставок или ярмарок (см. стр. 190).

▶ AB 2

5 На выставке в Кёльне.

– Господин Волыгин, какая приятная встреча! Вы тоже участвуете в выставке?
– Добрый день, господин Луттер. Да, наша фирма представляет здесь свой новый прибор. А как ваши дела?
– Спасибо, хорошо, у нас очень много дел: есть много фирм, которые хотят сотрудничать с нами.
– Рад это слышать.
– А как у вас дела, господин Волыгин?
– В общем неплохо. У нас тоже начинаются контакты.
– Вы уже давно в Кёльне, господин Волыгин?
– Нет, я приехал только позавчера. Господин Луттер, я хотел бы вернуться к нашему разговору на выставке в Москве. Мы все еще заинтересованы в вашей продукции.
– Прекрасно. Если вы сделаете заказ прямо на выставке, мы могли бы предоставить вам скидку в 8%.
– 8% с суммы, о которой мы говорили в Москве? Замечательно, это значительно меняет дело. Я поговорю с руководством фирмы и дам вам ответ завтра.
– Договорились. Кстати, господин Волыгин, вы свободны сегодня вечером?
– Сегодня вечером? Да.
– Отлично, тогда я хотел бы пригласить вас сегодня на ужин в семь часов. Госпожа Виланд тоже будет.
– Я с удовольствием приду. Большое спасибо за приглашение.
– Итак, сегодня в 7 часов я заеду за вами в гостиницу. Кстати, в какой гостинице вы живете?
– В гостинице «Центрум», вот карточка.
– Спасибо. До вечера, господин Волыгин.
– Всего доброго, господин Луттер. До встречи!

6 Здесь все верно? Stellen Sie die falschen Aussagen richtig.

1. Господин Волыгин и господин Луттер встретились на выставке в Москве.
2. Господин Волыгин уже давно в Кёльне.
3. Господин Луттер предлагает скидку в 5%.
4. Господин Волыгин согласен с этим предложением.
5. Господин Волыгин приглашает господина Луттера на обед.
6. Господин Волыгин и господин Луттер встретятся в 7 часов на фирме.

▶ AB 3–6

7 Какую информацию Юрий Волыгин передает своему начальнику по телефону в Москву?

8 Auf einer Ausstellung bietet man Ihnen einen Preisnachlaß von 5% an. Das ist Ihnen zu wenig. Sie verweisen auf Angebote anderer Firmen, die einen höheren Ausstellungsrabatt gewähren.

1 Präposition: «из» + Gen.

Какáя **из** э́тих вы́ставок …?	Welche von diesen Ausstellungen …?
Нéкоторые **из** нас …	Einige von uns …
Кто **из** вас?	Wer von Ihnen?

2 Verb: «имéть »

Neben der bekannten Struktur zum Ausdruck von »etwas haben/besitzen« (у меня́ есть) gibt es noch das Verb имéть, das in übertragenen, abstrakten Sinnzusammenhängen verwendet wird:

Мы имéем контáкты с росси́йскими фи́рмами.
(= У нас есть контáкты с росси́йскими фи́рмами.)

П5 Конец – делу венец!

1 Выберите из предложенных реклам фирму, с которой вы хотели бы сотрудничать.

»ORTEX« не ждет рынка - он его формирует!

Торгово-Финансовая Компания ORTEX проводит на конкурсной основе найм персонала в штаб-квартиру компании (Калифорния, США), новый офис представительства компании в Москве (ул. Тарусская, Ясенево), торговые представительства компании в Германии (Берлин) и Сингапуре, новые валютные магазины в Москве, расчетно-сервисный центр (банк) кредитной системы »Ortcard«.

ШТАБ-КВАРТИРА ORTAM, INC., КАЛИФОРНИЯ, США

Юрист-переводчик - зарплата от 1.200 $ в месяц

Специализация - контрактная работа по внешнетор, операциям в СНГ (классические биржевые товары и товары широкого потребления). Требования - мужчина 30-40 л., опыт работы в крупных экспортно-импортных комп. не менее 5 л., хороший профессиональный и разговор. англ., работа на PC, водительское удостоверение.

Юрист - зарплата от 1.500 $ в месяц

Специализация - кредитно-денежные отношения, валютное, банковское и налоговое законодательство СНГ. Требования - мужчина 30-45 л., опыт работы в крупных ком. банках не менее 2 л., хороший профессиональный и разговор. англ., работа на PC, водительское удостоверение.

Секретарь-машинистка-переводчик - зарплата от 800 $ в месяц

Женщина 25-35 л., образование высшее, хороший разговор. англ., грамотный русский, профессиональная работа на PC, печать 40-60 сл/м на англ. и 50-70 сл/м на рус., водительское удостоверение.

ТОРГОВОЕ ПРЕДСТАВИТЕЛЬСТВО ORTEX GmbH, БЕРЛИН, ГЕРМАНИЯ

Агент по закупкам - зарплата от 1.800 DM в месяц + комиссионные

Специализация - закупка товаров широкого потребления. Требования - мужчина 30-40 л., образование техн. или эконом. + Академия Внешней Торговли, опыт работы в Германии желателен, хороший профессиональный и разговор. нем. обязателен, англ. желателен, работа на PC, водительское удостоверение.

Ассистент гешефт-фюрера или торгового представителя - зарплата от 1.400 DM в месяц

Требования - незамужняя женщина 25-35 л., коммуникабельная, приятной внешности, образование высшее, опыт работы в экспортно-импортных комп. не менее 3 л., хороший профессиональный (торговый) нем. обязателен, разгов. англ. желателен, работа на PC, печать 50-60 сл/м на нем., 30-40 сл/м на англ., 50-70 сл/м на русском, водительское удостоверение.

НОВЫЙ ВАЛЮТНЫЙ МАГАЗИН, УЛ. АКАДЕМИКА ВАРГИ, ЮГО-ЗАПАД, МОСКВА

Специализация - импортная теле/видео/радиоаппаратура, Hi-Fi аппаратура, компакт-диски, электробытовые товары, оргтехника, часы, ювелирные изделия. Площадь 800 кв. м.

Заместитель директора магазина – зарплата от 25.000 руб. в месяц + комиссионные в твердой валюте от оборота магазина (средняя зарплата более 300 $ в месяц)

Мужчина 30-40 л., образование высшее техн. или эконом., переподготовка в бизнес-школах, опыт работы в ком. торговле, экспортно-импортных ком. комп., СП или представительствах инофирм на руководящих позициях не менее 3 л., опыт ведения частного бизнеса желателен, знание рынка продаваемых товаров, разговорный нем. или англ., работа на PC, наличие автомобиля.

Старшие продавцы и продавцы в секциях: теле/видео/радиоаппаратура, электробытовые товары и оргтехника. Hi-Fi аппаратура и компакт диски, часы и ювелирные изделия - зарплата от 15.000 руб. в месяц + комиссионные в твердой валюте, зависящие от индивидуального объема продаж (средняя зарплата более 200 $ в месяц)

Мужчины и женщины - 25-35 л., коммуникабельные, привлекательной внешности, образование высшее или среднее специальное, техн. или торгово-эконом., переподготовка в бизнес-школах, опыт работы в ком. торговых фирмах, СП или представительствах инофирм не менее 2 л., знакомство с работой розничных магазинов за рубежом для продавцов - желательно, для старших продавцов - обязательно, разговорный англ. или нем. для старших продавцов обязателен, для продавцов - желателен, знание продаваемых товаров.

РАСЧЕТНО-СЕРВИСНЫЙ ЦЕНТР (БАНК) КРЕДИТНОЙ СИСТЕМЫ ORTCARD, ЯСЕНЕВО, МОСКВА

Менеджер компьютерной сети Ortcard - зарплата от 300 $ + 25.000 руб. в месяц + премиальные

Мужчина 30-40 л., инженер-программист, имеющий опыт разработки или эксплуатации банковских компьютерных сетей, включая разработку программного обеспечения, разговор. и профессиональный англ., опыт эксплуатации западных систем телекоммуникаций желателен.

Менеджер валютно-депозитного отдела - зарплата от 400 $ + 40.000 руб. в месяц + премиальные

Мужчина 30-40 л., образование высшее финанс., опыт работы в ЦБ, ВЭБ или ком. банках не менее 5 л., опыт работы в валютных управлениях (отделах) банков не менее 3 л., опыт работы на руководящих позициях не менее 2 л., работа на PC, разгов. англ. желателен, наличие автомобиля.

Менеджер кредитного отдела - зарплата от 400 $ + 40.000 руб. в месяц + премиальные

Мужчина 30-40 л., образование высшее финанс., опыт работы в ЦБ, ВЭБ или ком. банках не менее 7 л., опыт работы в должности начальника кредитного отдела (управления) не менее 2 л., работа на PC, наличие автомобиля.

2 Свяжи́тесь по телефону с заинтересовавшей вас фирмой, представьтесь (назовите по буквам вашу фамилию) и договоритесь о вашем приезде в Москву для ведения переговоров.

Для называния фамилии или имени по буквам в России используются следующие имена:

Анна	**И**горь	**С**ветла́на
Бори́с	**К**онстанти́н	**Т**атья́на
Влади́мир	**Л**юдми́ла	**У**лья́на
Гео́ргий	**М**ари́я	**Ф**ёдор
Дми́трий	**Н**икола́й	**Ш**у́ра
Евге́ний	**О**льга	**Э**дуард
Жа́нна	**П**ётр	**Ю**рий
Зо́я	**Р**ома́н	**Я**ков

3 Отправьте факс в фирму и сообщите о сроках вашего приезда в Россию.

4 Вы прилетели в Москву (аэропорт Шереметьево-2). Пройдите паспортный контроль, заполните таможенную декларацию (см. стр. 140) и пройдите таможенный контроль.

5 Познакомьтесь с встречающими вас в аэропорту́ представителями фирмы-партнера, побеседуйте с ними по дороге из аэропо́рта в гостиницу.

6 Побеседуйте с администратором гостиницы. Для вас зака́зан номер, но он вам не понравился, поинтересуйтесь, когда в гостинице завтрак, ужин, попросите разбуди́ть вас в семь часо́в.

7 Закажите по телефону такси на во́семь часо́в утра́.

8 Утром вы завтракаете в буфете гостиницы.

9 Вы хотите обменя́ть деньги в банке. Побеседуйте с кассиром.

10 В фирме-партнере вы знакомитесь с участниками переговоров и представляете свою фирму.

11 В фирме-партнере вы знакомитесь с участниками переговоров и проводите переговоры. Круг обсуждаемых вопросов (der Kreis der zu besprechenden Fragen) : коли́чество това́ра (Warenmenge), усло́вия поставки, цена́ (Preis).

12 Ваш партнер предлагает вам культурную программу. Обсудите с ним, куда бы вы хотели поехать (пойти) и почему.

13 Эти рекламные объявления вы услышали по радио. Что вас заинтересовало?

14 Вы хотите навестить ваших знакомых в Санкт-Петербурге. Напишите им открытку и сообщите о вашем приезде.

15 Вы хотите поехать на поезде из Москвы в Санкт-Петербург. Закажите по телефону такси от гостиницы до Ленинградского вокзала. Вы едете на такси из гостиницы до Ленинградского вокзала. Побеседуйте с шофером.

На Ленинградском вокзале вы слышите объявления. Какое из них касается вас? На пятой платформе вы садитесь в поезд Москва – Санкт-Петербург. Побеседуйте с проводником и с соседями по купе.

16 На платформе в Санкт-Петербурге вас встречают ваши друзья. Побеседуйте с ними по дороге от вокзала домой.

17 В Санкт-Петербурге вы случайно попадаете на свадьбу сына ваших знакомых. Во время свадьбы вы оказались за столом с человеком, который несколько лет работал в вашей стране. Побеседуйте с ним об этом. Скажите тост в честь новобра́чных (zu Ehren der Neuvermählten).

18 После прогулки на лыжах за город вы почувствовали себя нехорошо. У вас заболела голова, появился насморк. Ваши друзья вызвали врача. Побеседуйте с ним.

19 Из Петербурга вы улетаете самолетом к себе на родину. Попрощайтесь с друзьями в аэропорту, пройдите таможенный и паспортный контроль.

20 А эту песню-пожелание пели на свадьбе в честь молодых их друзья. Вы поняли, чего они им пожелали?

Мы желаем счастья вам!

Музыка: С. Намина
Слова: И. Шаферана

В ми́ре, где кружится снег шально́й,
Где моря́ грозя́т круто́й волно́й,
Где подолгу добрую ждём порой мы весть,
Чтобы было легче в трудный час,
Очень нужно каждому из нас,
Очень нужно каждому знать, что счастье есть.

Припев:
Мы желаем счастья вам!
Счастья в этом мире большом!
Как солнце по утрам,
Пусть оно заходит в дом.
Мы желаем счастья вам!
И оно должно быть таким –
Когда ты счастлив сам,
Счастьем поделись с другим!

В ми́ре, где ветрам поко́я нет,
Где быва́ет о́блачный рассве́т,
Где в дороге дальней нам часто снится дом,
Нужно и в грозу, и в снегопад,
Чтобы чей-то очень добрый взгляд,
Чей-то очень добрый взгляд согревал теплом.

Anhang

Lektionswortschatz

Die Vokabeln sind in der Reihenfolge angegeben, in der sie in der Lektion eingeführt werden. Die Angaben am Rand (А1, Б2) verweisen auf den jeweiligen Lektionsabschnitt und die Übungsnummer. Ziffern ohne Buchstaben beziehen sich auf die Übungen am Ende der Lektionen. Die neuen Wörter des Arbeitsbuchs (AB1) sind nach dem Lehrbuchabschnitt, nach dem die Übungen einzusetzen sind, aufgenommen. Am Ende jeder Lektion finden Sie alle Eigennamen und Internationalismen in der Reihenfolge ihres ersten Auftretens.

Старт 1

	Здра́вствуй!	Grußformel (*wörtlich*: Sei gesund!)
	Здра́вствуйте!	Grußformel (*wörtlich:* Seien Sie gesund!)
Б2	э́то	das, dies
	вот	hier, da
	там	dort
Б3	го́род	Stadt
Б5	у́лица	Straße
	гости́ница	Hotel
В1	ваш	euer, Ihr
	пожа́луйста	bitte
	спаси́бо	danke
	до свида́ния	auf Wiedersehen
В3	он	er
	ва́ша	eure, Ihre
	где?	wo?
	она́	sie (*3. Pers. Sg.*)
	вы	ihr, Sie (*Anrede*)
	я	ich
	нет	nein
	бага́ж	Gepäck
Г1	господи́н	Herr (*Anrede*)
	о́чень рад (*mask.*)	sehr erfreut
Г2	госпожа́	Frau (*Anrede*)
	да	ja
	о́чень ра́да (*fem.*)	sehr erfreut

Eigennamen/Internationalismen

Б1	Москва́	Moskau
	аэропо́рт	Flughafen
	ка́сса	Kasse
	банк	Bank (*Geldinstitut*)
	бар	Bar
	Стоп!	Halt!
Б3	Интури́ст	(*Name eines Reisebüros*)
	рестора́н	Restaurant
	туале́т	Toilette, WC
	медпу́нкт	Erste-Hilfe-Stelle
	кио́ск	Kiosk
	журна́л	Zeitschrift
	газе́та	Zeitung
	такси́ (*indekl.*)	Taxi
	авто́бус	Autobus
Б5	теа́тр	Theater
	мили́ция	Polizei
	метро́ (*indekl.*)	U-Bahn
	проспе́кт	breite Straße
	музе́й	Museum
	парк	Park
	магази́н	Geschäft
	шко́ла	Schule
	кинотеа́тр	Kino
	стадио́н	Stadion
	институ́т	Institut
	спорт	Sport
	трамва́й	Straßenbahn
В1	па́спорт	Pass
В3	ви́за	Visum
	деклара́ция	Erklärung, Deklaration
	тури́ст	Tourist
	бизнесме́н	Geschäftsmann
Г1	фи́рма	Firma

Старт 2

	Добро́ пожа́ловать!	Herzlich willkommen!
А1	вход	Eingang
	вы́ход	Ausgang
	объявле́ние	Ankündigung
А4	о́зеро	See
	кольцо́	Ring
Б1	уже́	schon
	зна́ете	wissen Sie
	наприме́р	zum Beispiel
	сле́ва	links
	о́чень	sehr
	ста́рый	alt
	и	und
	краси́вый	schön
	большо́й	groß
	спра́ва	rechts
	собо́р	Kathedrale
	э́тот	dieser
	то́же	auch
	а	aber, und
Б2	больша́я у́лица	große Straße
Б3	ма́ленький	klein
	ста́нция метро́	U-Bahn-Station
В1	мой, моя́	mein, meine
	фами́лия	Familienname
	прости́те!	verzeihen Sie!
	как?	wie?
	мину́точку	eine Minute, einen Augenblick
	так	so
	на седьмо́м этаже́	im 7. Stock
	на како́м этаже́?	in welchem Stockwerk?
	напро́тив	gegenüber
Г1	здесь	hier
	зда́ние	Gebäude
	ви́дите	sehen Sie
	прекра́сно	herrlich
	в це́нтре	im Zentrum
	вон там	dort
	ря́дом	nebenan, daneben
	большо́е спаси́бо	herzlichen Dank

Eigennamen/Internationalismen

А1	бюро́ (*indekl.*)	Büro
	администра́тор	Administrator
	регистрату́ра	Anmeldung
	лифт	Lift
	телефо́н	Telefon
	буфе́т	Büfett
А2	эта́ж	Stockwerk, Etage
	телеви́зор	Fernseher
	ра́дио (*indekl.*)	Radio
	ла́мпа	Lampe
А4	Сиби́рь (*fem.*)	Sibirien
	Золото́е кольцо́	Goldener Ring
Б1	фо́то (*indekl.*)	Foto
	на ~	auf dem Foto
	Кремль (*mask.*)	Kreml
	центр	Zentrum
Б2	Кра́сная пло́щадь	Roter Platz
В1	а́дрес	Adresse
	но́мер	Hotelzimmer; Nummer

Урок 1

АБ1	мы	wir
	ты	du
	оно́	es
	они́	sie (*3. Pers. Pl.*)
	рабо́тать	arbeiten
	в (+ *Präp.*)	in
	больни́ца	Krankenhaus
АБ2	жить живу́, живёшь, ..., живу́т	leben
А1	муж	Ehemann
	врач	Arzt
	рабо́та	Arbeit
	на ~е	
	интере́сный	interessant
	ду́мать	denken
А2	её (*Poss. Pron.*)	ihr (*3. Pers. Sg.*)

Б1	семья́	Familie
	сестра́	Schwester
	сын	Sohn
	ещё	noch
	учени́к	Schüler
	их (*Poss. Pron.*)	ihr (*3. Pers. Pl.*)
	до́чь (*fem.*)	Tochter
	взро́слый	erwachsen
	небольшо́й	nicht groß
АВ5	был, была́, бы́ло; бы́ли	(er, sie, es) war; waren
В1	жена́	Ehefrau
	спра́шивать	fragen
	обы́чно	gewöhnlich
	де́лать	machen, tun
	ве́чером	am Abend
	до́ма	zu Hause
	иногда́	machmal
	наш, на́ша	unser, unsere
	когда́	wann; wenn
	все	alle
	вме́сте	zusammen, gemeinsam
	у́жинать	zu Abend essen
	пото́м	danach, dann
	отдыха́ть	sich erholen
	ча́сто	oft
	слу́шать	(zu-)hören
	чита́ть	lesen
	ко́мната	Zimmer
	вчера́	gestern
	Бы́ло о́чень интере́сно.	Es war sehr interessant.
АВ7	заво́д	Fabrik
	на ~е	
Г1	дорого́й	teuer; lieb
	тако́й	solch
	знать	wissen
	учи́тельница	Lehrerin
	наши	unsere (*Pl.*)
	де́ти (*Nom. Pl.*)	Kinder
	учени́ца	Schülerin
	ле́том	im Sommer
	мо́ре	Meer
	мно́го (+ *Gen.*)	viel
3	о/об (+ *Präp.*)	über, von

Eigennamen/Internationalismen

А1	Ве́на	Wien
Б1	инжене́р	Ingenieur
	констру́кторский	Konstruktions-
В1	му́зыка	Musik
	класси́ческий	klassisch
	медици́нский	medizinisch
	цирк	Zirkus
АВ7	студе́нт	Student
	филологи́ческий	philologisch
	факульте́т	Fakultät
	на ~е	
	студе́нтка	Studentin
	экономи́ческий	wirtschaftlich
Г1	поп	Pop (*Musikrichtung*)
	рок	Rock (*Musikrichtung*)
	джаз	Jazz
11	ме́неджер	Manager
	о́пера	Oper

уч
учени́к
учени́ца
учи́тельница

Урок 2

	пе́рвый	erster
	встре́ча	Treffen, Begegnung
АВ1	говори́ть говорю́, говори́шь, ..., говоря́т	sprechen, sagen
	неме́цкий	deutsch
	англи́йский	englisch
	францу́зский	französisch
	хоро́ший	gut
	плохо́й	schlecht

A1	Алло́?	Hallo?
	кто?	wer?
	До́брый ве́чер!	Guten Abend!
	Как вы пожива́ете?	Wie geht es Ihnen?
	Спаси́бо за комплиме́нт.	Danke für das Kompliment.
	оди́н	ein; eins
	раз	Mal
	за (+ *Akk.*)	für
	пра́вда	Wahrheit
	рабо́чий	Arbeits-; Arbeiter
	ру́сский	russisch
AB4	расска́зывать	erzählen
	регуля́рный	regelmäßig
	австри́йский	österreichisch
	швейца́рский	Schweizer
	моско́вский	Moskauer
	но́вость (*fem.*)	Neuigkeit
Б1	скажи́те	sagen Sie
	коне́чно	natürlich
	зна́чит	also, das heißt
	язы́к	Sprache
	на ~е́	
	и	und; auch
	вре́мя (*neutr.*)	Zeit
	за́пад	Westen
	на За́паде	im Westen
Б2	то́лько	nur
	родно́й	Heimat-
	~ язы́к	Muttersprache
AB5	поэ́тому	daher
AB6	бо́льше	mehr
	люби́ть	lieben
	люблю́, лю́бишь, ..., лю́бят	
	Я люблю́ матема́тику.	Ich liebe Mathematik.
	Я люблю́ расска́зывать.	Ich erzähle gerne.
	изуча́ть	lernen
B1	наве́рно	wahrscheinlich
	по́мнить	sich erinnern
	четвёртый	vierter
	осо́бенный	besonderer
	помога́ть	helfen
	всегда́	immer
B3	писа́тель (*mask.*)	Schriftsteller
6	за грани́цей	im Ausland

Eigennamen/Internationalismen

A1	комплиме́нт	Kompliment
AB3	А́встрия	Österreich
	в А́встрии	
	Герма́ния	Deutschland
	в Герма́нии	
	Росси́я	Russland
	в Росси́и	
	Швейца́рия	Schweiz
	в Швейца́рии	
AB4	аргуме́нт	Argument
	факт	Tatsache, Fakt
	Аргуме́нты и фа́кты	(*Name einer russischen Zeitung*)
	колле́га	Kollege, Kollegin
	реда́кция	Redaktion
B1	курс	Kurs; Studienjahr
	литерату́ра	Literatur
	ко́нкурс	Wettbewerb; Aufnahmeprüfung
	матема́тика	Mathematik
	информа́тика	Informatik
	визи́т	Besuch
	Спаси́бо за ваш визи́т.	Danke für Ihren Besuch.
AB8	гото́вить	kochen
	гото́влю, гото́вишь, ..., гото́вят	
	Такова́ жизнь!	So ist das Leben!
AB9	детекти́вный	Kriminal-
	~ рома́н	Krimi(nalroman)
AB11	техни́ческий	technisch
6	дипло́мный	Diplom-

Урок 3

A1	у (+ *Gen.*)	bei
	есть	es ist, es sind (vorhanden)
	билéт	(Eintritts-)Karte
	~ в кинó	
	~ в теáтр	
	~ на концéрт	
	отли́чный	ausgezeichnet
A2	откры́тка	Postkarte, Ansichtskarte
AB3	идти́	gehen
	иду́,	
	идёшь, ...,	
	иду́т	
	сейчáс	jetzt, sofort
	домóй	nach Hause
Б1	Дóбрый день!	Guten Tag!
	день (*mask.*)	Tag
	свобóдный	frei
	осмáтривать	besichtigen
	погóда	Wetter
	действи́тельно	wirklich
	прекрáсный	herrlich
	тогдá	dann
	Всегó дóброго!	Alles Gute! (*Abschiedsgruß*)
Б2	кудá?	wohin?
	когó (*Akk. von* кто)	wen
	встречáть	treffen
	почему́?	warum?
B1	глáвный	Haupt-
	начáло	Anfang, Beginn
	совремéнный	modern, zeitgenössisch
	дáльше *(Komp.)*	weiter
	пáмятник	Denkmal
	мэ́рия	Rathaus
Г1	разговóр	Gespräch
	~ по телефóну	Telefongespräch
	знакóмый	bekannt; Bekannter
	к сожалéнию	leider
	пóздно	spät
	дáча	Landhaus
	на ~е	im Landhaus; auf dem Land
	жаль	schade
	Ничегó не подéлаешь.	Da kann man nichts machen.
3	зáвтра	morgen
4	вы́ставка	Ausstellung
	на ~е	
	карти́на	Bild
5	смотрéть	(an-)schauen
	смотрю́, ...,	
	смóтришь,	
	смóтрят	

Eigennamen/Internationalismen

A1	консерватóрия	Konservatorium
	партéр	Parterre, Parkett (*Theater*)
A3	сигарéта	Zigarette
A5	мáрка	(Brief-)Marke
B1	сувени́р	Andenken, Souvenir
Г1	прогрáмма	Programm
AB10	телепрогрáмма	Fernsehprogramm
4	командирóвка	Dienstreise
	в ~е	

Урок 4

	музыкáльный	musikalisch
	вéчер	Abend
A1	закáзывать	vorbestellen, reservieren
	суббóта	Samstag
	на ~у	für Samstag
	на (+ *Akk., zeitlich*)	für
	звони́ть	anrufen
	(+ *Dat.* = кому́)	
	(кудá)	
	звоню́,	
	звони́шь, ...,	
	звоня́т	
	звони́! / звони́те!	ruf an! / rufen Sie an!

АБ1	Ско́лько сейча́с вре́мени?	Wie spät ist es?
	ноль	null
	оди́н, одна́, одно́	eins
	два, две, два	zwei
	три	drei
	четы́ре	vier
	пять	fünf
	шесть	sechs
	семь	sieben
	во́семь	acht
	де́вять	neun
	де́сять	zehn
	оди́ннадцать	elf
	двена́дцать	zwölf
	час, часа́; часо́в	Stunde
АБ2	начина́ться	beginnen
	Конце́рт начина́ется в семь часо́в.	Das Konzert beginnt um sieben Uhr.
А3	воскресе́нье	Sonntag
Б1	дава́ть	geben
	даю́, даёшь, ..., даю́т	
	письмо́	Brief
	два письма́	
	сра́зу	sogleich, sofort
	открыва́ть	öffnen
	быть	sein
	бу́ду, бу́дешь, ..., бу́дут	ich werde sein
	по́сле (+ *Gen.*)	nach
	~ обе́да	nach dem Mittagessen, am Nachmittag
Б2	у́тром	am Morgen
АБ3	писа́ть	schreiben
	пишу́, пи́шешь, ..., пи́шут	
Б3	приве́т	Gruß
	из (+ *Gen.*)	aus
	неде́ля	Woche
	Он рад тебя́ уви́деть.	Er freut sich, dich zu sehen.
	Она́ ра́да тебя́ уви́деть.	Sie freut sich, dich zu sehen.
	Они́ ра́ды тебя́ уви́деть.	Sie freuen sich, dich zu sehen.
АБ4	кому́ (*Dat. von* кто?)	wem
АБ5	ре́дкий	selten
В1	У вас ли́шнего биле́та нет?	Haben Sie nicht eine Karte übrig?
В2	тре́тий, тре́тья, тре́тье	dritter
	ряд	Reihe
	в ~у́	
	напра́во	nach rechts
АБ6	нра́виться	gefallen
	нра́вится, нра́вятся	
	Мне нра́вится э́та му́зыка.	Mir gefällt diese Musik.
	Мне нра́вятся карти́ны.	Mir gefallen diese Bilder.
АБ7	ходи́ть	gehen
	хожу́, хо́дишь, ..., хо́дят	
АБ8	звать	rufen
	зову́, зовёшь, ..., зову́т	
	Меня́ зову́т Са́ша.	Ich heiße Sascha.
	Как вас зову́т?	Wie heißen Sie?
В4	во вре́мя (+ *Gen.*)	während
	Познако́мьтесь!	Machen Sie sich bekannt!
	изве́стный	berühmt
	ничего́	nichts
	звоно́к, звонка́	(Tür-)Glocke, Klingel
АБ10	сеа́нс	Vorstellung
	конча́ться	enden
	конча́ется, конча́ются	
	Конце́рт конча́ется в де́сять часо́в.	Das Konzert endet um zehn Uhr.

	Приходи́те!	Kommen Sie herein!
	друго́й	anderer
AB13	к (+ *Dat.*)	zu
4	смотре́ть телеви́зор	fernsehen

Eigennamen/Internationalismen

A1	кварти́ра	Wohnung
A3	спекта́кль, -я (*mask.*)	Vorstellung, Theateraufführung
B4	сюрпри́з	Überraschung
	антра́кт	Pause
	дирижёр	Dirigent
AB10	фильм	Film
	конце́рт	Konzert

Урок 6

	приглаша́ть	einladen
	~ в го́сти	zu Besuch einladen
A1	Как (к вам) попа́сть?	Wie gelangt man (zu Ihnen)?
	на метро́	mit der U-Bahn
	до (+ *Gen.*)	bis
	пешко́м	zu Fuß
AB2	е́хать е́ду, е́дешь, ..., е́дут	fahren
AB3	недалеко́	nicht weit
	от (+ *Gen.*)	von
	сто	hundert
A2	ра́но	früh
	ждать (+ *Gen.*) жду, ждёшь, ..., ждут	warten
	До́брое у́тро!	Guten Morgen!
	приглаше́ние (<пригла́шать)	Einladung
AB6	туда́	dorthin
	с (+ *Instr.*)	mit
	на́до	es ist nötig
	переса́дка	Umsteigen
	ско́лько вре́мени	wie lange, wie viel Zeit
Б2	колле́га по рабо́те	Arbeitskollege, -kollegin
	отсю́да	von hier
Б4	по́езд на (+ *Akk.*)	Zug nach (*Richtungsangabe*)
AB7	трина́дцать	dreizehn
	четы́рнадцать	vierzehn
	пятна́дцать	fünfzehn
	шестна́дцать	sechzehn
	семна́дцать	siebzehn
	восемна́дцать	achtzehn
	девятна́дцать	neunzehn
	два́дцать	zwanzig
	три́дцать	dreißig
	со́рок	vierzig
	пятьдеся́т	fünfzig
	шестьдеся́т	sechzig
	се́мьдесят	siebzig
	во́семьдесят	achtzig
	девяно́сто	neunzig
Б5	Вам пора́ идти́.	Es ist Zeit für Sie zu gehen.
	пора́ (+ *Inf.*)	es ist Zeit
	ско́ро	bald
B1	знако́м, -а; -ы с (+ *Instr.*)	bekannt sein mit
AB8	брат	Bruder
	оте́ц	Vater
	дочь, до́чери	Tochter
	мать, ма́тери	Mutter
AB10	де́тская (<де́ти)	Kinderzimmer
	спа́льня	Schlafzimmer
	гости́ная (<гость)	Gästezimmer, Wohnzimmer
	све́тлый	hell

В3	знако́мить	bekannt machen
	пока́зывать	zeigen
	Проходи́те!	Kommen Sie weiter!
	Раздева́йтесь!	Legen Sie ab!
	для (+ *Gen.*)	für
	пока́	einstweilen; tschüs!, servus!
	Посмотри́те!	Schauen Sie!
	с удово́льствием	mit Vergnügen
	сад	Garten
	в ~у́	
	мно́го книг (*Gen. Pl.*)	viele Bücher
	одновре́менный (<одно́, вре́мя)	gleichzeitig
	всё	alles
	игра́ть	spielen
	~ на пиани́но	Klavier spielen
	девя́тый	neunter
	Извини́те!	Verzeihen Sie!
Г1	без (+ *Gen.*)	ohne

Eigennamen/Internationalismen

А1	мину́та	Minute
Б1	схе́ма	Schema
	ми́нимум	Minimum
В3	кабине́т	Arbeitszimmer
	балко́н	Balkon
	пиани́но	Klavier, Piano
	симфо́ния	Symphonie

знак
знако́мить
знако́мый
знако́мая
знако́м с (+*Instr.*)

Урок 7

А1	поезжа́йте! (*Imp. von* е́хать)	fahren Sie!
	е́хать на метро́	mit der U-Bahn fahren
	отту́да	von dort
	прямо́й (<пря́мо)	gerade, direkt
	сде́лайте переса́дку	steigen Sie um
А2	то́чный	genau
	дежу́рный (<de jour)	Diensthabender
	дежу́рная	Diensthabende
	как мне прое́хать (= как мне попа́сть)	wie gelange ich
	снача́ла (<нача́ло, начина́ться)	anfangs
	пра́вильный	richtig
	ско́лько?	wie viel?
А3	Вы всё по́няли?	Haben Sie alles verstanden?
А5	пе́ред (+*Instr.*)	vor
	прохо́жий, -его	Passant
	как пройти́	wie gelange ich
	где́-то	irgendwo
А6	иди́те! (<идти́)	gehen Sie!
	ви́деть ви́жу, ви́дишь, ..., ви́дят	sehen
	перекрёсток, -стка	Kreuzung
	поверну́ть	einbiegen
	поверни́те!	biegen Sie ein!
	не́ за что	keine Ursache (*wörtlich:* nicht für das)
АБ3	переу́лок, переу́лка	Gasse
Б1	стоя́ть стою́, стои́шь, ..., стоя́т	stehen
	входи́ть вхожу́, вхо́дишь, ..., вхо́дят	hineingehen
В3	пе́рвый	erster
	второ́й	zweiter
	тре́тий, тре́тья, тре́тье	dritter
	четвёртый	vierter

	пя́тый	fünfter
	шесто́й	sechster
	седьмо́й	siebter
	восьмо́й	achter
	девя́тый	neunter
	деся́тый	zehnter
AB4	славя́нский	slawisch
Г1	со́лнечно	sonnig
	лёгкий	leicht
	о́блачность, -и (*fem.*)	Bewölkung
	о́блачно	bewölkt
	о́блачно с проясне́ниями	bewölkt mit Aufheiterungen
	дождь, -я́ (*mask.*)	Regen
	гроза́	Gewitter
AB5	е́здить	fahren
	е́зжу, е́здишь, ..., е́здят	
	~ на метро́	U-Bahn fahren

Eigennamen/Internationalismen

A2	линия	Linie
A4	метрополите́н	U-Bahn
B1	портье́ (*indekl.*)	Portier
B4	секретариа́т	Sekretariat
Г1	температу́ра	Temperatur
	гра́дус	Grad
	тролле́йбус	O-Bus
	маши́на	Auto
7	райо́н	Bezirk

Урок 8

	дела́ (*Nom. Pl.*)	Geschäfte
AB1	хоте́ть	wollen
	хочу́, хо́чешь, хо́чет, хоти́м, хоти́те, хотя́т	
	чай	Tee
AB2	день, дня; дней (*mask.*)	Tag
A1	Войди́те!	Herein!
	Рад/а с ва́ми познако́миться.	Erfreut, Sie kennen zu lernen!
	сади́ться	sich setzen
	сажу́сь, сади́шься, ..., садя́тся	
	сади́сь! / сади́тесь!	setz dich! / setzen Sie sich!
	почти́	fast
	ря́дом с (+ *Instr.*)	neben
	удо́бный	bequem; passend
	давно́	seit langem
	настоя́щий	echt
	зима́	Winter
	холо́дный	kalt
	бесе́да	Gespräch, Unterhaltung
	пое́здка (<е́здить)	Fahrt
	ита́к	also
AB4	расписа́ние	(Stunden-)Plan
	понеде́льник	Montag
	в ~	
	вто́рник	Dienstag
	во ~	
	среда́	Mittwoch
	в ~у	
	четве́рг	Donnerstag
	в ~	
	пя́тница	Freitag
	в ~у	
	по́езд	Zug, Eisenbahn
Б1	приглаша́ть / пригласи́ть	einladen
	записна́я кни́жка	Notizbuch
	Помоги́те!	Hilfe!
	Нет ли у вас телефо́на?	Haben Sie vielleicht die Telefonnummer?
	Что́-нибудь ей переда́ть?	Soll ich ihr etwas ausrichten?
	случа́йный	zufällig
	Запиши́те! (< записна́я кни́жка)	Notieren Sie!

AB5	двéсти	zweihundert
	трúста	dreihundert
	четы́реста	vierhundert
	пятьсóт	fünfhundert
	шестьсóт	sechshundert
	семьсóт	siebenhundert
	восемьсóт	achthundert
	девятьсóт	neunhundert
	ты́сяча	tausend
AB6	возвращáться / вернýться вернýсь, вернёшься, ..., вернýтся	zurückkehren
Б4	звонúть / по-	anrufen
Б5	дéлать / с-	machen, tun
	идтú / пойтú	gehen
	встречáться / встрéтиться встрéчусь, встрéтишься, ..., встрéтятся	sich treffen
B1	закáзывать / заказáть закажý, закáжешь, ..., закáжут	bestellen
	спрáвочная, -ой	Auskunftei
B2	На какóе врéмя?	Für welche Zeit?
	на вóсемь часóв	für acht Uhr
	закáз	Bestellung, Reservierung
	прúнят (*Part.*)	aufgenommen
B3	éхать / по-	fahren
AB9	далекó от (+ *Gen.*)	weit von
	за (+ *Instr.*)	hinter
AB12	коммéрческий магазин	(kommerzielles) Geschäft
	чáстный	privat

Eigennamen/Internationalismen

AB1	кóфе (*mask., indekl.*)	Kaffee
	лимóн	Zitrone
A1	визúтка (<визúт)	Visitenkarte
	каталóг	Katalog
AB5	кáфедра	Lehrstuhl, Katheder
AB8	галерéя	Galerie
	футбóл	Fußball

Урок 9

AB1	успевáть / успéть успéю, успéешь, ..., успéют	zurechtkommen
	отправля́тся / отпрáвиться отпрáвлюсь, отпрáвишься, ..., отпрáвятся	sich auf den Weg machen
A1	Скóлько с меня́?	Wie viel bin ich schuldig?
	Счастлúвого путú!	Glückliche Reise!
A3	вокзáл	Bahnhof
Б1	нáдпись, -и (*fem.*)	Aufschrift
Б2	пункт назначéния	Zielpunkt
	отправлéние	Abfahrt
	слы́шать слы́шу, слы́шишь, ..., слы́шат	hören
AB2	интересовáть интересýет, интересýют	interessieren
	Это меня́ интересýет.	Das interessiert mich.
AB3	опáздывать	zu spät kommen, sich verspäten
AB4	посáдка	Einsteigen, Einstieg
Б3	спрáвочное бюрó	Informationsbüro
	повторя́ть	wiederholen
	скóрый пóезд	Schnellzug
	прибы́тие	Ankunft

В1	сади́ться сажу́сь, сади́шься, ..., садя́тся	sich setzen; einsteigen
	проводни́к, -á	Schaffner, Zugbegleiter
	ни́жний, -яя, -ее; -ие	unterer
В2	ве́рный	richtig
	оди́ннадцатый	elfter
	ве́рхний, -яя, -ее; -ие	oberer
АВ5	сове́товать сове́тую, сове́туешь, ..., сове́туют	raten
Г1	внизу́	unten
	Дава́йте познако́мимся!	Machen wir uns bekannt.
	о́бщий	allgemein
	представле́ние	Vorstellung
	кре́пость, -и (*fem.*)	Festung
	са́мый краси́вый	schönster
	дворе́ц, дворца́	Palast
	кро́ме того́	außerdem
	заплани́рован (*Part. Pass.*)	geplant sein
	осма́тривать / осмотре́ть осмотрю́, осмо́тришь, ..., осмо́трят	besichtigen
	поздравля́ть	beglückwünschen
	са́мый лу́чший	bester
Д1	находи́ться нахожу́сь, нахо́дишься, ..., нахо́дятся	sich befinden
	стро́ить / по-	bauen
	назва́ние	Bezeichnung
	получа́ть / получи́ть получу́, полу́чишь, ..., полу́чат	erhalten, bekommen
АВ11	дом дома́ (*Nom. Pl.*)	Haus

Eigennamen/Internationalismen

Б2	табло́	Tafel, Tableau
	платфо́рма	Bahnsteig, Plattform
Г1	купе́ (*indekl.*)	Abteil
	авто́бусный	Autobus-
	экску́рсия	Ausflug, Exkursion
	~ по го́роду	Stadtrundfahrt
	Пи́тер	(*Kurzform von* С.-Петербу́рг)
	Жизе́ль	(*Ballett von A. Ch. Adam*)
	Не́вский проспе́кт	Newski-Prospekt
Д1	Третьяко́вская галере́я	Tretjakow-Galerie

пра́в
пра́вда
пра́вильный
на**пра́в**о
от**прав**ля́ться
от**пра́в**иться
от**прав**ле́ние
с**пра́в**а
с**пра́в**очная
с**пра́в**очное бюро́

Урок 11

А1	представи́тель, -я (*mask.*)	Vertreter
	выходи́ть / выхожу́, выхо́дишь, ..., выхо́дят вы́йти вы́йду, вы́йдешь, ..., вы́йдут вы́шел, вы́шла	hinausgehen, aussteigen
	стоя́нка	Standplatz
	свобо́ден, -дна, -дно; -дны	frei sein
	Сда́чи не надо.	Das Wechselgeld ist für Sie.

	сда́ча	Wechselgeld
A2	сто́ить	kosten
AB2	обме́нный пункт	Wechselstube
AB3	мочь / смочь	können
	могу́,	
	мо́жешь,	
	мо́жет,	
	мо́жем,	
	мо́жете,	
	мо́гут	
	мог, могла́	
	за́втракать / по-	frühstücken
	обе́дать / по-	zu Mittag essen
	у́жинать / по-	zu Abend essen
Б1	заброни́рован (*Part. Pass.*)	vorbestellt, reserviert
	Одну́ мину́ту!	Eine Minute!, Einen Augenblick!
	соверше́нный	vollkommen
	заполня́ть / запо́лнить	ausfüllen (*Formular*)
	анке́та	Fragebogen
	ключ, -а́	Schlüssel
	но́чь, -и (*fem.*)	Nacht
	в два часа́ но́чи	um zwei Uhr nachts
Б2	Ну и что?	Nun, was gibt's?
	де́ло	Sache, Angelegenheit
	Не в э́том де́ло.	Darum geht es nicht.
	шу́мный	laut (*Geräusch*)
	Я пра́вильно вас по́нял/а́?	Habe ich Sie richtig verstanden?
	понима́ть / поня́ть	verstehen
	пойму́,	
	поймёшь, ...,	
	пойму́т	
	по́нял, поняла́;	
	по́няли	
	е́сли	wenn
	мо́жно	man kann, (es ist) möglich
AB4	приезжа́ть / прие́хать	ankommen (gefahren)
	прие́ду,	
	прие́дешь, ...,	
	прие́дут	
Б4	о́тчество	Vatersname
	и́мя (*neutr.*)	Name, Vorname
	гражда́нство	Staatsbürgerschaft
	да́та рожде́ния	Geburtsdatum
	рожде́ние	Geburt
	вы́дача	Ausstellung, Ausgabe
	срок прожива́ния	Aufenthaltsdauer
	да́та заполне́ния	Ausstellungsdatum
	по́дпись, -и (*fem.*)	Unterschrift
AB7	кефи́р	Kefir
	смета́на	Rahm
	творо́г	Topfen, Quark
	бутербро́д	belegtes Brot
	сыр	Käse
	колбаса́	Wurst
	ветчина́	Schinken
	соси́ски	Würstchen
	яйцо́	Ei
	варёные я́йца	gekochte Eier
	яи́чница	Rührei
	бе́лый	weiß
	хлеб	Brot
	чёрный	schwarz
	молоко́	Milch
	моло́чный	Milch-
	минера́льная вода́	Mineralwasser
AB8	сок	(Frucht-)Saft
	я́блочный	Apfel-
B1	за́втрак	Frühstück
	на ~	
	кусо́к, куска́	Stück
B3	прейскура́нт	Preisliste
	холо́дный	kalt
	блю́до	Speise
	напи́ток, напи́тка	Getränk
	горя́чий	warm, heiß (*Speisen*)
B6	хоте́ть	wollen, gerne mögen
	хоте́л бы,	
	хоте́ла бы;	
	хоте́ли бы	
Г1	писа́ть / на-	schreiben
	свой	sein (eigen)
	друг	Freund
	друзья́ (*Nom. Pl.*)	
	друзе́й	

	друзья́м друзе́й друзья́ми друзья́х	
	кото́рый (*Rel. Pron.*)	der, welcher
AB11	householdдово́лен, -льна, -льно; -льны	zufrieden sein
	ка́жется	es scheint

Eigennamen/Internationalismen

AB2	телегра́ф	Post- und Telegrafenamt
Г1	норма́льный	normal

пис / пиш
писа́ть
письмо́
писа́тель
за**пис**на́я кни́жка
за**пиш**и́те!
на́д**пись**
по́д**пись**
рас**пис**а́ние

Урок 12

AB1	говори́ть / по-	sprechen
	проси́ть / по- прошу́, про́сишь, ..., про́сят	bitten
	заезжа́ть / зае́хать зае́ду, зае́дешь, ..., зае́дут	fahrend vorbeikommen
	~ за кем	jemanden abholen
A1	се́вер	Norden
	сотру́дничать	zusammenarbeiten, mitarbeiten
	вполне́	vollkommen, völlig
AB8	сади́ться / сесть ся́ду, ся́дешь, ..., ся́дут сел, се́ла	sich setzen
	сюда́	hierher
	за́нят, занята́, за́нято; за́няты	besetzt sein
	Стол за́нят.	Der Tisch ist besetzt.
	предпочита́ть	vorziehen
	мя́со	Fleisch
	моро́женое, -ого	(Speise-)Eis
	буты́лка	Flasche
	роди́лся, родила́сь, родило́сь; родили́сь	geboren sein
Б1	пожа́луй	wohl
	на пе́рвое	als ersten (Gang)
	ры́ба	Fisch
	брать / беру́, берёшь, ..., беру́т взять возьму́, возьмёшь, ..., возьму́т взял, взяла́; взя́ли	nehmen
	моро́женое-ассорти	gemischtes Eis
	открове́нно говоря́, ...	ehrlich gesagt, ...
	о́сень, -и (*fem.*)	Herbst
	о́сенью	im Herbst
	снег	Schnee
	лы́жи	Ski
	коньки́	Schlittschuhe
	На вкус, на цвет това́рища нет.	Geschmäcker sind verschieden.
	де́вушка	Mädchen; Fräulein (*Anrede*)
	счёт	Rechnung

Б2	сидéть сижý, сиди́шь, ..., сидя́т	sitzen
	плати́ть / за- за (+ *Akk.*) плачý, плáтишь, ..., плáтят	zahlen
В1	дневни́к, -á	Tagebuch
	запи́сывать / записáть запишý, запи́шешь, ..., запи́шут	notieren
	пребывáние	Aufenthalt
	отдыхáть / отдохнýть отдохнý, отдохнёшь, ..., отдохнýт	sich erholen
	договáриваться / договори́ться о (+ *Präp.*)	sich verabreden
	ли́чный	persönlich
	ýжин	Abendessen
	ýличный	Straßen-
	движéние	Verkehr
	проводи́ть / провести́ проведý, проведёшь, ..., проведýт провёл, проведá; провели́	durchführen

Eigennamen/Internationalismen

А2	факс	Fax
АВ2	десéрт на ~	Nachspeise
Б1	салáт	Salat
	котлéты по-ки́евски	Hühnchen auf Kiewer Art
	пóрция	Portion
	винó	Wein
	петербýргский	Petersburger

В1	симпати́чный	sympathisch

сад / сид
сади́ться / сесть
сидéть
по**сад**ка

Урок 13

А1	обмéнивать / обменя́ть	wechseln
	дéньги, дéнег	Geld
	устрáивать / устрóить	veranstalten; unter- bringen; recht sein
	ежеднéвный	tagtäglich, jeden Tag
А3	висéть виси́т, вися́т	hängen
	обмéн	Umtausch
	странá	Land
Б1	отправля́ть / отпрáвить отпрáвлю, отпрáвишь, ..., отпрáвят	absenden, abschicken
	бланк	Formular
	чéрез (+ *Akk.*) ~ два дня	in, nach (*zeitlich*) in zwei Tagen
Б5	четы́рнадцатого	am vierzehnten
В1	по (+ *Dat.*)	durch, auf, in
	экскýрсия по гóроду	Stadtrundfahrt
	готóвиться к (+ *Dat.*)	sich vorbereiten auf
	крáткий	kurz
	основáть (*voll.*) оснýю, оснýешь, ..., оснýют	gründen
	век	Jahrhundert

	станови́тьсям / становлю́сь, стано́вишься, ..., стано́вятся стать (+ *Instr.*) ста́ну, ста́нешь, ..., ста́нут	werden
	Он стал инжене́ром.	Er wurde Ingenieur.
	называ́ть	nennen
	Называ́йте меня́ Ю́рий!	Nennen Sie mich Juri!
	се́верный	nördlich
	располо́жен, -а, -о; -ы	gelegen sein
	о́стров	Insel
	река́	Fluss
	мост	Brücke
	бога́тый	reich
	зи́мний	Winter-
	образе́ц, образца́	Vorbild, Beispiel
	иску́сство	Kunst
	находи́ть / нахожу́, нахо́дишь, ..., нахо́дят найти́ найду́, найдёшь, ..., найду́т	finden
	па́мятник (кому)	Denkmal
	~ Пу́шкину	Puschkin-Denkmal
	двор, -а́	Hof
	Гости́ный ~	(*Name eines Kaufhauses und einer U-Bahn-Station*)
АБ6	ию́нь, -я (*mask.*)	Juni
	ию́ль, -я (*mask.*)	Juli
Г1	буди́ть / раз- бужу́, бу́дишь, ..., бу́дят	(auf-)wecken
АБ8	устра́иваться / устро́иться	untergebracht sein
	начина́ть / нача́ть начну́, начнёшь, ..., начну́т на́чал, начала́; на́чали	beginnen
	перегово́ры (*Nom. Pl.*)	Verhandlungen
	обща́ться / по-	verkehren
	достопримеча́тельность, -и (*fem.*)	Sehenswürdigkeit
Д1	стара́ться / по-	sich bemühen
	на́бережная, -ой	Kai
	экскурсово́д	Reiseleiter
	молоде́ц!	super!, toll!
	жела́ть / по- (кому́ чего́)	wünschen
	Жела́ю тебе́ больши́х успе́хов.	Ich wünsche dir viel Erfolg.
	просто́й (<про́сто)	einfach
	восто́рг	Begeisterung
	передава́ть / передаю́, передаёшь, ..., передаю́т переда́ть переда́м, переда́шь, переда́ст, передади́м, передади́те, передаду́т	überreichen, übermitteln

Eigennamen/Internationalismen

А1	квита́нция	Quittung
А3	валю́та	Währung, Valuta
Б1	телегра́мма	Telegramm
Б5	ваго́н	Waggon
В1	де́льта	Delta
	Вене́ция	Venedig
	кана́л	Kanal
	архите́ктор	Architekt
	эпо́ха	Epoche
	архитекту́ра	Architektur

говор
говори́ть
до**гова́р**иваться / до**говор**и́ться
пере**гово́р**ы
раз**гово́р**
говоря́ (открове́нно ~)

Урок 14

A1	Бу́дьте добры́ ...!	Seien Sie so gut ...!
	отку́да?	woher?
	ви́деться	sich sehen
	Ско́лько мы не ви́делись?	Wie lange haben wir uns schon nicht mehr gesehen?
	Ско́лько лет, ско́лько зим!	Wie lange ist es her! (*wörtlich:* Wie viele Sommer, wie viele Winter!)
	сего́дняшний	heutig
	никако́й	keiner
AB2	поздравля́ть / поздра́вить (кого́ с чем) поздра́влю, поздра́вишь, ..., поздра́вят	beglückwünschen
	Поздравля́ю вас с днём рожде́ния.	Ich gratuliere Ihnen zum Geburtstag.
	жела́ть / по- (кому́ чего́)	wünschen
	Жела́ю тебе всего́ хоро́шего.	Ich wünsche dir alles Gute.
	сча́стье	Glück
	здоро́вье	Gesundheit
	пра́здник	Feiertag
	оконча́ние	Abschluss, Ende
AB3	до́лжен, должна́, должно́; должны́	müssen
	про́бовать / по- про́бую, про́буешь, ..., про́буют	(aus-)probieren
	вку́сный	köstlich, lecker
	фи́рменный	Firmen-
	~ое блю́до	»Spezialität des Hauses«
Б1	душа́	Seele
	поднима́ть / подня́ть подниму́, подни́мешь, ..., подни́мут	hochheben
	бока́л	Glas, Kelch
	имени́нница	Geburtstagskind
	здоро́вье	Gesundheit
	За ва́ше ~!	Auf Ihre Gesundheit! (*Toast*)
	бума́га	Papier
	ру́чка	Kugelschreiber
AB6	ну́жен, нужна́, ну́жно; нужны́	brauchen, nötig sein
	зна́ние	Kenntnis, Wissen
	что́бы (+ *Inf.*)	um ... zu
	поступа́ть / поступи́ть поступлю́, посту́пишь, ..., посту́пят	eintreten
	мно́го де́нег (*Gen. Pl.*)	viel Geld
AB7	реша́ть / реши́ть	beschließen
	предприя́тие	Unternehmen
	на ~ии	
	вступи́тельный	Eintritts-
	посеща́ть / посети́ть посещу́, посети́шь, ..., посетя́т	besuchen
	при (+ *Präp.*) ~ шко́ле	bei
Б3	сто́л	Tisch
	за столо́м	bei Tisch
	Как у вас дела́?	Wie geht es Ihnen?
	учи́ться учу́сь, у́чишься, ..., у́чатся	studieren

	послéдний	letzter
	Как бы́стро лети́т врéмя ...!	Wie schnell die Zeit vergeht ...!
	рабóтать (+ *Instr.*)	arbeiten (als)
	Кем ты бýдешь рабóтать?	Was wirst du von Beruf? (*wörtlich:* Als wer wirst du arbeiten?)
	учи́тель, -я (*mask.*)	Lehrer
	инострáнный	ausländisch, Fremd-
	однокýрсник	Studienkollege aus demselben Studienjahr
	трýдный	schwierig
	вопрóс	Frage
	впереди́	vorne
	затó	dafür
	огрóмный	riesig
	слýчай	Fall
	во вся́ком слýчае	auf jeden Fall
	одноклáссник	Klassenkamerad
	одни́	(die) einen
	зарабáтывать / заработать	verdienen (*Geld*)
	Как э́то поня́ть?	Wie soll man das verstehen?
	роди́тели, -ей *(Nom. Pl.)*	Eltern
	Скóлько раз в недéлю?	Wie viel mal pro Woche?
	по два часá	zu je zwei Stunden
	здóровый	gesund
	здóрово	toll, prima, super
B1	знамени́тый	berühmt
	узнавáть узнаю́, узнаёшь, ..., узнаю́т узнáть узнáю, узнáешь, ..., узнáют	erfahren; erkennen
	автоотвéтчик	automatischer Anrufbeantworter
	приобретáть / приобретý, приобретёшь, ..., приобретýт приобрести́ приобрёл, приобрелá	erwerben
B3	чей, чья, чьё	wessen („wem gehörig“)
	Чей э́то билéт?	Wessen Karte ist das?
B6	зри́тельный	Zuschauer-
	извиня́ть/изини́ть	entschuldigen
	стрáнный	seltsam
	поня́тный	verständlich
	Всё поня́тно.	Alles ist verständlich. Alles klar.
	ошибáться / ошиби́ться оши́бся, оши́блась	sich irren
B7	человéк	Mensch
AB11	чтó-нибудь	irgendetwas
AB12	талóн	Fahrkarte
1	есть ем, ешь, ест, еди́м, еди́те, едя́т	essen
2	рáдость (*fem.*)	Freude
	целовáть целýю, целýешь, ..., целýют	küssen
	ми́лый	lieb
	мы́сленный	gedanklich, in Gedanken
	обнимáть	umarmen
	столи́чный	Hauptstadt-
	жи́тель, -я (*mask.*)	Einwohner
	желáть дóлгих лет	ein langes Leben wünschen

Eigennamen/Internationalismen

A1	Вот так сюрпри́з!	Das ist aber eine Überraschung!
	план	Plan
AB3	пельмéни, -ей	Pelmeni (*gefüllte Teigtaschen*)
Б1	рецéпт	Rezept
AB6	специали́ст	Fachmann, Spezialist
AB7	экзáмен	Prüfung, Examen

Б3	юриди́ческий	juristisch
	специа́льный	speziell
АВ9	абитурие́нт	Studienbewerber
В1	репертуа́р	Repertoire
В6	зал	Saal
	амфитеа́тр	(*ansteigender Teil vom Parkett im Theater*)
2	мурманча́не (*Nom. Pl.*)	(die) Murmansker

здрав / здоров
здра́вствуй
здра́вствуйте
здоро́вый
здо́рово
здоро́вье
по**здра́в**лять
по**здра́в**ить

Урок 16

АВ1	апре́ль, -я	April
	принима́ть /	empfangen
	приму́,	
	при́мешь, ...,	
	при́мут	
	приня́ть	
	при́нял,	
	приняла́;	
	при́няли	
	прибыва́ть /	ankommen
	прибы́ть	
	прибу́ду,	
	прибу́дешь, ...,	
	прибу́дут	
А1	С(овме́стное) П(редприятие)	Jointventure
	март	März
	уважа́емый	verehrter
	господа́	(Damen und) Herren
	сообща́ть / сообщи́ть	mitteilen
	ли	ob
АВ2	янва́рь, -я́	Januar
	февра́ль, -я́	Februar
	май, ма́я	Mai
	а́вгуст	August
	сентя́брь, -я́	September
	октя́брь, -я́	Oktober
	ноя́брь, -я́	November
	дека́брь, -я́	Dezember
А3	соединя́ть / соедини́ть	verbinden
	благодари́ть / по- (кого́ за что)	danken
	поря́док, поря́дка	Ordnung
	в поря́дке	in Ordnung
	вспомина́ть / вспо́мнить	sich erinnern
	срок	Frist
	предлага́ть / предложи́ть	vorschlagen
	тем же ре́йсом	mit dem gleichen Flug
	подтвержда́ть / подтверди́ть	bestätigen
	подтвержу́,	
	подтверди́шь, ...,	
	подтвердя́т	
	да́нные, -ых	Daten, Angaben
	лёгкий (<легко́)	leicht
	ле́гче (*Komp.*)	leichter
АВ7	сотру́дник	Mitarbeiter
	о́бщий	gemeinsam
Б1	прилета́ть / прилете́ть	ankommen (mit dem Flugzeug)
	прилечу́,	
	прилети́шь, ...,	
	прилетя́т	
	наде́яться	hoffen
	наде́юсь,	
	наде́ешься, ...,	
	наде́ются	
	долета́ть / долете́ть	erreichen (mit dem Flugzeug)
	долечу́,	
	долети́шь, ...,	
	долетя́т	
	Как вы долете́ли?	Wie war der Flug?

AB11	бы	(*Konjunktivpartikel*)
	помога́ть / помогу́, помо́жешь, ..., помо́гут помо́чь помо́г, помогла́; помогли́	helfen
	замеча́ть / заме́тить заме́чу, заме́тишь, ..., заме́тят	bemerken
	видово́й	Ansichts-
	~ая откры́тка	Ansichtskarte
	ну́жно (= на́до)	nötig
	набира́ть / наберу́, наберёшь, ..., наберу́т набра́ть набра́л, набрала́; набра́ли	wählen (*Telefon*)
B1	ждать / подо- жду, ждёшь, ..., ждут	warten
	дома́шний	Haus-
	отдыха́ть / отдохну́ть отдохну́, отдохнёшь, ..., отдохну́т	sich erholen
	заходи́ть захожу́, захо́дишь, ..., захо́дят зайти́ зайду́, зайдёшь, зайдут зашёл, зашла́; зашли́	(vorbei-)kommen
	лу́чше (*Komp.*)	besser
	кста́ти	übrigens
	покупа́ть / купи́ть куплю́, ку́пишь, ..., ку́пя́т	kaufen
AB15	двухко́мнатный	Zweizimmer-
	часть, -и (*fem.*)	Teil
	дешёвый (<дёшево)	billig
	деше́вле (*Komp.*)	billiger
Г1	ме́сяц, -а; -ев	Monat
	уве́рен, -а; -ы	überzeugt sein, sicher sein
	сре́дний, -яя, -ее; -ие	mittlerer
	в сре́днем	im Durchschnitt
	приблизи́тельный	ungefähr
	ва́нная	Badezimmer
	за́падный	westlich
	далёкий (<далеко́)	weit
	о́коло ча́са езды́	ungefähr eine Stunde Fahrt
	подходя́щий	passend
	направля́ть / напра́вить напра́влю, напра́вишь, ..., напра́вят	hinsenden
D3	ро́дина	Heimat
1	приём	Empfang
	послеза́втра	übermorgen
3	бесе́довать / по-	plaudern

Eigennamen/Internationalismen

AB1	делега́ция	Delegation
A1	рейс	Flug
	Аэрофло́т	(*russische Fluggesell-schaft*)
	генера́льный	General-
Б1	аэропо́рт в ~у́	Flughafen
AB7	код	Vorwahl, Index
B1	по́чта	Post
	сувени́р	Andenken, Souvenir

АВ12	конве́рт	Briefumschlag, Kouvert
Д3	ситуа́ция	Situation
8	о́фис	Büro, Office

став
пред**ста́в**ить
пред**став**и́тель
пред**став**и́тельство
пред**став**ле́ние
предо**ста́в**ить
по**ста́в**ка
вы́**став**ка

Урок 17

АВ1	забыва́ть / забы́ть забу́ду, забу́дешь, ..., забу́дут	vergessen
	спра́шивать / спроси́ть спрошу́, спро́сишь, ..., спро́сят	fragen
	ко́е-что	etwas
АВ2	пока́зывать / показа́ть покажу́, пока́жешь, ..., покажу́т	zeigen
	доро́га	Weg, Straße
	по доро́ге	unterwegs
А1	то́лько что	gerade
	вокру́г (+ *Gen.*)	um ... (herum)
	представи́тельство	Vertretung
	госуда́рственный	staatlich
	ме́нее (*Komp.*)	weniger
	споко́йный	ruhig
АВ3	не́которые	einige
	ока́зываться / оказа́ться ока́жется, ока́жутся	sich erweisen
Б1	ва́жный	wichtig
	уча́стник	Teilnehmer
	столе́тие	Jahrhundert
	гуля́ть / по-	spazieren gehen
	поку́пка	Einkauf
	стена́	Wand, Mauer
	рекомендова́ть / по- рекоменду́ю, рекоменду́ешь, ..., рекоменду́ют	empfehlen
	каса́ться (+ *Gen.*)	betreffen
	что каса́ется	betreffs
	Это каса́ется меня́.	Das betrifft mich.
	полёт	Flug
	самолёт	Flugzeug
	цена́	Preis
	обраща́ться / обрати́ться обращу́сь, обрати́шься, ..., обратя́тся к (+ *Dat.*)	sich wenden an
	ме́стный	örtlich
В1	возвраще́ние	Rückkehr
	нето́чность, -и (*fem.*)	Ungenauigkeit
	Дело в том, что ...	Es geht darum, dass ...
	удивля́ться / удиви́ться	sich wundern
Г1	сотру́дник	Mitarbeiter
	сотру́дничество	Zusammenarbeit
	впечатле́ние	Eindruck
	бу́дущий	zukünftig
	шаг	Schritt

Eigennamen/Internationalismen

АВ2	Волше́бная фле́йта	Zauberflöte
А1	шве́дский стол	Büfett
	культу́рный	Kultur-
	бульва́р	Boulevard
	парла́мент	Parlament

	секре́т	Geheimnis
	интенси́вный	intensiv
Б1	анса́мбль, -я (*mask.*)	Ensemble
	ко́мплекс	Komplex
	резиде́нция	Residenz
	фешене́бельный	modern
	информа́ция	Information
	рекоменда́ция (<рекомендова́ть)	Empfehlung

бы / буд
быть
бы
был, **бы**ла́, **бы́**ло, **бы́**ли
за**бы**ва́ть
за**бы́**ть
пре**бы**ва́ние
при**бы**ва́ть
при**бы́**ть
что́**бы**

Урок 18

АВ1	компости́ровать / про- компости́рую, компости́руешь, ..., компости́руют	entwerten
	остано́вка	Haltestelle
	телефо́нная книга	Telefonbuch
	проездно́й биле́т	Streckenkarte
	ка́сса предвари́тельной прода́жи	Vorverkaufskasse
	городско́й тра́нспорт	Stadtverkehr
	снима́ть / снять сниму́, сни́мешь, ..., сни́мут	abnehmen
	тру́бка	Hörer
	телефо́нная бу́дка	Telefonzelle
	коро́ткий	kurz
	гудо́к	Signal
АВ2	по́льзоваться (+ *Instr.*) по́льзуюсь, по́льзуешься, ..., по́льзуются	benutzen
	Он по́льзуется трамва́ем.	Er benutzt die Straßenbahn.
	неде́льный проездно́й биле́т	Wochenkarte
	вид	Art; Aussicht
А1	самостоя́тельный	selbstständig
	так же, как	ebenso wie
	броса́ть / бро́сить бро́шу, бро́сишь, ..., бро́сят	einwerfen
	дли́нный	lang
	отве́т	Antwort
	нажима́ть / нажа́ть нажму́, нажмёшь, ..., нажму́т	drücken
	кно́пка	Knopf
АВ4	про́сьба	Bitte
А5	регистрацио́нная ка́рточка	Meldezettel
АВ5	чу́вствовать чу́вствую, чу́вствуешь, ..., чу́вствуют	fühlen
	боле́ть боли́т, боля́т	weh tun, schmerzen
	У меня боли́т голова́.	Ich habe Kopfschmerzen.
	голова́	Kopf
	го́рло	Hals, Kehle
	У меня́ боли́т го́рло.	Ich habe Halsweh.
	измеря́ть / изме́рить	messen
	вызыва́ть / вы́звать вы́зову, вы́зовешь, ..., вы́зовут	hervorrufen; rufen
	~ врача́	den Arzt rufen

Б1	нева́жный	unwichtig; nicht gut
	Я чу́вствую себя́ нева́жно.	Ich fühle mich nicht gut.
	вы́глядеть вы́гляжу, вы́глядишь, ..., вы́глядят	aussehen
	случа́ться / случи́ться	passieren
	на́сморк	Schnupfen
	боле́ть боле́ю, боле́ешь, ..., боле́ют	krank sein
	простужа́ться / простуди́ться	sich verkühlen
	боя́ться бою́сь, бои́шься, ..., боя́тся	sich fürchten
	пра́в, права́; пра́вы	Recht haben
	страхо́вка	Versicherung
	оформля́ть / офо́рмить офо́рмлю, офо́рмишь, ..., офо́рмят	ausfüllen
АВ9	здоро́в, -а, -о; -ы	gesund sein
	пить пью, пьёшь, ..., пью́т	trinken
	спать сплю, спишь, ..., спят	schlafen
	жа́ловаться на (+ *Akk.*) жа́луюсь, жа́луешься, ..., жа́луются	sich beklagen über
	поправля́ться / попра́виться попра́влюсь, попра́вишься, ..., попра́вятся	sich bessern
	открыва́ть / откры́ть откро́ю, откро́ешь, ..., откро́ют	öffnen
	раздева́ться / разде́ться разде́нусь, разде́нешься, ..., разде́нутся	sich ausziehen, ablegen
	слу́шать / по-	abhören
	дыша́ть дышу́, ды́шишь, ..., ды́шат	atmen
	глубо́кий (<глубоко́)	tief
Б4	объясня́ться / объясни́ться	sich erklären, erklärt werden
АВ12	учи́ть / вы́-	lernen
	трудне́е (*Komp.*)	schwieriger
	сло́во	Wort
Г1	вообще́	überhaupt
	кошма́р	Unsinn

Eigennamen/Internationalismen

	пробле́ма	Problem
АВ1	телефо́нный	Telefon-
	телефо́н-автома́т	Münzfernsprecher
	моне́та	Münze
А1	автома́т	Automat
АВ7	грипп	Grippe
	реце́пт	Rezept
Д1	диале́кт	Dialekt

е́здить / **е́х**ать
езда́ (час езды́, Испа́нская верхова́я езда́)
за**е́х**ать за (+ *Instr.*)
отъ**е́зд**
по́**езд**
по**е́зд**ка
по**езж**а́й!
при**езж**а́ть / при**е́х**ать
про**езд**но́й (биле́т)
про**е́х**ать

Урок 19

	гость (*fem.*)	Gast
	в гостя́х	zu Gast, auf Besuch
A1	наконе́ц-то	schließlich
	счастли́вый	glücklich
	сча́стлив, -а; -ы	glücklich sein
	два ме́сяца наза́д	vor zwei Monaten
	доста́точно	ausreichend, genügend
	доста́точно ме́ста	ausreichend Platz
	своя́ ко́мната	eigenes Zimmer
	расположе́ние	Lage
	лес	Wald
	обяза́тельный	verpflichtend
	серде́чный	herzlich
AB4	туда́ и обра́тно	hin und zurück
	число́	Zahl; Datum
Б1	навеща́ть / навести́ть навещу́, навести́шь, ..., навестя́т	besuchen (*Personen*)
	бы́стренко	schnell
	отъе́зд	Abfahrt
AB7	Ну, и как?	Wie ist es? / Wie war es?
	снима́ть / снять сниму́, сни́мешь, ..., сни́мут	mieten
	лежать лежу́, лежи́шь, ..., лежа́т	liegen
	загора́ть (*unvoll.*)	sich bräunen
B1	цвето́к, цветка́; цветы́ (*Nom. Pl.*)	Blume
	ви́дно	man sieht, es ist zu sehen
	ку́хня	Küche
	Ему 16 лет.	Er ist 16 Jahre alt.
	дово́льно	genügend, ziemlich
	о́тпуск	Urlaub
	пла́вание	Schwimmen
	ката́ться	laufen
	~ на лы́жах	Ski laufen
	те́ннис	Tennis
	игра́ в мяч	Ballspiel
	мяч, -а́	Ball
	ката́ться на конька́х	Schlittschuh laufen
	Ино́е вре́мя - ино́е бре́мя.	*wörtlich:* Eine andere Zeit – eine andere Last.

Eigennamen/Internationalismen

AB4	плацка́рта	Platzkarte
Б1	пробле́ма	Problem
AB7	Кры́мское шампа́нское	Krimsekt
B1	панора́ма	Aussicht, Panorama
	спортсме́н	Sportler
	трениро́вка	Training
	лёгкая атле́тика	Leichtathletik
	альпини́зм	Bergsteigen, Klettern

об**нима́ть** / об**ня́ть**
под**нима́ть** / под**ня́ть**
по**нима́ть** / по**ня́ть**
по**ня́т**ный
при**нима́ть / ня́ть**
при́**нят** (зака́з ~)
снима́ть / **снять**
меропри**ят**ие
предпри**ят**ие

Переговоры 1

	би́знес	Geschäft
AB1	затрудня́ть / затрудни́ть	in Verlegenheit bringen

1	говори́ть / сказа́ть скажу́, ска́жешь, ..., ска́жут	sagen
2	Кто тако́й ...?	Wer ist ...?
AB4	кури́ть курю́, ку́ришь, ..., ку́рят	rauchen
	броса́ть / бро́сить бро́шу, бро́сишь, ..., бро́сят	aufhören
5	проходи́ть / пройти́	durchgehen, weitergehen
	исключе́ние	Ausnahme
	спра́шивать / спроси́ть (у кого́)	fragen
	пре́жде всего́	vor allem
	ры́нок, ры́нка	Markt
	основно́й	hauptsächlich, Haupt-
	восто́чный	östlich
	с (+ *Gen.*)	von ... an (*zeitlich*)
	про́шлый	vergangener
AB6	выска́зывание	Äußerung
	собесе́дник	Gesprächspartner
7	визи́тная ка́рточка	Visitenkarte

Eigennamen/Internationalismen

1	италья́нский	italienisch
5	абсолю́тный	absolut
	проце́нт	Prozent
	проду́кция	Produktion
	экспорти́ровать экспорти́рую, экспорти́руешь, ..., экспорти́руют	ausführen, exportieren
	Евро́па	Europa
	Ита́лия	Italien
	конта́кт	Kontakt
	Че́хия	Tschechien
	Слова́кия	Slowakei
	По́льша	Polen

каз
выс**ка́з**ывание
за**ка́з**
за**ка́з**ывать / за**каз**а́ть
о**каз**а́ться
по**ка́з**ывать / по**каз**а́ть
расс**ка́з**ывать / расс**каз**а́ть
сказа́ть
ска́зываться

Переговоры 2

	запро́с	Anfrage
	предложе́ние	Angebot
1	многоуважа́емый	sehr geehrter
	благода́рность, -и (*fem.*)	Dankbarkeit
	с благода́рностью	dankend
	получе́ние	Erhalt
	заинтересо́ван в (+ *Präp.*)	interessiert sein an
	прибо́р	Gerät
	дополни́тельный	zusätzlich
	ожида́ние	Erwartung
	в ожида́нии	in Erwartung
	уваже́ние	Achtung
	с уваже́нием	hochachtungsvoll
	произво́дство	Herstellung, Fertigung
2	переводи́ть / перевожу́, перево́дишь, ..., перево́дят перевести́ переведу́, переведёшь, ..., переведу́т перевёл, перевела́; перевели́	übersetzen

3	интере́с к (+ *Dat.*)	Interesse an
	ведь	doch
AB4	предложе́ние на (+ *Akk.*)	Angebot für/über
	подро́бный	ausführlich, detailliert
	описа́ние	Beschreibung
	на сле́дующей неде́ле	in der nächsten Woche
	усло́вие	Bedingung
6	вести́ веду́, ведёшь, ..., веду́т вёл, вела́; вели́	führen
	изуча́ть / изучи́ть	studieren, lernen
	иллюстри́рован (*Part. Pass.*)	illustriert sein
	по да́нным	laut Angaben, gemäß den Daten
	и́менно	gerade, ausgerechnet
	выбира́ть / вы́брать вы́беру, вы́берешь, ..., вы́берут	auswählen
	по́лностью	vollständig, komplett
	согла́сен, согла́сна; согла́сны	einverstanden sein
	поста́вка	Lieferung
	платёж, платежа́	Zahlung
	уточня́ть / уточни́ть	genauer ausführen, präzisieren
8	про́бный	Probe-

Eigennamen/Internationalismen

1	тип	Typ
8	шту́ка	Stück
	па́ртия	Partie; Teillieferung
	кварта́л	Quartal
9	тра́ктор; -а́, -о́в	Traktor

прос / праш
проси́ть / по**прос**и́ть
прости́!
про́сьба
во**про́с**
за**про́с**
спра́шивать / **спрос**и́ть

Переговоры 3

1	существова́ть существу́ю, существу́ешь, ..., существу́ют	existieren
	год один год два го́да пять лет	Jahr
	производи́ть / произвожу́, произво́дишь, ..., произво́дят произвести́ произведу́, произведёшь, ..., произведу́т произвёл, произвела́; произвели́	erzeugen, produzieren
	строи́тельный	Bau-
	обору́дование	Ausrüstung
	строи́тельство	Bau
AB1	подпи́сывать / подписа́ть подпишу́, подпи́шешь, ..., подпи́шут	unterschreiben
	догово́р	Vertrag
	годово́й	Jahres-
	оборо́т	Umsatz
	сторона́	Seite

	предоставля́ть / предоста́вить предоста́влю, предоста́вишь,..., предоста́вят	gewähren
	рабо́чий	Arbeiter
	слу́жащий	Angestellter
AB3	кру́пный	groß, riesig
	како́в	wie
	за́нят, занята́; за́няты	beschäftigt sein
	организо́ван (*Part. Pass.*)	organisiert sein
	всего́	insgesamt
2	о́тдых	Erholung
	разли́чный	verschieden
	прили́чный	ordentlich
	не́сколько	einigermaßen
	поня́тие	Begriff
	по догово́ру	laut Vertrag
	от и́мени (+ *Gen.*)	namens
	телезри́тель, -я	Fernsehzuschauer
	Ни пу́ха, ни пера́!	Hals- und Beinbruch!
	К чёрту!	Zum Teufel! (*Antwort darauf*)
4	основа́ние	Gründung
6	сра́внивать / сравни́ть	vergleichen
	коли́чество	Anzahl, Quantität
	расшире́ние	Erweiterung
	увели́чиваться / увели́читься	sich vergrößern
	ма́лый	klein
	си́ла	Kraft

Eigennamen/Internationalismen

1	рекла́мный	Reklame-
	ноу-хау	Know-how
	филиа́л	Filiale
	Ве́нгрия	Ungarn
AB1	миллио́н	Million
AB3	масшта́б по ~ам	Maßstab
	материа́л	Material
2	корреспонде́нт	Korrespondent
	интервью́	Interview
3	суперма́ркет	Supermarkt
AB5	кран	Kran
	электро́ника	Elektronik
6	организа́ция	Organisation

нов
но́вость
но́вый
ос**нов**а́ть
ос**нов**а́ние
ос**нов**но́й

Переговоры 4

1	о́бласть, -и (*fem.*)	Gebiet
	уча́ствовать в (+ *Präp.*) уча́ствую, уча́ствуешь, ..., уча́ствуют	teilnehmen an
AB 1	име́ть	haben
	делово́й	Geschäfts-
	западно-европе́йский	westeuropäisch
	восточно-европе́йский	osteuropäisch
	я́рмарка	Messe, Ausstellung
	дава́ть / даю́, даёшь, ..., даю́т дать дам, дашь, даст, дади́м, дади́те, даду́т	geben

	возмóжность, -и (*fem.*)	Möglichkeit
	извéстен, извéстна	berühmt sein
	учáстие в (+ *Instr.*)	Teilnahme
	посылáть / послáть пошлю́, пошлёшь, ..., пошлю́т	(hin-)schicken, senden
2	присылáть / прислáть пришлю́, пришлёшь, ..., пришлю́т	(her-)schicken, (her)senden
AB2	позавчерá	vorgestern
	закáз	Bestellung
	дéлать вам ~	Ihre Bestellung ausführen
	Я хотéл/а бы сдéлать вам закáз пря́мо на вы́ставке.	Ich möchte bei Ihnen direkt auf der Ausstellung bestellen.
	скúдка	Preisnachlass
	~ в 10 процéнтов	10% Rabatt
5	прия́тный	angenehm
	представля́ть / представить предстáвлю, предстáвишь, ..., предстáвят	vertreten; vorstellen
	всё ещё	immer noch
	замечáтельный	bemerkenswert
	значи́тельный	bedeutend
	меня́ть / по-	(ver-)ändern
	руковóдство	Führung, Leitung
8	начáльник	Chef

Eigennamen/Internationalismen

1	публиковáть / о- публику́ю, публику́ешь, ..., публику́ют	veröffentlichen, publizieren
	компью́терный тéхника	Computer-Technik

вед (вести́) / вод
води́ть / вести́
за**вóд**
пере**води́ть** / пере**вести́**
про**води́ть** / про**вести́**
про**вод**ни́к
произ**води́ть** / произ**вести́**
произ**вóд**ство
руко**вóд**ство
экскурсо**вóд**

Grammatikübersicht

I. Deklination

Adjektiv-Substantiv-Blöcke im Singular

	maskulin		*neutrum*		*feminin*	
Nom.	**-ый**	Kons.	**-ое**	**-о**	**-ая**	**-а**
Gen.	**-ого**	**-а**	= mask.		**-ой**	**-ы**
Dat.	**-ому**	**-у**	= mask.		**-ой**	**-е**
Akk.	= Nom./Gen.*		= Nom.		**-ую**	**-у**
Instr.	**-ым**	**-ом**	= mask.		**-ой**	**-ой**
Präp.	**-ом**	**-е**	= mask.		**-ой**	**-е**

Adjektiv-Substantiv-Blöcke im Plural

	maskulin		*neutrum*		*feminin*	
Nom.	**-ые**	**-ы**	**-ые**	**-а**	= mask.	
Gen.	**-ых**	**-ов**	**-ых**	**-Ø**	**-ых**	**-Ø**
Dat.	**-ым**	**-ам**	= mask.		= mask.	
Akk.	= Nom./Gen.*		= Nom.		= Nom./Gen.*	
Instr.	**-ыми**	**-ами**	= mask.		= mask.	
Präp.	**-ых**	**-ах**	= mask.		= mask.	

* Belebte Substantive: Akk. = Genitiv; unbelebte Substantive: Akk. = Nom.

Bei der Deklination der Substantive und Adjektive (Pronomen, Ordnungszahlen) müssen Sie drei Grundregeln beachten:

1. hart – weich

Ob ein Konsonant *hart* oder *weich* ist, erkennen Sie am darauffolgenden Buchstaben. Folgt auf einen Konsonanten ein **я**, **е**, **и**, **ё**, **ю** oder ein **ь**, ist er *weich:* недéля, недéли, недéлю (alle Konsonanten *weich*), день (alle Konsonanten *weich*), Кремлём (**р** und **л** *weich*).

Diese Opposition *hart – weich* hat Auswirkungen auf die Endungen. Im Wort Кремль ist das stammauslautende **-ль** *weich*. Dies muss in allen Formen erhalten werden: Кремля́, Кремлю́, Кремлём, ... Würden Sie *Кремла́ schreiben, würde aus dem *weichen* **-ль** plötzlich eine *hartes* **-л** und Sie hätten ein neues Wort gebildet.

2. ы/и-Regel

Nach den Kehllauten **г, к, х** und den Zischlauten **ш, ж; ч, щ** steht nie **ы,** sondern immer **и:** но́вый – ма́ленький, но́вым – ма́леньким, но́вые – ма́ленькие, но́вых – ма́леньких , ...; эта́ж – этажи́ (Nom. Pl.), река́ – реки́ (Gen. Sg.), ре́ки, ... (Nom./Akk. Pl.).
Diese Regel wirkt sich in der Deklination bei maskulinen Substantiven im Nom./Akk. Pl., bei femininen Substantiven im Gen. Sg. und im Nom./Akk. Pl. aus, in der Adjektivdeklination im Nom./Akk. Sg. der maskulinen Adjektive sowie im gesamten Plural.

3. o/e-Regel

Nach den Zischlauten **ш, ж; ч, щ** und nach **ц** wird unbetontes **o** zu **e:**
у́лица, у́лицей; хоро́шее, хоро́шего, хоро́шей, ... Diese Regel wirkt sich bei Substantiven im Instr. Sg., bei Adjektiven in allen Formen des Singulars aus.

1 Substantiv, Singular

	1. Deklination maskulin / neutrum		*2. Deklination feminin*	*3. Deklination feminin*
Nom.	**-Ø** рестора́н Кремль музе́й комента́рий	**-о / -е** кольцо́ мо́ре зда́ние	**-а / -я** ко́мната ма́рка семья́ ста́нция	**-ь** пло́щадь
Gen.	**-а / -я** рестора́на Кремля́ музе́я	кольца́ мо́ря зда́ния	**-ы / -и** ко́мнаты марки семьи́ ста́нции	**-и** пло́щади
Dat.	**-у / -ю** рестора́ну Кремлю́ музе́ю	кольцу́ мо́рю зда́нию	**-е** ко́мнате ма́рке семье́ ста́нции	**-и** пло́щади

	1. Deklination maskulin / neutrum		*2. Deklination feminin*	*3. Deklination feminin*
Akk.	belebt = Gen. unbelebt = Nom.		**-у / -ю** ко́мнату ма́рку семью́ ста́нцию	= Nom.
Instr.	**-ом / -ем / -ём** рестора́ном Кремлём музе́ем	 кольцо́м мо́рем зда́нием	**-ой / -ей / -ёй** ко́мнатой ма́ркой семьёй у́лицей ста́нцией	**-ью** пло́щадью
Präp.	**-е / -и** о рестора́не о Кремле́ о музе́е	 о кольце́ о мо́ре о зда́нии	**-е / -и** о ко́мнате о ма́рке о семье́ о ста́нции	**-и** о пло́щади

2 Substantiv, Plural

	maskulin	*feminin*	*neutrum*
Nom.	**-ы / -и** рестора́ны Кремли́ музе́и	 ко́мнаты ма́рки се́мьи ста́нции пло́щади	**-а / -я** ко́льца моря́ зда́ния
Gen.	**-ов / -ев / -ей /-Ø / -й** рестора́нов Кремле́й музе́ев	 ко́мнат ма́рок семе́й ста́нций площаде́й	 ко́лец море́й зда́ний
Dat.	**-ам / -ям** рестора́нам Кремля́м музе́ям	 ко́мнатам ма́ркам се́мьям ста́нциям площадя́м	 ко́льцам моря́м зда́ниям

	maskulin	*feminin*	*neutrum*
Akk.	belebt = Gen. unbelebt = Nom.		= Nom.
Instr.		**-ами / -ями**	
	рестора́нами Кремля́ми музе́ями	ко́мнатами ма́рками се́мьями ста́нциями площадя́ми	ко́льцами моря́ми зда́ниями
Präp.		**-ах / -ях**	
	о рестора́нах о Кремля́х о музе́ях	о ко́мнатах о ма́рках о се́мьях о ста́нциях о площадя́х	о ко́льцах о моря́х о зда́ниях

3 Adjektiv (Pronomen, Ordnungszahl)

	maskulin / neutrum		*feminin*
Nom.	**-о́й / -ый / -ий** большо́й ста́рый ма́ленький хоро́ший после́дний	**-ое / -ее** большо́е ста́рое ма́ленькое хоро́шее после́днее	**-ая / -яя** больша́я ста́рая ма́ленькая хоро́шая после́дняя
	э́тот мо́й наш весь	э́то моё на́ше всё	э́та моя́ на́ша вся
Gen.	**-ого / -его** большо́го ста́рого ма́ленького хоро́шего после́днего		**-ой / -ей** большо́й ста́рой ма́ленькой хоро́шей после́дней
	э́того моего́ на́шего всего́		э́той мое́й на́шей всей

	maskulin / neutrum	*feminin*
Dat.	**-ому / -ему** большо́му ста́рому ма́ленькому хоро́шему после́днему э́тому моему́ на́шему всему́	**-ой / -ей** большо́й ста́рой ма́ленькой хоро́шей после́дней э́той мое́й на́шей всей
Akk.	belebt = Gen. unbelebt = Nom.	**-ую / -юю** большу́ю ста́рую ма́ленькую хоро́шую после́днюю э́ту мою́ на́шу всю
Instr.	**-ым / -им** больши́м ста́рым ма́леньким хоро́шим после́дним э́тим мои́м на́шим всем	**-ой / -ей** большо́й ста́рой ма́ленькой хоро́шей после́дней э́той мое́й на́шей всей
Präp.	**-ом / -ем / -ём** большо́м ста́ром ма́леньком хоро́шем после́днем э́том моём на́шем всём	**-ой / -ей** большо́й ста́рой ма́ленькой хоро́шей после́дней э́той мое́й на́шей всей

4 Personalpronomen

Nom.	я	ты	он / оно́	она́	мы	вы	они́
Gen.	меня́	тебя́	его́	её	нас	вас	их
Dat.	мне	тебе́	ему́	ей	нам	вам	им
Akk.	= Gen.	= Gen.	= Gen.	= Gen.	= Gen.	= Gen.	= Gen.
Instr.	мной	тобо́й	им	ей	нами	вами	и́ми
Präp.	мне	тебе́	нём	ней	нас	вас	них

н-Vorschlag: Steht vor den Personalpronomen der 3. Person Sg. und Pl. eine Präposition, wird ein **н**- vorgeschaltet: у **н**его́, у **н**её, к **н**им, с **н**им, с **н**ей , о **н**их, ...

о-Einschub: Zur Erleichterung der Aussprache wird vor mehreren Konsonanten ein **-о** eingeschoben: **ко** мне, **со** мной, **обо** мне.

5 Reflexivpronomen

Nom.	—
Gen.	себя́
Dat.	себе́
Akk.	= Gen.
Instr.	собо́й
Präp.	себе́

6 Interrogativpronomen

Nom.	кто	что
Gen.	кого́	чего́
Dat.	кому́	чему́
Akk.	кого́	что
Instr.	кем	чем
Präp.	ком	чём

II. Konjugation

Die Verben werden in drei Gruppen unterteilt:

1. Verben der *e-Konjugation,*
2. Verben der *i-Konjugation,*
3. Verben mit besonderen Formen und unregelmäßige Verben.

Im Infinitiv endet die überwiegende Anzahl aller russischen Verben auf: **-ать/-ять** (diese Verben gehören meist zur *e-Konjugation*) oder **-ить** (diese Verben gehören meist zur *i-Konjugation*).

Daneben haben Sie Verben mit folgenden Infinitivendungen kennen gelernt:

-еть	Diese Verben können der *e-Konjugation* oder der *i-Konjugation* angehören, z. B. имéть – имéю, имéешь, …, имéют; висéть – висúт, висят.
-нуть	Diese Verben gehören der *e-Konjugation* an, z. B. отдохнýть.
-ы́ть	Diese Verben gehören der *e-Konjugation* an (besondere Formen!), z. B. откры́ть.
-тú	Diese Verben gehören der *e-Konjugation* an, z. B. идтú, пойтú.
-стú	Diese Verben gehören der *e-Konjugation* an (besondere Formen!), z. B. вестú.
-чь	Diese Verben gehören der *e-Konjugation* an (besondere Formen!), z. B. мочь.

1 Verben der e-Konjugation

a) Verben auf -ать (-аю, -аешь, -ают)/-ять (-яю, -яешь, -яют)
рабóтать: рабóтаю, рабóтаешь, рабóтают; рабóтал; рабóтай! (arbeiten)
повторя́ть: повторя́ю, повторя́ешь, повторя́ют; повторя́л; повторя́й! (wiederholen)

b) Verben auf -овать (-ую, -уешь, -уют)
интересовáться: интересýюсь, интересýешься, интересýются; интересовáлся, интересовáлась, интересовáлись; интересýйся! (Я интересýюсь рýсским языкóм.)
совéтовать: совéтую, совéтуешь, совéтуют; совéтовал; совéтуй! (raten)

c) Verben auf -авáть (-аю́, -аёшь, -аю́т)
давáть: даю́, даёшь, даю́т; давáл; давáй! (geben)
передавáть (überreichen)
продавáть (verkaufen)
узнавáть (in Erfahrung bringen, sich erkundigen)

d) Verben auf -ну́ть (-ну́, -нёшь, -ну́т)
верну́ться: верну́сь, вернёшься, верну́тся; верну́лся; верни́сь! (zurückkehren)
отдохну́ть: отдохну́, отдохнёшь, отдохну́т; отдохну́л; отдохни́! (sich erholen)

e) Verben auf -е́ть (-е́ю, -е́ешь, -е́ют)
име́ть: име́ю, име́ешь, име́ют; име́л; име́й! (haben)
боле́ть (krank sein (an + Instr.): Он боле́ет гри́ппом.)
успе́ть (rechtzeitig kommen, zurechtkommen, sich (zeitlich) ausgehen)

f) Verben der e-Konjugation mit Konsonantenwechsel (in allen Personen) auf -ать (-у, -ешь, -ут)
каза́ться (scheinen): Мне ка́жется, что ...
заказа́ть: закажу́, зака́жешь, зака́жут; заказа́л; закажи́! (bestellen)
показа́ть (zeigen)
рассказа́ть (erzählen)
сказа́ть (sagen)
связа́ться: свяжу́сь, свя́жешься, свя́жутся; связа́лся; свяжи́сь! (sich in Verbindung setzen)

писа́ть: пишу́, пи́шешь, пи́шут; писа́л; пиши́! (schreiben)

2 Verben der i-Konjugation

a) Verben auf: -ить (-ю, -ишь, -ят)
говори́ть: говорю́, говори́шь, говоря́т; говори́л; говори́! (sprechen)

b) Verben auf -еть (-ю, -ишь, -ят)
смотре́ть: смотрю́, смо́тришь, смо́трят; смотре́л; смотри́! (schauen)

c) Verben auf -ать (-у, -ишь, -ат)/-ять (-ю, -ишь, -ят)
боя́ться: бою́сь, бои́шься, боя́тся; боя́лся; не бо́йся! (fürchten, sich fürchten + Gen.: Я бою́сь грозы́.)
лежа́ть: лежу́, лежи́шь, лежа́т; лежа́л; лежи́! (liegen)
слы́шать: слы́шу, слы́шишь, слы́шат; слы́шал; — ! (hören)
спать: сплю, спишь, спят; спал, спала́, спа́ли; спи! (schlafen)
стоя́ть: стою́, стои́шь, стоя́т; стоя́л; сто́й! (stehen)

d) Verben der i-Konjugation mit Konsonantenwechsel (nur in der 1. Pers. Sg.)
люби́ть: люблю́, лю́бишь, лю́бят; люби́л; люби́! (lieben, gerne tun)

гото́вить: гото́влю, гото́вишь, гото́вят; гото́вил; гото́вь! (vorbereiten, fertigmachen, kochen)

знако́миться: знако́млюсь, знако́мишься, знако́мятся; знако́мился; знако́мься! / знако́мьтесь! (sich bekannt machen)

купи́ть: куплю́, ку́пишь, ку́пят; купи́л; купи́! (kaufen)

ви́деть: ви́жу, ви́дишь, ви́дят; ви́дел; — ! (sehen)
е́здить: е́зжу, е́здишь, е́здят; е́здил; (е́зди!) (fahren)
сади́ться: сажу́сь, сади́шься, садя́тся; сади́лся; сади́сь! (sich setzen)
сиде́ть: сижу́, сиди́шь, сидя́т; сиде́л; сиди́! (sitzen)
ходи́ть: хожу́, хо́дишь, хо́дят; ходи́л; ходи́! (gehen)

пригласи́ть: приглашу́, пригласи́шь, пригладя́т; пригласи́л; пригласи́! (einladen)
проси́ть: прошу́, про́сишь, про́сят; проси́л; проси́! (bitten)
спроси́ть: спрошу́, спро́сишь, спро́сят; спроси́л; спроси́! (fragen)

встре́тить(ся): встре́чу(сь), встре́тишь(ся), встре́тят(ся); встре́тил(ся); встре́ть(ся)! / встре́тьте(сь)! [(sich) treffen]
лете́ть: лечу́, лети́шь, летя́т; лете́л; лети́! (fliegen)
отве́тить: отве́чу, отве́тишь, отве́тят; отве́тил; отве́ть! (antworten)

обрати́ться: обращу́сь, обрати́шься, обратя́тся; обрати́лся; обрати́сь! (sich wenden)

3 Verben mit besonderen Formen und unregelmäßige Verben

брать: беру́, берёшь, беру́т; брал, брала́, бра́ли; бери́! (nehmen)
вы́брать: вы́беру, вы́берешь, вы́берут; вы́брал; вы́бери! (wählen)
быть: бу́ду, бу́дешь, бу́дут; был, была́, бы́ло, бы́ли; бу́дь! (sein)
забы́ть: забу́ду, забу́дешь, забу́дут; забы́л, забы́ла, забы́ли; забу́дь! (vergessen)
вести́: веду́, ведёшь, веду́т; вёл, вела́, вели́; веди́! (führen)
  перевести́ (übersetzen)
  провести́ (durchführen)
  произвести́ (erzeugen, herstellen)
взять: возьму́, возьмёшь, возьму́т; взял, взяла́, взя́ли; возьми́! (nehmen)
дать: дам, дашь, даст, дади́м, дади́те, даду́т; дал, дала́, да́ло, да́ли; дай! (geben)
  переда́ть (übergeben)
~деть: ~де́ну, ~де́нешь, ~де́нут; ~де́л;~день!
  оде́ться (sich anziehen)
  разде́ться (sich ausziehen)
е́хать: е́ду, е́дешь, е́дут; е́хал; поезжа́й! (fahren)
ждать: жду, ждёшь, ждут; ждал, ждала́, жда́ли, жди! (warten + Gen./Akk.: Он ждёт Ви́ктора. Она́ ждёт авто́бус. Он ждёт отве́та.)
жить: живу́, живёшь, живу́т; жил, жила́, жи́ли; живи́! (leben)
закры́т: *siehe* ~крыть

звать: зову́, зовёшь, зову́т; звал, звала́, зва́ли; зови́! (rufen, heißen: Как вас зову́т? Позови́те к телефо́ну Серге́я Петро́вича, пожа́луйста!)
вы́звать: вы́зову, вы́зовешь, вы́зовут; вы́звал; вы́зови! (hervorrufen; ~ врача́: einen Arzt rufen)
  назва́ть (nennen)
идти́: иду́, идёшь, иду́т; шёл, шла, шли; иди́! (gehen)
~крыть: ~кро́ю, ~кро́ешь, ~кро́ют; ~кры́л;~кро́й!
  закры́ть (schließen)
  откры́ть (öffnen)
мочь: могу́, мо́жешь, мо́жет, мо́жем, мо́жете, мо́гут; мог, могла́, могли́; — ! (können)
  помо́чь [helfen (Imperativ: помоги́!)]
наде́яться: наде́юсь, наде́ешься, наде́ются; наде́ялся; наде́йся! (hoffen)
нача́ть: начну́, начнёшь, начну́т; на́чал, начала́, на́чали; начни́! [beginnen (trans.)]
нача́ться: *1. und 2. Person ungebräuchlich*; начнётся, начну́тся; начался́, начала́сь, начали́сь; — ! [beginnen (intrans.)]
нести́: несу́, несёшь, несу́т; нёс, несла́, несли́; неси́! (tragen)
оде́ться: *siehe* ~деть
откры́ть: *siehe* ~крыть
попа́сть: попаду́, попадёшь, попаду́т; попа́л, попа́ла; попади́! (gelangen)
переда́ть: *siehe* ~дать
петь: пою́, поёшь, пою́т; пе́л; пой! (singen)
пить: пью, пьёшь, пьют; пил, пила́, пи́ли; пей! (trinken)
подня́ть: подниму́, подни́мешь, подни́мут; по́днял, подняла́, по́дняли; подними́! (etwas hoch-, hinaufbewegen)
помо́чь: *siehe* мочь
приня́ть: приму́, при́мешь, при́мут; при́нял, приняла́, при́няли; прими́! [annehmen, empfangen (~ табле́тку: eine Tablette einnehmen), *vgl.:* нача́ть, подня́ть, снять]
приобрести́: приобрету́, приобретёшь, приобрету́т; приобрёл, приобрела́, приобрели́; приобрети́! (erwerben, kaufen)
присла́ть: *siehe* сла́ть
провести́: *siehe* вести́
произвести́: *siehe* вести́
разде́ться: *siehe* ~деть
сесть: ся́ду, ся́дешь, ся́дут; се́л; ся́дь! (sich setzen)
слать: шлю, шлёшь, шлют; слал; шли! (schicken, senden)
посла́ть: [(hin-) senden, schicken]
присла́ть: [(her-) senden, schicken]
снять: сниму́, сни́мешь, сни́мут; снял, сняла́, сня́ли; сними́! (ablegen; mieten; fotografieren, vgl.: нача́ть, подня́ть, приня́ть)
стать: ста́ну, ста́нешь, ста́нут; ста́л; ста́нь! (werden)
хоте́ть: хочу́, хо́чешь, хо́чет, хоти́м, хоти́те, хотя́т; хоте́л; — ! (wollen)

Grammatikregister

Inhaltsübersicht

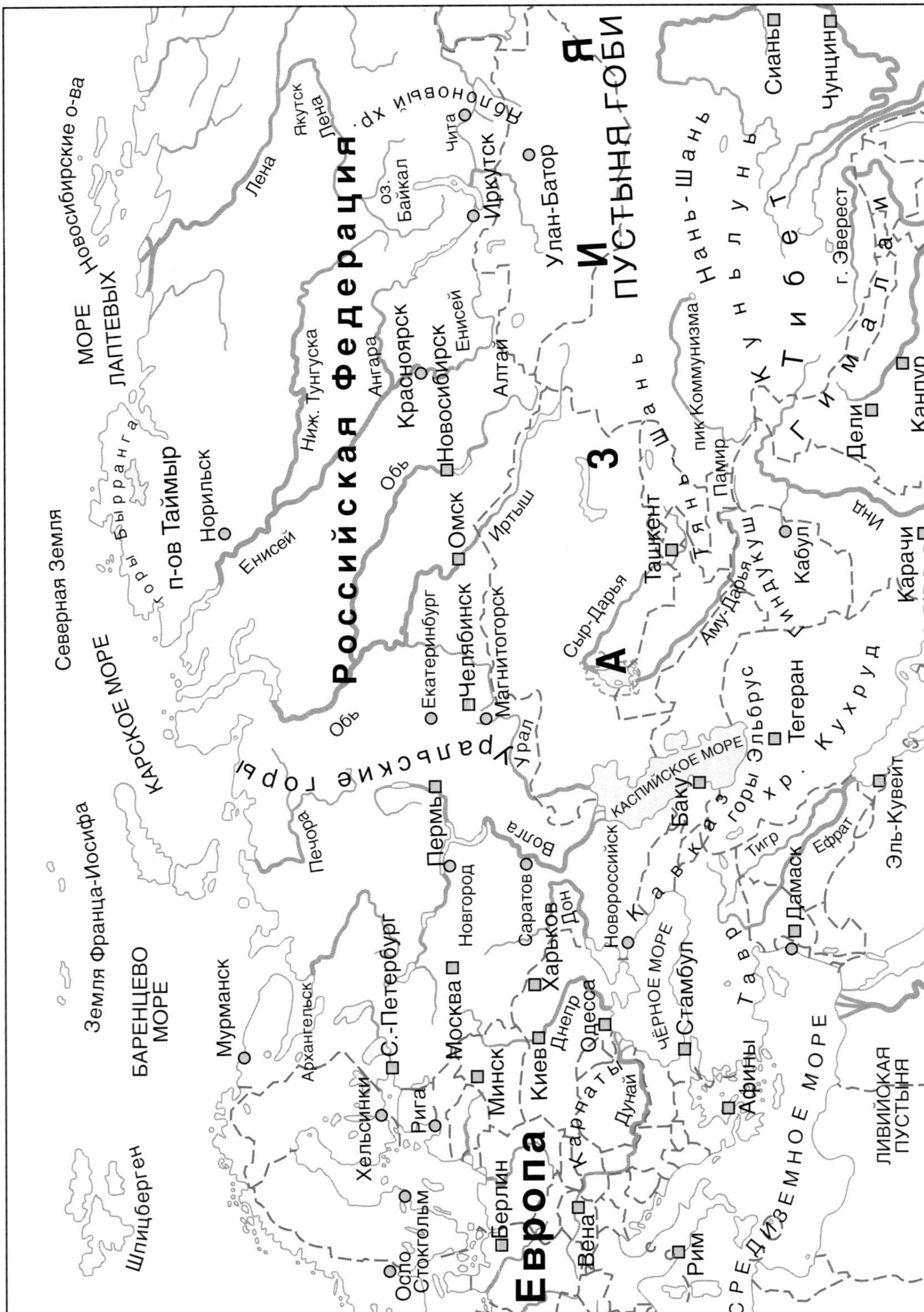
Европа
Российская федерация
А З И Я
ПУСТЫНЯ ГОБИ
Шпицберген
Земля Франца-Иосифа
БАРЕНЦЕВО МОРЕ
Северная Земля
КАРСКОЕ МОРЕ
МОРЕ ЛАПТЕВЫХ
Новосибирские о-ва
горы Бырранга
п-ов Таймыр
Норильск
Мурманск
Архангельск
Осло
Стокгольм
Хельсинки
С.-Петербург
Рига
Минск
Москва
Новгород
Берлин
Вена
Киев
Карпаты
Дунай
Днепр
Одесса
Харьков
Дон
Саратов
Волга
Пермь
Печора
Уральские горы
Урал
Обь
Екатеринбург
Челябинск
Магнитогорск
Омск
Иртыш
Новосибирск
Красноярск
Енисей
Ангара
Ниж. Тунгуска
Лена
Якутск
Яблоновый хр.
Чита
Иркутск
оз. Байкал
Улан-Батор
Алтай
Сыр-Дарья
Аму-Дарья
Ташкент
Тянь-Шань
пик Коммунизма
Памир
Гиндукуш
Кабул
Карачи
Инд
Кунь-Лунь
Наньшань
Тибет
Гималаи
г. Эверест
Дели
Канпур
Сиань
Чунцин
КАСПИЙСКОЕ МОРЕ
Баку
горы Эльбрус
Тегеран
Кухруд
Кавказ
Новороссийск
ЧЁРНОЕ МОРЕ
Стамбул
Тавр
Тигр
Ефрат
Дамаск
Эль-Кувейт
Афины
Рим
СРЕДИЗЕМНОЕ МОРЕ
ЛИВИЙСКАЯ ПУСТЫНЯ